人际磁石综合征

为什么你总被伤害自己的人吸引

[美] 罗斯·罗森堡（Ross Rosenberg）著　姜帆 译

THE HUMAN
MAGNET SYNDROME
The Codependent Narcissist Trap

机械工业出版社
CHINA MACHINE PRESS

图书在版编目（CIP）数据

人际磁石综合征：为什么你总被伤害自己的人吸引 /（美）罗斯·罗森堡（Ross Rosenberg）著；姜帆译 . —北京：机械工业出版社，2023.5

书名原文：The Human Magnet Syndrome：The Codependent Narcissist Trap

ISBN 978-7-111-73134-4

Ⅰ . ①人… Ⅱ . ①罗… ②姜… Ⅲ . ①心理学 – 研究 Ⅳ . ① B84

中国国家版本馆 CIP 数据核字（2023）第 080001 号

北京市版权局著作权合同登记 图字：01-2023-0534 号。

机械工业出版社（北京市百万庄大街 22 号　邮政编码 100037）

策划编辑：朱婧琬　　　　　　责任编辑：朱婧琬　　彭　箫

责任校对：潘　蕊　陈　越　　责任印制：单爱军

北京联兴盛业印刷股份有限公司印刷

2023 年 8 月第 1 版第 1 次印刷

147mm×210mm · 10.125 印张 · 1 插页 · 231 千字

标准书号：ISBN 978-7-111-73134-4

定价：69.00 元

电话服务　　　　　　　　　　网络服务

客服电话：010-88361066　　　机 工 官 网：www.cmpbook.com

　　　　　010-88379833　　　机 工 官 博：weibo.com/cmp1952

　　　　　010-68326294　　　金 书 网：www.golden-book.com

封底无防伪标均为盗版　　　机工教育服务网：www.cmpedu.com

赞誉

人们为何以及如何选择亲密伴侣是一个历史悠久的谜题。更令人费解的是，在关系破裂时，人们会重蹈覆辙，再选择一个近乎完全相同的伴侣。在涉及情感虐待和身体虐待的关系中，这种现象尤其常见。在第一本关于这个主题的书中，罗斯阐明了这种爱人之间普遍存在的吸引力。在本书中，他把浪漫吸引力的黑暗面放在聚光灯下分析，并为那些存在自恋或依赖共生问题的伴侣提供了一条通往理解与健康关系的光明之路。

——哈维尔·亨德里克斯（Harville Hendrix）博士
与海伦·拉凯莉·亨特（Helen LaKelly Hunt）博士，
著有数本《纽约时报》畅销书，包括
《得到你想要的爱》(*Getting the Love You Want*) 与
《接受爱》(*Receiving Love*)

罗斯·罗森堡的新书能为读者提供无价的知识与经验。这本书用深思熟虑的方式表达了重要的概念性见解与个人领悟，还提供了大量宝贵的实用工具和建议。罗斯慷慨地提供了精心撰写、切中要害的资源，帮助人们在关系中与最具挑战性的人格类型者打交道，并从这样的经历的影响中恢复身心健康。他还展示了一种将痛苦的终身关系模式转变为有意义的健康模式的方法。

——温迪·T. 巴哈利（Wendy T. Behary），

认知治疗中心创始人、临床主任，

纽约认知治疗中心和图式治疗研究所教师

著有畅销书《关系陷阱》（*Disarming the Narcissist*）

多亏了罗斯·罗森堡。在他这本备受欢迎的作品的新版本中，他提出了一个以前从未被提到的因素，这个因素使很多人常常陷入潜在的破坏性关系之中。罗斯不仅发现并命名了"人际磁石综合征"，还用一种有人情味、丰富多彩、引人入胜的方式描述了这种现象。他还分享了许多自己的故事，让本书充满了活力。

罗斯是个打比方的大师，他不仅重新定义了依赖共生，还用一种对读者有意义和有用的方式解释了这种问题。每章结尾都有发人深省的问题，帮助读者反思自我、童年和当下的生活。

罗斯没有指责自恋者，也没有把依赖共生的人描绘成受害者。相反，他描述了两者间的复杂之"舞"，解释了他们都需要对方才能感到完整。

本书的第1版已经在我心理治疗诊所的候诊室里收藏多年了。我迫不及待地想把本书的新版分享给我的来访者、朋友和同事，让他们都能用上这种有助于理解与疗愈的资源。

——乔尼丝·韦布（Jonice Webb）博士，执业心理学家、博客作者，
著有畅销书《走出童年情感忽视》(*Running on Empty No More*:
Transform Your Relationships)与《被忽视的孩子：如何克服童年的情感
忽视》(*Running on Empty: Overcome Your Childhood Emotional Neglect*)

罗斯是一名技艺高超的心理治疗师，他很清楚依赖共生与自恋之间的关系动力。在我首次被诊断出依赖共生问题时，我感到非常困惑，我只想知道，我的童年是如何让那些自恋者对我产生吸引力的。一些书帮我清楚地理解了童年经历如何使我相信自己不够好，使我成为依赖共生者的，本书就是其中之一。罗斯的这本最新作品更加简明、翔实、全面。如果你正在和依赖共生问题做斗争，并且像我一样，想要了解你的过去如何塑造了你当前的经历，那么你会发现这本书对你有着很大的价值。如果你是心理健康专业人士，希望用一种全新的方式了解你所服务的来访者，这本书也会是很好的资源。祝贺你，罗斯，你为爱付出的努力开花结果了。

——莉萨·A. 罗马诺（Lisa A. Romano），
著名 YouTube 博主、认证生活教练，
著有六部畅销书，包括《回归自我之路》(*The Road Back to Me*)

随着罗斯·罗森堡这本新作的问世，越来越多的人发现了童年依恋创伤是如何导致成年人远离自我、他人和世界的。罗斯绝对是这一领域的先驱，许多人会在他的作品中为这个百思不得其解的问题找到渴求已久的答案：为什么我放不下这段让我遍体鳞伤的关系？更重

要的是，罗斯让我们看到了如何从旧日伤痛中疗愈。这样一来，我们就能建立更健康的亲密关系，让付出与索取更加平衡。对于所有心理治疗师、咨询师、卫生保健专业人士，或者所有被困在有害关系中的人来说，这本书都是必读的。

——英格堡·博施（Ingeborg Bosch），畅销书作家、享誉全球的培训师、心理治疗师、咨询师、过去现实整合（PRI）疗法创始人，著有五本畅销书，包括最新作品《我们的爱》(Our Love)

谨以本书献给我的妻子科蕾尔·克劳福德·罗森堡（Korrel Crawford Rosenberg），她是我梦想中的伴侣。科蕾尔给我的爱，比这辈子任何人给我的爱都要热烈，而且她的爱从没有半点动摇。她的爱给了我勇气，让我无所畏惧地发现真实的自己，不断地从错误中学习，并逐渐成长为我相信自己注定要成为的人。为了支持我，让我追逐自己的梦想，她最终牺牲了一些自己的梦想。为此，也出于许多其他的原因，我永远对她心怀感激。正是因为她，我才能说自己了解真正持久的爱，以及与最好的朋友、伴侣和爱人结婚是什么感觉。科蕾尔，我的爱人，我对你感激不尽。

我要把这本书献给我唯一的孩子——本杰明·罗森堡（Benjamin Rosenberg）。他的存在让我充满了惊奇、平和，让我理解了何谓完美。他的热情、独立和自信让我明白，父母的问题未必会成为孩子的诅咒。本杰明纯洁的心灵、无条件的大爱、鼓舞人心的理想都在提醒着我，做一个好父亲不完全取决于你做了什么，或者你是怎么做的，而更多取决于你的孩子自动自发地成为什么样的人。

我要将本书献给我妻子的姐姐卡拉·克劳福德（Karla Crawford），我珍视她的爱、尊重与关心。在了解她这个人、了解她的激情与挣扎、见证她求生的奋斗之后，我会想起短暂生命的弥足珍贵，以及带着坚定的目标、敬畏和感恩去生活的使命。

我还要把本书献给我已故的母亲米琪·罗森堡（Mikki Rosenberg）。她那无条件的关爱与同情将永远活在我的心中，并且渗透到了全书的字里行间。

最后，我要把我所有的作品献给那些迫切希望结束情感挣扎的人，他们沿着蜿蜒而危机四伏的道路，朝着"自爱丰盈"（依赖共生的最终复原目标）勇敢前行。如果没有你们，我的成功就毫无意义。你们让我实现了我年少时的梦想，那就是改变这个世界。我们风雨同舟。我很感激你们和我一起尝试根除依赖共生（"自爱缺陷障碍"）——一个人一个人地治愈。

推荐序

　　我们生活中的规律往往看似神秘莫测、漫无目的，甚至有时还显得前后矛盾，几乎完全不可察觉。但只要用心观察、假以时日，我们就能发现其中有着令人惊叹的逻辑。我为本书作序的原委就是一个很好的例子。

　　早在1990年，我出版了我的第一本书《铁人的家庭出游：成为意识觉醒的男人》（*Iron Man Family Outing: Poems about Transition into a More Conscious Manhood*）。我对这本书寄予厚望，但我所托非人。在一家对这本书兴味索然又毫无原则的出版商手上，该书的出版遭遇了一系列挫折。在短短的6个月里，我就看清了事实真相：我手握1500本实体书，却没有人对这些书有丝毫的兴趣。

　　伤心又气馁的我把这些书收进了壁橱，放在当初没有拆封的纸箱里。我不再写书，因为我相信世上没有人对我想要分享的东西感兴趣，我写出来的东西在这世上也没有一席之地。

17年后的一天早上，我醒来的时候却有了一个想法：如果我把那些书送给可能用得上的人，不是挺好的吗？可是，能送给谁呢？我决定上网搜索为男性身心健康服务的人，比如处理童年虐待、忽视、创伤的人，或者任何其他可能对我写的这类书感兴趣的人。我一心想把自己的书送到那些可能好好利用它们的人手上，这也是我写书的初衷。为此，就算免费送出每一本书，我也在所不惜。

根据我的搜索结果，我列出了一份姓名和地址清单，给清单上的每个人都写了一封简短的信来介绍我的书，并且提供了一份样章来供他们使用。起初，我寄出的信都是手写的，装在信封里。在6个月后，我才改用了电子邮件。当时我既没有自己的网站，也没有在公共场所露过面。我只是个无名小卒，想要把一本17年来都没人听说过的书送出去。

罗斯·罗森堡就是我的一位收件人。我不记得自己从他的信息里看出了什么，让我觉得"这个人可能对我的书感兴趣"，但无论原因为何，我是对的。他很感兴趣，给我回了信，于是我给他寄了一本书。我们就是这样相遇的。

罗斯原本在伊利诺伊州布法罗格罗夫市的一家诊所担任咨询师，但在我认识他不到十年的时间里，他就成了蜚声国际的专家，专攻自恋、依赖共生、创伤与性成瘾等领域。他还是一位畅销书作家。他建立了自己的咨询中心，也创办了一家从事培训、研讨会及专业认证的公司。他还有一个非常受欢迎的YouTube视频频道。简而言之，自从我在2008年1月写信与他相识，并免费赠送他一本书之后，他在很短的时间里就成了一个具有全球影响力的思想领袖。

之所以要分享这个故事，是因为我想说：在我们生活的世界里，满是伤痕累累的人。他们当中的许多人甚至都不知道自己已经受伤，以何种方式受伤，也不知道这些创伤会如何影响自己的思想、视角、行为以及自己的生活。这些人心中也携带着治愈的种子，他们不仅能治愈自己的创伤，也能为治愈他人的创伤贡献力量。罗斯就是一个这样的人。我也是。

罗斯经常告诉我，阅读我的书，帮助他走上了写作之路，帮助他写下了这本书。当然，对于给他写信的我来说，这是最意想不到的结果，但这个结果却印证了我一开始提到的生活规律，这些规律的运作看似无心插柳，而且神秘莫测。

近20年来，我一直认为自己写的这本书毫无价值，但我错了。只是当时还不到价值显现的时候。当时机成熟的时候，我很幸运地遇到了另一个人，他正站在人生的十字路口，正待谱写人生的新篇章。

疗愈自己的创伤，可能会让你做出善举，而你可能永远都不会知道，这样的善举又会带来哪些益处。有时，这种益处会以某种事物或某个人的形式出现，但你绝对意想不到。

无论从哪个角度来看，罗斯和他的著作都是无与伦比的。请尽情地阅读这本书，尽你所能地汲取其中的养分，并充分地将其付诸实践、治愈自己，然后由己及人、放眼世界吧。造福世界的无数种可能性都藏在你的心中，等待着你去发现。

里克·贝尔登（Rick Belden）

诗人、作家、艺术家、男性教练

于得克萨斯州奥斯汀市

○————
序言

一切都发生得太快了——快得超出了我的想象！就在六年前，一家名叫PESI的著名美国培训公司对我的专业培训"依赖共生者与自恋者：理解吸引力"（Codependents and Narcissists: Understanding the Attraction）表达了兴趣。他们对我的原创内容感兴趣，与其说是让人欢喜，倒不如说是令人激动！将我对依赖共生康复的研究发现，以及在该领域的专业工作经验用于实践，去培训其他心理治疗师与普通大众，这是我梦寐以求的工作。

就像任何充满诱惑的事情一样，这里有一个条件：我必须做PESI自行开发的流行心理学培训"与情绪操纵者共存"（Surviving Emotional Manipulators）。尽管他们认为这个培训项目与我的工作有关，但这个培训项目建立在"情绪操纵者"这种不伦不类的术语基础上，我不想跟它扯上关系。我很清楚，他们选择这个词是因为它的营销和广告吸引力，而不是因为它有临床价值。我是一个心理治疗的纯粹主义者，我对这个提议很是为难，因为职业道德要求我不能粉饰或歪曲事实。即使公司保证这个培训项目会吸引大批用户，我也不会同意做其说客，出卖我的道德，即使这是千载难逢的良机，我也不能这样做。此外，我觉得把我刚刚开发的依赖共生-自恋者培训放在一旁，去为我不相信的东西摇旗呐喊，对我而言是一种耻辱。

公司提出的另一项令人失望的要求是，我每个月至少要出差一次——连续举办三场一整天的研讨会。6个月前，我刚刚在伊利诺伊州阿灵顿市开办了一家新的咨询中心，名叫"临床护理咨询中心"[⊖]（Clinical Care Consultants），每周为30名来访者提供心理治疗服务，这让我更难以做出决定。

这种道德困境和职业机遇的冲突会让人十分沮丧。多亏了我一时的灵感和创意，我说服了PESI允许我继续做依赖共生-自恋者培训，并且把"情绪操纵者"这个词换成了我的"病态自恋"（pathological narcissism）。如此一来，问题就解决了：我可以不受限制地使用自己的培训材料，而公司也能保留朗朗上口的标题。这对双方来说都是令人满意的妥协！

我在美国的26个州、60个城市做了相当成功的巡回培训。在旅途中，PESI又给了我一个千载难逢的机会——一份出版合约。公司相信我的培训课可以很容易地变成超级畅销书。尽管我既兴奋又感激，但我又一次地面对了"情绪操纵者"这个术语。虽然我拓宽了这个词的含义，用它来代表真实的诊断术语，但我仍然不愿意让这个词出现在书的封面上。我能做的就是同意在书稿中用到这个词，就像我在培训中做的一样。即便如此，这样的安排也不够理想，正如我在培训中

⊖ 临床护理咨询中心现在在伊利诺伊州有两个经营场所：一个在阿灵顿海茨，另一个在因弗内斯。

用这个词时依然感到不满一样。

尽管我签署了一份合约，放弃了决定书名的权利，⊖但我依然坚持自己的立场。因为这是关乎我个人临床操守的问题，我拒绝改变立场。每当我在生活中遇到困境，我都会寻求妻子的建议，这次也不例外。她支持我解除合约的决定，让我感到松了一口气，尽管这样会带来一些潜在的后果，但我依然坚持了自己的立场。一想到可能面临的官司，以及我可能再也得不到出版合约，我就感到非常焦虑。

我的问题常常是在睡眠中解决的。在过去，每当我对个人生活或职业中的挑战感到不安或矛盾时，我通常会在第二天早上醒来的时候想出清晰的解决方案。和妻子讨论之后的第二天早上，我在半梦半醒中听见自己在叨念"人际磁石综合征"（The Human Magnet Syndrome）。这就像是上天赐予我的灵感。不仅出版商为这个标题喜出望外，我们双方也终于能够放下分歧带来的紧张，重拾兴奋之情。

现在，是时候让我的作品摆脱那无处不在的"情绪操纵者"了。我原本使用的"病态自恋"才是更准确的术语，这个词在我的《人际磁石综合征》一书中终于恢复了其应有的地位。现在，也是时候让更多人了解我的"人际磁石综合征"与"自我连续体"（Continuum of Self）理论了。

本书的所有内容，汇总了我过去五年思索和研究"人际磁石综合征"的结论。虽然本书对专业人士和普通读者都有很大的帮助，但对于那些想要更加了解"人际磁石综合征"，以及想要弄清这种问题

⊖　当然，这是个新手才会犯的错误。我的律师和我都忽略了这一条款的重要性。

会如何影响自身生活的人来说，本书的吸引力会更大。"人际磁石综合征"是一种普遍存在的现象，超越了文化、种族、政治派别、语言以及其他真实和人为的差异。因此，本书被翻译为西班牙语、法语，并且很快就会被翻译为捷克语，对此我感到无比自豪。

本书还会帮你理解并接纳一个痛苦的事实：为什么你会一直忠于那些声称爱你却同时又不断伤害你的人。本书能给你指引，并且我希望它能帮助你认识到，为什么你会被相同的、从未兑现过的空洞承诺反复欺骗，以及为什么你对"幸福生活"的愿望只是一个令人失望的泡影。本书也会迫使你承认不愿面对的事实：在那些不正常的恋爱关系里，你既是受害者，也是有过错的人。

知识就是力量，阅读本书能让你学到自己需要知道的东西，因此你会受到启发、感到兴奋。阅读本书的时候，你会开始了解自己为什么会爱上一个人，这个人一开始似乎是完美无缺的，在一瞬间，他就变成了你的爱人、最好的朋友和知己，变成了你的灵魂伴侣。在这个过程中，本书将成为你不可缺少的资源。本书还会帮你理解，为什么这些"灵魂伴侣"最终会摘下自己的面具，暴露出他们伤人的，甚至恶毒而自恋的真实自我。

同一个人，不同的面孔

作为一个"人际磁石综合征"的"患者"，我对这种依赖共生的问题有着切身的体会。现在回想起来，我已经很清楚自己的那种不正常的关系模式了，尤其是在经历了两次失败的婚姻，与伤人的自恋者谈过无数次恋爱之后，我就更清楚问题的症结了。但在此之前，我需要先跌落谷底，那正是我2003年的经历。当时我别无选择，只能终止那段疯狂、迷人、像过山车一样的感情。

一位朋友的话改变了我的人生："你爱上的每一个女人其实都是同一个人，只不过她们的面孔不同而已。"这句话就像一声警钟、一盆冷水，终于让我睁开了眼睛。在我意识到这是我的问题并寻求治疗之前，我注定要和同样伤人、令人失望的女性自恋者陷入情感纠葛，却永远无法体验到我所渴望的爱、尊重与关心。

这句话看似简单，却深刻地改变了我的生活，震撼了我的世界。这是我第一次意识到，我并不是运气不好，也许是我出了问题。放弃受害者心态，是一件难以做到却又不得不做的事情。在那时，我终于明白了那句关于心理康复的名言："所谓疯狂，就是反复做同一件事，却期待得到不同的结果。"我已经准备好为自己的行为负责，深入审视自己的内心，拥抱自己的恐惧，掌控自己的未来，并最终停止"自杀式"的关系模式。我已经做好准备不再发疯了！

实话实说，这条路很难。打破深藏在心灵深处的恶性循环需要时间，还需要忍受许多痛苦，付出许多努力。要做到这一点，还需要我相信看似矛盾的事情：尽管我有缺点，但我真实的面貌已经很完美了。在我第一次真正接纳这种看法之前，我完全不期待别人能够理解这一点。尽管恐惧、羞耻和孤独在我心中翻腾，但我最终决定不再逃避痛苦，并渴望痛下苦功、解决问题。

我相信，如果有人说我长大后会写一本书，探讨这个我在1978年才开始有所理解的问题，17岁的我一定会笑掉大牙。不仅如此，我绝不会相信自己会写一本销量超过5万册的书，更别提还用4种语言出版、改变千万人的生活了。除此之外，我也无法想象自己能拥有一个浏览量超过700万次、订阅用户超过7.5万人的YouTube视频频道。

嘿，17岁的我，我们成功了！事实证明，你想改变世界的想法并没有那么疯狂！

人际磁石综合征简介

自人类文明诞生之日起，人们就像磁铁一样——不可抗拒的吸引力让他们走到一起、坠入爱河。这种吸引力，与其说是他们所见、所感、所想，倒不如说是一种看不见的力量。当心理健康的人相遇时，这种不可抗拒的爱情力量就会创造一种可持续的、互惠的、稳定的关系。这些人可以理所应当地夸耀一见钟情的美妙经历，以及这种爱情的火花如何经久不衰。然而，如果我们是由暴虐成性、不闻不问或缺位的父母抚养长大的，我们的经历就会大不相同。比如，如果依赖共生者和自恋者相遇并陷入诱人的爱情幻境，他们的关系往往就会变成爱情、痛苦、希望和失望的"跷跷板"。

对于像我一样的人，在他们的童年里，尤其是在生命的前五六年里，父母没有给予他们无条件的爱，自恋的恋人对于他们的吸引力就像磁力一样，这种力量似乎是无法挣脱的。我将这种磁力称为"人际磁石综合征"，它具有一种原始的力量，能把依赖共生者和自恋者吸引到一起，掀起一场爱情与功能障碍的完美"风暴"。这种不正常的爱情有一种磁力，让看似截然不同的恋人走到一起，尽管他们在一起痛苦不堪并迫切地希望改变彼此，但他们依然难以分开。可悲的是，对于依赖共生与自恋的伴侣来说，完美、永恒的爱情梦想永远都不会实现。

在我十几岁的时候，父亲曾在不知不觉间给了我一些难以忘怀的恋爱建议。他说："你梦中的灵魂伴侣会变成你噩梦中的狱友。"虽然父亲是在开玩笑，但这代表了他对爱情与关系的嘲讽。就像其他自恋者与依赖共生者一样，我父母的关系建立在一见钟情的基础上。他与我18岁的母亲约会才6个月，就向她求婚了。尽管他们的爱情看上去很完美，但那只不过是无法维持的幻想而已。就像其他依赖共生者和自恋者一样，他们"完美的爱情之云"，会变成一场沙漠的风暴，让他们不正常的关系变得根深蒂固。但是，他们当中只有一人会被这种"狱友"般的体验所带来的枷锁束缚，那个人就是我那依赖共生的母亲。

我完全没想到我会亲身体会到父亲所宣扬的灵魂伴侣–狱友论断。似乎每次我爱上一个女人，那种感觉都很自然、很完美。每一次，这个"完美"的灵魂伴侣都会变成一个面目难辨的自恋者。作为一名"狱友"，我不愿（也无法）逃离这种不正常的闹剧。我一直在想，只要有足够的耐心和希望，我的爱人就能变成我最初认识的那个灵魂伴侣。事实证明，我在追逐一个永远无法实现的梦想。即便如此，我依然对我经历过的那些挣扎和痛苦心怀感激。没有那种痛苦，没有我结束痛苦的愿望，我的"人际磁石综合征"相关作品就不会问世。

通过大量艰难的挑战和个人成长，我终于弄明白了我为什么会习惯性地被有害的浪漫伴侣吸引。归根结底，这与我那自恋的父亲和依赖共生的母亲对我的抚养方式有关。我不是唯一有这种问题的人。我意识到，其他由这种病态自恋的父母抚养长大的孩子也有类似的问题。我还发现，无论健康与否，成年人的关系模式都会受到其幼时所接受的教养方式的影响。我了解到，依赖共生、病态自恋与依恋创伤所造成的心理痛苦有着直接的关系。可悲的是，病态自恋父母的孩子注定会变成依赖共生者或病态自恋者。

本书之所以围绕"人际磁石综合征",是因为这个词简明扼要地描述了不正常的爱情吸引力。说到恋爱关系,我们都是磁石。我们所有人都会情不自禁地爱上一个在人格上与自己截然相反的人。就像金属磁石一样,人际磁石也会因完全匹配的相反人格类型(或称"关系磁极")而相互吸引。完美匹配的"人际磁石"所创造的情感联结是无比强大的。尽管这种联结会带来诸多消极后果和不幸福的共同经历,但它依然会把恋人牢牢地捆绑在一起。

在依赖共生者和病态自恋者的关系中,这种磁力很可能会创造出一段长期的、不正常的关系。相反,与健康的恋人在一起,人际磁石规律则会促成健康的关系,这样的关系能为彼此赋予力量、相互肯定,并且让双方都感到满足。

我们都有被理解、爱与被爱的渴望。这种渴望迫使我们去寻找一个恋人。爱的驱力会促使我们寻找一个伴侣。我们希望这个伴侣能理解我们的挣扎,看到我们的痛苦,认可我们的梦想,最重要的是,能与我们共同创造激情与性的兴奋体验。我们别无选择。我们天生倾向于寻找能够激发我们内心深处浪漫欲望的人。

如果本书只有一个目的,那么这个目的就是为像我一样渴望"真爱",却不断遭遇"真正问题"的其他人带来希望。本书的目的是成为一项重要的资源,帮助那些渴望摆脱过去的伤痛和情感负担的人,也帮助那些治疗这些人的临床工作者。也许我写作本书的最大愿望就是鼓励读者从破坏性的关系中解脱出来,并激励他们培养这样的能力:找到并维持一种健康的、双方都满意的恋爱关系。

我写作本书的初衷是帮助所有想要理解人际磁石综合征及其对自身和他人影响的人。考虑到这一点,我在第12章介绍了一些我近年来关于依赖共生、"自爱缺陷障碍"（Self-Love Deficit Disorder）和"自爱康复"的工作。如果你正在寻找更多的资源来加深自己的认识，或解决你可能有的任何问题，我建议你查看我开发的"自爱康复"相关的教育与个人成长产品和服务。

难道我们不应该真诚、勇敢地审视自己，并尝试理解我们根深蒂固的无意识动机吗？难道我们不应该努力治愈深埋在心中的心理创伤吗？（如果不加治愈，这些创伤会妨碍我们找到灵魂伴侣。）如果没有坚定的意志力和勇气去改变我们的关系模式，我们会陷入不必要的困境，我们的许多目标、抱负和梦想都会难以实现。让我们一起迈出无畏的一步吧。我也将分享如何打破破坏性的、不正常的关系模式，并找到健康的、给人以认可的、让彼此都沉浸在浪漫之中的爱情。

The Human
Magnet Syndrome

目录

第 1 章

传递病态的接力棒

尽管我们很想，但我们无法回避生活中的某些不容置疑的现实：我们必须纳税，我们都会变老，我们很可能会长胖，我们会永远和童年经历紧密相连。西格蒙德·弗洛伊德（Sigmund Freud）是对的，我们的确是过去的产物。与近期的事件和环境相比，我们会更多地受到成长经历的影响。虽然基因在决定我们成年自我的方面发挥着举足轻重的作用，但我们在童年时受到的照料与我们成年后的心理健康和恋爱关系质量有着密不可分的关系。无论我们是接纳自身独特的经历，还是试图掩盖、遗忘甚至否认过去，都无法否认过去经历对我们生活的影响。

你可能拥有一个没有严重创伤、虐待、需求剥夺或忽视的童年。你是幸运的，你的父母会犯错，但他们对你的爱和关怀是无条件的。尽管你有些不足，但你通过做真实的自己，向父母证明了所有的婴儿都是完美的，生命的馈赠是神圣的。你那健康但不完美的父母会有一种内在的动机，促进你的个人成长、情绪成长——不是因为他们必须这么做，而是因为他们相信值得为你这样做。

要得到父母无条件的爱与抚育，你唯一要做的就是做真实的自己。有了这样的抚育和保护，你就会继承你家代代相传的模式，长成一个情绪健康的孩子，并在未来成为情绪健康的成年人。如果你选择生儿育女，你也会养育出情绪健康的后代，延续这种积极教养的循环。不幸的是，这不是我的经历。

成为"模范孩子"

心理不健康的父母所养育的孩子，也会参与到类似的代际模式中去，但这种模式是代代相传的痼疾。如果你的父母一方是病态自恋者，你在出生时就会背负其特定期望。如果你能弄清这些期望是什么，并满足这些期望，那你就会促使这个自恋的父亲或母亲给予你抚育和爱。如果你能很好地满足父母的自恋幻想，你就会得到他们有条件的爱和关注并因此感激涕零。

通过把自己塑造成他们的"模范孩子"，你可能找到了一种少受些伤的办法，但这将会让你付出难以想象的代价。尽管你的"良好表现"可能会让你免受自恋父母那更黑暗、更可怕的一面的伤害，但这种行为会剥夺你的情感自由、安全感和幸福。你永远不会有轻松愉快的美好童年。你满足于自我牺牲、不被看见，而这最终会在你成年后滋生依赖共生的问题。这种问题会进而使你不得不与那些你选择接近的人一起重演童年的创伤。

然而，如果你不能成为父母的"模范孩子"，你就会勾起他们的羞耻感、愤怒和不安全感。反过来，这些感觉会像惩罚一样投射到你的身上。作为一个"坏孩子"，你不能或不被允许去改善父母对自己的感觉（减轻他们有害的羞耻感），因此你可能会遭受需求剥夺、忽视、虐待的惩罚。噩梦一般的童年让你需要在心中找到一块巨石，好让你将痛苦的记忆永远埋藏在巨石之下。你孤独、需求匮乏、受虐待的童年会为一种永久性的精神健康障碍埋下祸根。这种障碍会迫使你自私地伤害他人，或者让你的同理心、悔恨之心都变得很有限，或者取决于某些条件。就像父母让你这个本来很美好的孩子在情感上变得面目全非一样，你也会本能地用同样有害的模式对待那些爱你的人。

"接力棒"的比喻

简而言之，我家里的每一代人都在培养下一代人去加入那病态的家庭"接力队"。每一代父母不仅会将他们对于"接力赛"的热衷传递下去，他们对每个孩子在两种可能的"接力运动员"角色中最终扮演哪一种，也有着极大的影响力。这个接力棒要么会传给那个能让自恋父母对自我感觉良好的孩子，要么会传给从来不能让自恋父母开心的孩子——这个孩子就成了父母最大的失望。

尽管我的母亲对父亲怀有病态的忠诚，总是帮助他赢得每场"接力赛"，但她从未体验过冲过终点的胜利喜悦。即使她倒在地上，疲惫不堪、动弹不得，她却依然坚信父亲的胜利也是她的胜利。尽管她的日子过得既无趣又有损人格，但她从没想过离开这个"接力队"。就像其他不正常的家庭"接力队"一样，我和我的姐弟从我们的父辈那里接下了那个接力棒。只有非常坚强和意志坚定的人才能打破这种模式。如果没有勇气，不经过大量的心理治疗，我们家族的接力赛不大可能在我这一代结束。

四代人的痼疾

为了更好地理解造成我童年依恋创伤的推动力，也就是导致我的依赖共生的根本原因，我要选择性地分享我家四代人的一些历史。我不是在用"责怪父母"的方式来解释我为什么成为一个依赖共生的成年人，而是选择对一些家庭成员表达更多的同情与共情——我曾对他们怀有极大的怨恨和愤怒。本章的目的不是伤害、诽谤或诋毁任何一个人，而是说明我家庭里影响依赖共生和自恋发展的代际力量，同时着重说明，尽管有些人看起来更像施虐者，但我们所有人都是受害者。

我要分享的过往信息，在范围上是有限的，也可能是不完整的，而且常常是概括性的，因此请您谅解。我的目标是突出每个家庭成员的相关心理特征，唯一的目的是说明依赖共生和自恋的代际传递性质。尽管我会努力做到准确、中立，但我承认我得出的结论很可能会受到我个人视角的影响。在撰写这一章时，我仔细权衡了分享这些材料的价值以及可能给关系造成的后果。怀着沉重的心情，我将向你解释我为什么成了一个依赖共生的成年人。

我在家排行老二，是厄尔·罗森堡和缪丽尔（米琪）·罗森堡的孩子，两人分别于 2015 年和 2008 年去世。我父母是独生子女，这不是因为他们父母的选择，而是因为当时不正常的环境或不良的医疗条件。在十年的时间里，他们生下了四个孩子：1959 年生下了埃伦，1961 年生下了我，1963 年生下了史蒂文，1969 年生下了大卫。据我父母说，唯一按计划生育的孩子是大卫。我母亲后来透露，她向父亲要求生下第四个孩子，是因为她感到孤独，需要目标。

在我看来，即使我父亲没有自恋型人格障碍（narcissistic personality disorder）的全部症状，他也拥有大多数症状。相反，我母亲是一个教科书式的依赖共生者（这不足为奇），大多数关于这个主题的书都描述过她这样的人，本书也不例外。

父亲的外婆与外公：艾达与鲁比

19 世纪 90 年代后期，我的曾外祖父母离开了俄国。虽然他们是在俄国相遇的犹太人，但艾达有普鲁士（德国）背景，而鲁比是俄国人。据我父亲说，艾达为人尖酸刻薄、控制欲强，像个独裁者。她从不理会别人的意见，在家务上从来说一不二。鲁比则更温柔，更慈爱，更有爱心。

艾达既自大又索求无度，再加上家人对她的畏惧，她在养育外孙时不会受到任何质疑。她对外孙怀有严苛的评判和苦涩的怨恨。鲁比和莫莉（艾达和鲁比的女儿）不敢挑战艾达的权威，因为这样会带来远超他们预期的恶劣后果。鲁比是这段关系中的依赖共生者，他是个温和、宽容、乐于接纳的父亲（外公），他总能看到他孩子和他的外孙（我父亲）的优点。据我父亲说，鲁比的慷慨大方是他失败的原因。在大萧条刚刚开始的时候，他的幼稚人尽皆知，这导致他收不回来给朋友和同事的大量借款，因此他的家庭失去了大量财富。在艾达看来，鲁比软弱可欺、轻信他人、害怕冲突，因此她从没有原谅过鲁比。艾达生性睚眦必报，从不宽恕那些冒犯过她的人，给忍受过她的暴虐的三代人留下了不可磨灭的印记。

父亲的父母：马克斯和莫莉

由于缺乏交流，我们对马克斯知之甚少，只知道他在罗马尼亚出生，在20世纪20年代初参军。他当了逃兵，非法移民到了美国。据我父亲的形容，他是一个英俊、迷人、讨人喜欢的职业赌徒和骗子，能"迷倒任何女人"。这一点很明显，因为在马克斯90岁去世之前，他一共结过九次婚。马克斯向我父亲吹嘘说，自从他被发现记牌之后，就被禁止进入拉斯维加斯的赌场了。马克斯的职业，就是骗走人们辛苦挣来的血汗钱。马克斯很可能是个社会性病态者，也就是说，他很可能会被诊断出反社会型人格障碍（antisocial personality disorder）。

我不太了解莫莉奶奶的童年，只知道她家里有六个孩子，三男三女，莫莉排行老大，由极端严格、毫不妥协的自恋母亲抚养长大。作为祖母，她性格温柔、谦和、敏感……就像她父亲一样，是个依赖共生者。由于莫莉是个注重隐私的人，也许是因为她有很重的羞耻感，所以她几乎没有向我透露过任何关于她童年的信息（我问过她）。

在认识马克斯之前，莫莉没有太多恋爱经历。她的大多数决定，包括对男人的选择，都受到她母亲的严格控制。当莫莉遇到英俊潇洒的马克斯·罗森堡时，她被深深地迷住了，就像大多数女人一样。我推测，这段关系发展得很快——一个孤独的、受父母控制的、无力的年轻依赖共生者遇到她梦寐以求的、温柔又殷勤的男人时都会如此。这就是1929年前后的人际磁石综合征。我父亲告诉我，他认为他父亲对他母亲感兴趣并最终娶了她，是因为她来自一个富裕人家，拥有大量房产。

艾达曾公开批评马克斯，对他颇有敌意。我父亲说她"看穿了"马克斯。就像其他病态自恋者一样，艾达能迅速识别在心理上和自己相似的人。尽管艾达试图阻止莫莉与马克斯约会，但这对命途多舛的恋人在见面后6个月后就私奔了。大约3个月后，莫莉怀上了我父亲。在我父亲出生的6个月后，莫莉因为马克斯的虐待和抛弃家人而提出离婚。莫莉告诉我父亲，马克斯不愿踏实工作，对于供养刚刚组建的家庭毫无兴趣。虽然他们离婚前的情况是一个谜，但马克斯没有出现在我父亲的生活中却是铁一般的事实。我父亲直到十几岁的时候才第一次见到自己的父亲，他在成年后只和马克斯见过四次面。

作为一个离异、带着幼子的年轻女性，莫莉很快就开始了工作，她每周要上六天班。她别无选择，只能依靠刻薄而缺乏爱心的母亲来照顾孩子。尽管艾达不情愿地接受了抚养孩子的责任，但她逢人便说自己的不满和怨恨。

父亲的依恋创伤

对大多数人来说，艾达都是一个难以相处、极其刻薄的人，对我父亲来说，她更是可怕。她常说我父亲是"魔鬼的孩子"。在艾达看来，外孙永远是无可救药的"残次品"，只是因为他与他的父亲有着相同的基因。她看着我的父亲，只能看到对马克斯的恨，以及她不得不照顾他孩子的恨。

据我父亲所说，艾达恨他是因为他与马克斯有血缘关系，更糟的是，他与父亲长得还很相似。他记得艾达经常用德语咒骂，表达对他以及他从未谋面的父亲的怨恨。显然，家里没有人会阻止艾达虐待我父亲，因为她在家的权力太大、太可怕了。在我父亲去世的一周前，我请他谈了他所遭受的虐待。父亲告诉我，直到那天，艾达虐待他的"可怕"记忆，仍会不时地闯入他的脑海。他甚至流下了眼泪，这对于平常不表露情绪的父亲来说可不多见。

我父亲最美好的童年回忆，是外公鲁比以及三个舅舅给予他的善意与爱，他们都非常爱他。尽管鲁比不能保护他的外孙，但在我父亲的回忆里，鲁比仍然是他认识的最好的人。不幸的是，母亲、舅舅和外公的善意与爱依然无法抵消暴虐的外婆对我父亲造成的创伤。

虽然父亲不能像他希望的那样，尽可能多地和母亲待在一起，但据他的回忆，他和母亲的关系非常亲密。他崇拜莫莉，直到她去世的时候依然如此。他一直把莫莉当作自己最好的朋友。事实上，父亲给我讲过一个他在医院切除扁桃体的故事。医生来到候诊室，问莫莉有没有把我父亲的玩偶带来，因为他哭着要"他的莫莉"。从表面上看，父亲和莫莉的亲密故事既温暖又感人，但与我们常说的"严重纠缠"或"情感乱伦"的亲子关系有着惊人的相似之处。这种关系对父亲的依恋创伤也有影响。

除了受到外婆艾达的虐待以外，父亲还有社交焦虑和中度抑郁。他的生理缺陷与恶劣的成长环境（尤其是他所受的严重的言语和情感虐待），导致他成年后在情感、个人和关系方面有严重的缺陷。他从母亲、舅舅和外公那里得到的爱与温柔，敌不过塑造他成年后的自恋型人格障碍的依恋创伤。

在幼年和青春期，父亲在学业和关系密切的朋友中间寻求慰藉。18岁时，他通过参军逃离了外婆的虐待，离开了这个让他和他的家人都缺乏选择的环境。我父亲说，他在第二次世界大战后的德国度过的四年非常有趣，因为那是他第一次自由地探索自我、生活以及周遭的世界。就像他的父亲一样，他也是一个很受女人欢迎的人。我记得父亲曾有好几次吹嘘他征服那些"容易上当、黏人、穷困潦倒"的德国女人的经历。

退伍四年之后，父亲从伊利诺伊大学毕业，获得了工程学学士学位。就像他谈论军旅生涯一样，他经常吹嘘自己交过好几个非犹太裔的女友，但他从不打算娶她们。一旦他决定安定下来，就开始积极地寻找一个犹太妻子。除了宗教信仰以外，这个妻子还必须年轻貌美。在他选中我的母亲时，他刚刚与一个年龄稍大的非犹太裔女人分了手。在描述这次分手的时候，他不仅很冷漠，在讲述这个故事的时候还笑了。

在20世纪50年代中后期，单身犹太青年见面的最佳场所是犹太教堂主办的舞会。我父亲第一次见到母亲时，冷漠地拒绝了她，因为母亲当时只有16岁。母亲曾痛苦地回忆了被父亲拒绝的经历，并讲述了他如何顺利地把目标转移到她18岁的女性朋友身上。两年后，他们在同样的舞会上再次相遇。父亲明确得知母亲已经到了法定结婚年龄后，他就开始施展自己的魅力。据我母亲说，她当时深深地迷上了我父亲，因为他更年长，看上去更成熟，更有魅力，也更英俊。但是，母亲最喜欢他的一点是，他是犹太人，有伊利诺伊大学的工程学学位，有工作，有车，买得起自己的房子。母亲则是个适合的、容易到手的猎物。

父亲疯狂地爱上了我母亲，因为她有着惊人的美貌，心思单纯，并且愿意崇拜他（简直把他捧上了神坛）。母亲满足了父亲扮演好丈夫、好父亲、养家糊口的顶梁柱的幻想。父亲则满足了母亲扮演贤妻良母、家庭主妇的幻想。他们不仅在彼此身上找到了情感的慰藉，还能够在现实中上演"男女相遇，从此过上幸福生活"的故事情节，但是好景不长。他们两人都不知道自己的配偶有多孤独，也不知道他们有多需要这段婚姻，尽管他们都在试图逃离。他们不知道的是，独特的家族往事和各自的童年依恋创伤让他们成了天造地设的一对。

父亲一生都被社交焦虑和临床抑郁症所困扰。55岁时，他被正式诊断出重性抑郁，从那以后，他一共住过十次院。后来我了解到，早在40岁的时候，他就靠滥用处方药来逃避心理痛苦。到65岁的时候，药物成瘾迫使他不得不住院治疗。他喜欢服用的是兴奋剂。他在晚年对兴奋剂和麻醉剂严重成瘾，导致他不得不住院参加戒毒治疗项目。无论是因为重性抑郁还是药物成瘾住院，我父亲都很渴望住院期间的安全感、保障感和逃避现实的感觉。正是在这些医院里，他才能够逃避自己的问题，无忧无虑，享受照顾和迁就。这是一种全家人都无法理解的奇怪模式。

母亲的父母：查克和莉尔

母亲的依赖共生和父亲的自恋型人格障碍一样，可以用童年的依恋创伤来解释。她的依赖共生"接力棒",是由她依赖共生的父亲查尔斯(查克)以及自恋的母亲莉莲(莉尔)传递给她的。他们俩的接力棒也是从各自的先辈那里接过来的。

1885 年前后,查克 16 岁的父亲马克斯被一群俄国"爱国者"绑架,被迫入伍。他的家人想方设法确保了他安全回家,但在此之前,他已至少服了一年苦役。19 世纪 90 年代末,由于俄国对犹太人的驱逐,马克斯和妻子朵拉不得不离开他们的故乡俄国。夫妻二人身无分文,最后来到了加拿大安大略省的渥太华,他们在那里安家,养育了八个男孩。

我的外公查克,在八个兄弟中排行老二,他们手足之间的年龄跨度差不多有 25 岁。他的父亲对子女管教极严,相信"不打不成器"这句格言。以当今的标准来看,他的管教方式很可能会被视为严重的虐待。马克斯似乎更关心追逐梦想,总是试图一夜暴富,而不愿踏踏实实地做一份稳定的工作。他总是投机取巧却不能如愿以偿,导致他的家人一贫如洗。由于家里孩子太多,再加上经济困难,这八个男孩不得不在渥太华的街角卖报。

在一段采访录音里,外公谈到了童年的紧张、压力和困境:

> 每年夏天,为了保持健康,八个男孩都要剃掉所有头发。我们不敢反对,因为如果我们反对,就会被他狠狠地训一顿。我们也认为这是理所应当。正因为如此,我们才能够成为堂堂正正的父亲、祖父和公民,多亏了我的父母。
>
> 我刚到能算出二加二的年纪,就出去卖报纸了。在上学之前,我要跑着去取报纸,这样我就会是第一个到街上卖报的人。在上希伯来语学校之前,我又会跑出去

卖晚报，这样我就不会错过任何赚钱的机会了。在放学之后，我又会跑出去卖更多的报纸。我会一直卖到晚上七八点钟。然后我会利用卖报纸的间隙，到联合车站去我叔叔那儿帮忙擦鞋。然后我会回家做作业。我从来不知道童年是什么意思，我必须挣钱养家，照顾越来越多的孩子，一直到我 16 岁半（他父亲去世后不久）离开渥太华前往芝加哥为止。

朵拉在那个年代的俄国犹太人文化中长大，她在重大的家庭决策中几乎没有任何说话的权力，也没有任何影响力。尽管如此，她还是把所有的精力都花在了照顾丈夫和八个孩子身上。外公查克曾深情地说起母亲总是不知疲倦地支持自己的孩子——她倾其一生把他们养育成了更好的男人。她所有的儿子都很敬爱她。

由于马克斯总是渴望得到飞黄腾达的机会，不肯老老实实工作，朵拉和孩子们忍受了巨大的痛苦。马克斯希望能让家庭摆脱贫困，过上舒适的生活，但他从来没能做到这一点。对这个家庭最大的打击是马克斯的早逝，这使得他们失去了经济来源，生活难以为继。这次财务危机迫使 16 岁的查克从高中辍学，去芝加哥投奔大哥，以便挣钱养活他在加拿大的家人。尽管困难重重，但朵拉还是设法利用了一切可以利用的资源，把孩子抚养长大。她的儿子们很崇拜她，把她视为自己的英雄。

母亲自恋的母亲：莉尔

我对外婆莉尔的童年知之甚少，只知道她是六个兄弟姐妹中的大姐。她的父亲山姆、母亲埃塔都是出生在纽约的立陶宛裔犹太人。山姆是个成功的屠户和肉类加工商，而埃塔是家庭主妇。28 岁的时候，山姆死于心脏病。我还记得之前听过的有关外婆莉尔的母亲的故事：她是个冷漠无情、苛求他人的人。我自然而然地认为（就像我对大多数依赖共生或病态自恋的来访者一样），这种人的父母中有一方是依赖共生者，另一方是自恋者。显然，在这个例子里，埃塔是那个强势的人，主要是她造成了莉尔的创伤。

每当莉尔摔跤时，我那身体虚弱的外公（比莉尔大 7 岁）都必须把她肥胖的身躯扶起来。莉尔不想让自己看上去很老，所以不愿使用助行器。很明显，她不愿承认自己的衰老，总是坚称自己的头发是金色的，但实际上她已经白发苍苍。

到了莉尔 78 岁，查克 85 岁的时候，查克已经身心俱疲。看着我挚爱的外婆伤害无助的外公，实在是让人心碎。莉尔总有无穷无尽的需求和期待。在查克去世的前一年，他罕见地分享了他对此的绝望。他说，如果不尽快改变这种情况，莉尔会"害死他"。这样绝望的恳求让我深感不安，因为他让我陷入了一个尴尬的境地，而且查克外公往常是个非常注重隐私的人，很少透露对任何人的负面情绪。我当时实在太年轻，不通世事，自己也是一个依赖共生的人，因此无法给他提供任何有用的建议或解决方案。

6 个月后，在我生日的那天晚上，查克抱怨莉尔越来越自私，这让她很生气。那天晚上，查克突发中风，撒手人寰。在身患阿尔茨海默病而丧失心智能力之前，只要有人愿意听莉尔的"忠告"，她就会不厌其烦地教导他们：永远不要在睡前生你所爱之人的气，否则他们就会死，而你的余生都会感到内疚。这完全符合她的自恋特质，她把丈夫的中风也说成了一件只与她有关的事情。

母亲的依恋创伤

外公查克是一个乐于牺牲、尽职尽责、工作努力、依赖共生的丈夫和父亲。尽管他深爱我的母亲，但由于他童年缺乏温暖的抚育，以及他自身的依恋创伤，几乎可以肯定的是，在他身为人父的时候，他无法对我母亲表现或表达任何明显的爱意。在我成年之后，我记得无数次拥抱外公查克的时候，他的身体都僵硬得像块木板。尽管他会下意识地伸出手来，不动声色地与我握手，尽显他的男子汉气概，但他不愿意回应我饱含深情的拥抱，显然这种身体接触让他感到不舒服。

我不太清楚母亲与她的母亲之间的关系，只知道她俩情感上很疏远，而且莉尔外婆不能敏感地觉察母亲的情绪，也不能与她感同身受。拥有一个要求甚高、索求无度的母亲，以及一个存在感极低、逆来顺受、乐于奉献、依赖共生的父亲，显然为母亲的依恋创伤播下了种子。就像她的父亲一样，母亲长大也会成为一个无私的依赖共生者，回避情感亲密，乐于帮助需要帮助的人。她也会效仿她的父亲，成为一个不被人看见的人。

我母亲天生羞耻心极强，甚至有些遮遮掩掩，因此她的情感自我一直不为生活中的他人所知。不幸的是，她的这种特点恰好符合她母亲、丈夫和孩子的心意（受到操纵的孩子都更加关注和偏爱他们的父亲）。母亲向我分享了些许真实的情绪和悲伤的故事。我可以确定，她在幼年和青春期时非常孤独，生活在一个非常严格的家庭里，得不到关爱和无条件的积极关注。

我猜想，她之所以在 18 岁时同意嫁给我父亲，是因为她几乎没有任何自尊、自信，也不相信自己天生是可爱的。正当母亲梦想着摆脱孤独与不幸的时候，父亲开始寻找能为他生儿育女的"模范妻子"。不安全感和低自尊让她成了我那控制欲强、工于心计的自恋父亲的完美诱饵。6个月后，经过一番热烈的求爱，他们结婚了。一年后，我的姐姐埃伦出生了。

无法摆脱痛苦的家庭

由于我的母亲根深蒂固的不安全感和成瘾（赌博、暴食），再加上她长年累月地隐藏自己的情绪，我想她很少能体验到充分的幸福或情感自由。就像其他依赖共生者一样，她把童年的所有希望和梦想都寄托在她托付终身的人身上。不幸的是，她历尽千辛万苦得到的宝贝，却是我那病态自恋的父亲。她的内心隐藏了多年的羞耻感、自我厌恶与孤独，而她却永远也找不到一个能够帮她卸下这些重负的人。

因此，我父母的第一个孩子埃伦拥有一个情感发育受挫、极度缺乏安全感的、孤独的19岁母亲，以及一个病态自恋、自私自利的29岁父亲。我父亲很清楚，他想要的第一个孩子不是女儿。医生告诉他生的是个女儿时，他毫不掩饰自己的怀疑和失望。在第一次看到埃伦的时候，父亲坚持要脱下她的尿布，希望证明医生弄错了。我坚信，嫁给一个自恋者的打击、怀孕和分娩的痛苦、丈夫公开表示对没能得到一个儿子的失望，以及初为人母的残酷现实，让我母亲坠入了更深的孤独与羞耻的暗淡心境。一年半之后，父亲的第二个孩子，我，是个男孩，这让他大喜过望。

　　父亲想要成为他一直渴望拥有的父亲，但他无法克服童年依恋创伤所造成的病态的、无意识的力量。作为一个成年人，尤其是作为一个丈夫和父亲，他永远无法超越自己的原始本能，总是要让所有事情都以他为中心，并把他的关注、赞扬和"爱"有条件地施舍给那些他声称自己关心的人。归根结底，他的妻儿不过是他偶尔喜爱和与之交流的对象。他根本不知道如何与任何人建立情感联结，而且对所有人都缺乏内在的兴趣，包括与他的妻子和孩子。

　　尽管母亲很想与孩子沟通，但羞耻、自卑、无力的隐秘内心世界让她不知道该怎么做。不过，我生命中依然有许多美好的时刻，在我最需要母亲的时候，她就陪在我的身边。我可以轻轻松松地用一整章的篇幅来描绘这些时刻。尽管我有这些珍贵的回忆，但我很少能记起感到情感滋养与亲密的细节。就像她的父亲一样，我的母亲是一个忠实可靠的照料者，但缺乏温暖与温柔的能力。

　　在母亲罹患癌症，即将去世的日子里，她的依赖共生体现得淋漓尽致。即使时日无多，她依然专注于他人的需求，忽视自己的需求。尽管饱受病痛的折磨，也知道自己命不久矣，但她依然很少照顾自身的情感生活和个人生活。相反，她似乎肩负着一项使命，要帮助我那长年生活不能自理、依赖他人照料的父亲做好准备，迎接没有她的生活。她曾因化疗引起的营养不良和脱水而住院，而我永远忘不了去医院探望她的情景。她腿上放着好几本关于地毯样品的书，却把食物推到了一旁。我让她放下书，吃些东西，让父亲或别人来操心家里的事，而她却恼火地瞥了我一眼，好像在说："你在胡说些什么？"她强调说，她绝不会把"你父亲"留在一间破旧的房子里。我知道她需要这样做，所以不情愿地满足了她依赖共生的需求，任由她挑选出一条完美的、中等长度的、防污渍的、颜色漂亮的长毛地毯，好让父亲"高兴"。

　　每当我或者其他兄弟姐妹问她感觉如何，母亲都避而不答，转而询问我们有没有去看望"我们的父亲"，有没有好好照顾他。她还问起了她心爱的狗，因为她知道父亲可能不会好好照顾它们。如果有人问她是否需要什么，她就会坚决要求他们什么也不要带来。如果她不能说服对方，她就坚持要一篮水果，因为她知道医院的护士和员工会喜欢。她曾向我吐露，她相信如果她给护士一些小礼物，她们就会把她照顾得更好。

　　我能想起的一个最悲伤的例子，是我的未婚妻科蕾尔和我请求她允许我们在她的病房里举办一场小小的婚礼。我们知道她活不到12月，看不到我们的婚礼了，但我们想和她分享这个特别的时刻。不出所料，她断然拒绝了，说夺走我们特殊的日子实在是太"自私"了。无论我们说什么都不能改变她的决定。

　　母亲的癌症也让父亲的病态自恋暴露出了最糟糕的一面。他常常拒绝去医院看望母亲，因为他会感到沮丧和不舒服。即使母亲在家奄奄一息的时候，他都不愿意坐在母亲身边安慰她。他跟孩子们谈起母亲即将去世的时候，话题几乎总是围绕着他对未来的恐惧和他所害怕的孤独。他甚至在母亲去世前注册了一个约会网站账号，以便找一个好女人来照顾他。

父亲"家族纠纷的幽灵"

　　莫莉奶奶和她的姐妹之间的关系几乎无人知晓。我从小就知道，自从她母亲去世后，莫莉就再也没有和她的两个姐妹说过话。

据我父亲所说，其中一个姐妹把她们母亲的200美元寿险兑换成现金之后，没有与其他姐妹分享。莫莉奶奶的一个姐妹与这个兑换现金的姐妹站在了一起，而其他人则指责后者偷了她们的钱。直到奶奶88岁因癌症去世的时候，她的姐妹才聚在了一间屋子里。那间屋子恰好是奶奶的病房，五天后她死在了那里。

　　莫莉病态的家庭关系对我们一家产生了巨大的影响，对我和我的姐弟影响更大。由于父母都是独生子女，我们没有堂表亲、姑婶、叔舅，而且我们在成长过程中也不认识父亲的任何亲戚。雪上加霜的是，我的姐弟和母亲家的亲戚也几乎没有任何关系，因为他们大部分都住在加拿大。因此，我父亲的家庭纠纷对我们的核心家庭产生了举足轻重的影响，把我们一家置于家庭关系的孤岛。

　　在我母亲因癌症病危的时候，父亲"家族纠纷的幽灵"出现在了我的直系亲属之间。就在母亲去世的1个月之前，她开始把自己的贵重物品分给每个孩子。就在最后叮嘱我之前，她的癌症扩散到了大脑里，让她无法交流。我问父亲她之前答应把哪件东西留给我，父亲却矢口否认她做过这样的承诺，并拒绝给我任何东西。我后来发现，父亲一直在和我的姐弟秘密瓜分母亲的珠宝，故意把我排除在外。

　　他们对我的抗议置若罔闻，因为我父亲和姐弟结成了紧密的联盟，不让我得到母亲的任何遗物。他们不仅隐瞒了他们与父亲的密谋，还把父亲已经给他们的遗物藏了起来。更糟糕的是，他们还试图用"煤气灯"式操纵（gaslighting）的方式，让我相信因为我对他们所有人表达了愤怒，所以母亲给我的礼物被剥夺了。这不仅让我们的关系发生了天翻地覆的变化，也给我带来了巨大的情绪痛苦。

这个卑鄙的"家族的纠纷幽灵"在我父亲去世的时候再次出现。那时我们的家庭关系已经分崩离析，似乎再也无法修复了。在父亲身体渐渐恶化的时候，每个兄弟姐妹都在为他们想要的贵重物品而四处游说。同之前一样，父亲和每个孩子都达成了秘密协议，不许向任何人透露协议的细节，尤其不能向我透露。很自然，我被激怒了，受伤和被抛弃的感觉更强烈了。

在我质问父亲和姐弟的时候，全家人立即团结起来反对我的抗议。没有人诚实交代父亲的两面派行为。不但如此，他们为了替自己的行为辩护，还不断重复父亲关于我是个"坏儿子"的错误说法，说我的脾气和对他的伤害才是他做出这种决定的原因。他们不知道的是，他们从小就在被偷偷灌输这种"坏罗斯"的谎话。

讽刺的是，尽管我的家人一致阻挠我得到父母的贵重遗物，而我却一直是他们寻求帮助和安慰的对象。无论是大如危机，还是小如电脑故障，他们都会打电话给我——那个最可靠、最指望得上、最愿意帮忙的孩子。

压死骆驼的稻草

我父亲把他最贵重的珠宝遗赠给了他的一个孙子，这是压死骆驼的最后一根稻草。这是我父亲精心策划的另一笔"交易"。并不是说这个孙子不配得到这样的礼物——他是一个了不起的年轻人，但是我在得知父亲和其他三个孩子密谋，不让我得到他或母亲的任何贵重物品之后，我才意外得知了这件事。

这件事对我来说是个转折点：在这个时刻，我没有任何被抛弃、被伤害的感觉，心平气和地放弃了拥有一个坦诚、公平、有责任感的家庭的一厢情愿的奢望。为了结束永无休止的期望与失望的循环，我逼迫自己接纳了关于我家庭的现实：拥有诚实而相互支持的家庭关系是不可能的，这种事情永远都不会发生。这时我意识到，我对他们的期待和反应是问题的一部分，就像他们对我（或为我）做过或没做过的事情一样。我意识到，我一直在渴望从那些亲人那里得到一些东西，但他们既没有能力，也没有意愿满足我的愿望，这是改变我生活的顿悟。我接纳了家人的敌对之"舞"，不再去争夺领舞的权力，因此我失去了参与这场"舞蹈"的兴趣。

这些认识让我接纳了我家可悲但真实的现实，也帮助我弄清了一个困难但重要的事实：对我来说，放弃这样的家庭关系比追求那些必然给我带来失望和伤害的关系更好。矛盾的是，和家人在一起的时候，我感觉更放松、更专注、更有同理心。"接纳、宽容和边界"成了我没说出口的、有效的、拯救心灵的咒语。这就是为什么我能摆脱我那"家族纠纷的幽灵"。

孤独的童年

我是一个非常孤独的孩子，总是遭到同龄人的嘲笑和骚扰。我的敏感、不安全感和对霸凌的恐惧让我成了最好欺负的目标。我不仅是班上最不受欢迎的孩子之一，包括老师在内的大多数人都对我视而不见。我忍受了八年屈辱的童年岁月，当时有许多人排斥我，管我叫"鼻屎"。我的整个童年，包括十几岁的大部分时间，都很渴望得到接纳和友谊。我常常觉得我的一些朋友不得不悄悄地和我一起玩或待在一起，让别人知道他们和"鼻屎"的关系，会给他们的社会地位带来灾难性的后果。总而言之，我的童年是一段非常黑暗和孤独的时光。在那段时间里，我只知道自己哪里有问题，而不知道自己有什么内在的优点。

从记事时起，我就渴望得到并常常争夺父亲的关注。在我生命的前 12 年里，我一直是他的"心肝宝贝"。作为他最喜欢的孩子，我从他那里得到的爱和关注比他给其他家庭成员的都多，但这是来之不易的，也不足以与那些在我生活其他方面折磨我的、更加黑暗、险恶的心理能量相抗衡。身为父亲最喜欢的孩子，并不能把我从内心长期的不快乐、自我厌恶和孤独中拯救出来。

只有在父亲关注我的时候，我才会感到自己是可爱的、重要的。他所有孩子都在争抢他偶尔施舍的一点点关爱和关注。对于他那有条件的爱，我若能得到，便会欣喜若狂，若得不到，便会感到深深的羞耻。在我童年的大部分时间里，我就像被困在了一个"仓鼠轮"上一样，疯狂地奔向我最渴望、最需要的东西，但总在到达那难以企及的目的地之前筋疲力尽。

就像其他家人一样，我早年的心理问题会让我的父亲得利。我缺乏安全感，没有朋友，没有自尊，唯一的愿望就是做他"最喜欢"的孩子，这让我不断地寻求他的认可和关注。这反过来又为他那永远填不满的自恋"油箱"源源不断地补充燃料。他不仅对我这个人和我的感受缺乏真正的兴趣，而且很少关心我的任何活动。为了让他做我喜欢的事，比如玩接球，我不得不百般祈求，并改变自己的人格来迎合他。我凭直觉就知道，如果我胆敢说出自己心中不断增长的愤怒和怨恨，我就会失宠，被弟弟取代——他已经蓄势待发，准备成为下一个助长父亲自负的"自恋附属物"。

　　在13岁前后，由于青春期，我作为"爸爸的完美儿子"的日子到头了。他那光辉的"完美父亲"的形象消失了，他对我的关注和兴趣也在顷刻间荡然无存，这让我怒火中烧，感觉被抛弃了，陷入了一场争夺权力与控制权的混乱争斗。我生性敏感，反应强烈，而且我相信公正与诚实的美德，因此我愤怒地质问父亲，为什么要这样不公地对待和控制我。与其他的病态自恋者一样，我的行为深深地冒犯了他，他狠狠地惩罚了我，因为我厚颜无耻地试图让他感觉不好。从最受喜爱的孩子变成最不受喜爱的孩子，严重影响了我早已摇摇欲坠的心理健康，也极大地妨碍了我在未来成为一个幸福的、有安全感的、自爱的成年人。

　　似乎在一夜之间，我对父亲的敬畏和感激迅速变成了怨恨和鄙视。我公开而不假掩饰地质疑他的权威和惩罚措施，很快煽起了熊熊烈火，吞噬了我们之间的关系。在正常或者相对健康的家庭里，青春期的孩子挑战父亲的权威，指责父亲的不公平其实是一件好事。然而，对我父亲这样的病态自恋者做这样事情，会摧毁一个男孩的梦想：他是个足够好的孩子，配得上父亲的喜爱。

被另一个自恋供给源所取代

　　我的父亲经常让孩子为了得到他的关注和赞扬而相互竞争。他会主动制造争端和冲突，让一些人（甚至所有人）对其他人感到愤怒或怨恨。更糟的是，他经常散布一些负面的虚假信息，中伤我们当中的某个人，以便在家庭成员中煽动愤怒、猜忌和怨恨。更令人不安的是，谁都看得出，他以旁观这样的冲突为乐。

在我"失宠"的时候，我姐姐埃伦并不是一个理想的替代品，因为她在蹒跚学步的时候就放弃寻求父亲的积极关注了。她要么被父亲忽视，要么就被困在寻求消极关注的恶性循环里。父亲的"法定继承人"是我的三弟（当时第四个孩子还没出生）。这个孩子，这个从前的局外人，抓住机会扮演了"最受宠爱的孩子"，被父亲培养来满足他对于关注和自恋的需求。对弟弟来说，这是一个理想的转变，因为在他生命的那一刻之前，他对父亲来说一直都是无足轻重的，而父亲也总是遗忘他、忽视他。在不知不觉间，父亲的第三个孩子被塑造成了一个不仅能让父亲对自我感觉良好，而且会疏远其他手足和母亲的人。

为了巩固新的同盟关系，父亲给弟弟灌输了关于我们的谎言——关于他的姐姐、哥哥和母亲的谎言。弟弟在不知不觉间成了父亲精心操纵的傀儡，成了父亲的副手、小法官和告密者。这个不到 11 岁的孩子，不假思索地收下了父亲给他的所有好处，因为这让他感觉自己很特别、很重要，这是他以前从来都没能得到的体验。

在父亲的设计之下，弟弟开始对付我，加剧了我的愤怒，使我成了欺负幼小的恶霸。在我弟弟看来，只要我发泄情绪——义愤填膺地反驳父亲、欺负弟弟、滥用药物，就证明了我父亲对我的负面评价。我陷入了进退两难的境地：我父亲越是唆使弟弟评判我、厌恶我、告发我，我就越会变本加厉地报复弟弟。我父亲对孩子的恶劣行为不仅永久地破坏了我们之间的关系，也剥夺了弟弟和母亲建立情感联结的机会。

最小的弟弟出生时，我父母的情绪正处于彻底崩溃的边缘。我父亲迷失在他自恋的世界里，而母亲开始疯狂地寻找身份认同与意义感，这促使她开始创业，并皈依了基督教。我们的父亲向我们灌输"母亲抛弃了我们"以及"母亲羞辱了我们"的想法，进一步毒害我们的思想。这种"高剂量"的"心灵毒药"，让我们柔软脆弱的心灵站在了唯一可以给予我们些许抚育的母亲的对立面。我父亲不断地使用"煤气灯"式操纵[⊖]。这种卑劣的行为直接把病态互动模式的接力棒传给了下一代人。

尽管母亲说服父亲生下第四个孩子，以便拥有某个需要她、喜欢她的人，但她和我父亲的生活中已经没有太多情感和个人的时间能够留给这个孩子了。我的小弟比我小八岁，他的成长环境与我们其他人截然不同。不仅他最大的两个哥哥姐姐（我和我姐姐）在他十岁的时候搬了出去，而且仅剩的一个哥哥（比他大六岁）也被灌输了这样的信念：他对弟弟有着父母一样的权利和责任，应该教他明辨"是非"。在父亲的授意下，这个哥哥有权利用破坏性的少年警察般的方式，确保弟弟遵守他定下的规则。在情感和家庭关系方面，这个家中的幼子遭受了有害的忽视，这种忽视可能会改变他的一生。

父亲："煤气灯"式操纵的能手，操弄傀儡的大师

我父亲是操弄傀儡的大师，他用"煤气灯"式操纵的方式对待他的长子，成功地毁掉了家庭内部的关系。"煤气灯"式操纵的定义是，通过心理操纵让一个人怀疑自己的理智。（我会在第8章和第11章分享更多有关"煤气灯"式操纵的危害。）有时我会问自己，父

⊖　第11章会讨论这一概念。

亲是否真的喜欢让我"做蠢事",以便向全家人证明他的说辞——最不幸的是,他也试图借此向我证明他的说辞。归根结底,对他来说唯一重要的事情,就是得到持续稳定的关注,并且不必为自己造成的伤害承担任何责任。

在父亲去世的五天之前,他承认,他给孩子精心灌输的、关于我的"煤气灯"式谎言是错误的。就在那时,我仿佛得到了他曾给予过我的最大赞扬。我在家庭式临终关怀疗养院里照顾他的时候,他对我姐姐说:"嘿,我以前错怪小罗斯了,他其实是个好人,也是个很棒的儿子。"奇怪的是,我姐姐以为我听到这样的"褒奖"会很高兴。我给了自己十分钟的时间来感受糟糕的情绪,然后耸耸肩,承认这不是什么新鲜事。遗憾的是,直到去世的几天之前,他才向其他孩子表示,他的大儿子是个好人。

母亲:我见过的最好的人

从来没有人会争抢母亲的爱或关注。她也根本没想过要别人这样。母亲的情感疏离和自我厌恶十分严重,她的人格特点对父亲来说堪称完美。长久以来,父亲一直试图给我们灌输关于母亲的坏话,说她有各种缺陷和问题,而母亲一直在默默承受他的诋毁。为了巩固他在家中索求无度、受人崇敬的地位,父亲需要把我们变成他的盟友、母亲的敌人。他会不断地唆使我们批评母亲的体形和体重问题,从而贬低母亲。父亲或者他的某个孩子常常会叫母亲"胖子"或"米琪胖老鼠"。在贬低母亲和制造三角关系方面,还有一个更可怕的例子:我父亲曾问他的每个孩子,如果父母离婚了,他们想和父母中的哪一方一起生活。由于所有孩子都受到了"煤气灯"式操纵，一直在从父亲身上寻求那难以捉摸的爱与关注，而不重视、不欣赏我们的母亲，所以我们全都自然而公开地表示愿意选择父亲。我是唯——个表示喜欢妈妈的孩子，但这更多的是出于同情，而不是真正的喜欢（我也受到了操纵）。我虽然没有选择母亲，但我为她感到难过。

我母亲有着扭曲的忠诚、无处不在的不安全感，以及对孤独的恐惧（从本质上讲，这就是她的依赖共生），导致她不愿与父亲离婚。即使父亲的两段婚外情败露之后，她还是站在父亲这边。母亲不知道的是，父亲其实和许多女人都有过风流韵事。我时常会想，如果她知道我父亲在死前几天告诉我的这些事，她会怎么做。父亲说他有过很多次外遇，比他当初承认的要多，其中一次外遇，还是和母亲的一个最亲密的朋友搞的。

更糟糕的是，由于父亲患有严重的临床抑郁症（患病超过了15年），母亲一直恪尽职守地照顾他，导致她被困在照料者的角色里无法脱身；而父亲却因为他的自恋和抑郁，表现得像个顽固不化的七岁孩子。母亲生命的最后十年是最艰难的。由于父亲几乎没有朋友，所以非常依赖母亲的陪伴，这种依赖劳心劳力，让母亲筋疲力尽。在这段时期里，父亲对处方药上了瘾，表现得就像其他谎话连篇、工于心计、缺乏理智的瘾君子一样。母亲的依赖共生让她做出了巨大的牺牲，付出了沉重的情绪代价，这与她父亲查克和她母亲莉尔的经历很像。

尽管家人对母亲视而不见，但她依然努力地想做一个好妈妈。尽管她无私地花时间陪伴我们，并尽量满足我们的一切需求，但我们从没有真正地了解过她，她也不曾了解我们。由于她自身的依恋创伤，以及由此产生的依赖共生、焦虑障碍、注意缺陷障碍，我从来都不知道她内心深处隐藏了怎样的情感纠结与个人挣扎。就像她的父亲一样，她很擅长忍受也不愿表露个人痛苦。

母亲是个非常宽容的女人，她接纳并原谅了所有孩子，尤其是我。因为我和她非常相似，所以我们之间有一种特殊的联结。她时常会让我知道，她为我在生活中取得的各种成就感到自豪。我记得她有几次曾对我说，她感觉跟我最亲，因为我追求了她曾拥有却没能追求的梦想。就像其他依赖共生者一样，她深深的、严重的自爱缺陷问题以及对失败的恐惧，成了阻止她实现目标的障碍。而且，身为一个依赖共生者，她不敢把自己的"失败"归咎于自己之外的他人。

由于父亲试图制造三角关系，毒害我们的思想，所以母亲和她朋友的关系比她和孩子的关系更紧密。她渴望得到别人对她的需要和爱，因此她会努力成为任何幸运儿的好朋友。人人都爱我母亲。由于她的爱、关怀和牺牲，她的每个朋友都很敬爱她。就像她依赖共生的父亲查克一样，她会竭尽全力地让他人开心。可悲的是，每个人都很喜爱母亲，除了她自己的孩子和丈夫。如果没有自恋父亲的煽风点火，也许她的孩子也会爱她。尽管这听起来可能有些矛盾，但母亲是我见过的最好的人。

她迅速扩散的晚期癌症，促使我们开始讨论一些困难而可怕的情感话题，我们本应该早点讨论这些话题，但因为太害怕而不敢开口。我们两人的依赖共生相互影响，导致母子之间从来没能拥有正常的关系。如果不是父亲自私自利，故意挑拨离间，我就能了解母亲，母亲也会了解我。时至今日，我依然对这一可悲的事实感到遗憾和悲哀。正是为此，我才将我的第一本书献给了她。

17 岁的爆发

　　我的孤独、不安全感，以及易受他人伤害影响的特点，一直伴随着我进入青春期。在 14 岁的时候，严重的霸凌、辱骂和羞辱开始变本加厉。正常的青春期焦虑，再加上家里的忽视和情感伤害，我堕入了羞耻和抑郁的深渊。渐渐地，我发现大麻有让人麻痹的特性，后来我接触了药性更强的毒品，我在 15 岁时就经常吸毒了。在上 11 年级的时候，17 岁的我会自行服用危险剂量的毒品来麻痹自己的悲伤、愤怒和孤独。因贩毒和持有毒品而被停学 3 个月后，我陷入了一场近乎自杀的吸毒狂欢。在被查出吸食、销售大量兴奋剂后，父母让我参加了一个为期 90 天的青少年住院精神病学治疗项目。

　　在此之前，我根本不了解我的这种自我伤害行为，也不了解吸毒行为的危险。从刚开始住院的时候，一直到住院三周之后，我都坚信自己吸毒的理由是正当的：为了享受乐趣，让自己的感觉好起来。我曾不遗余力地试图说服别人，享受快乐和让自己感觉好起来不应是住院的理由，但是医生不会理会我的无稽之谈。他们一直督促我坦诚面对我慢性自杀和需要吸毒的原因。

　　在治疗的第四周，经历了一系列针锋相对又惹人生气的个体和团体治疗之后，我开始意识到，我其实在逃避一些东西。我永远忘不了我的精神科医生施瓦茨医生和心理治疗师亚佩里医生突然闯进我们的治疗小组，对我的同伴说我是个病态的骗子，完全是在蒙骗他们。他们警告团体成员，除非我老实交代自己的实情，否则不要相信我说的任何一个字，也不要对我放松警惕。说完这番话后，他们转身就走。我当时对他们的谎言以及他们对我的同伴不公平的操纵感到愤怒不已。这件事对我的打击很大，因为我一直认为自己是个诚实的人。

就在那时，某些想法开始在我心中萌动，这些想法让我有了始料未及的顿悟：我是一个极度悲伤、孤独的男孩，渴望得到接纳和爱。这一顿悟让我被压抑的（无意识的）情绪痛苦就像决了堤的洪水一样喷涌而出。我最终承认了我有多么痛苦，以及我为什么愿意做任何事情来逃避这种痛苦。我号啕大哭，以前从来没有这样哭过，我也第一次感到了内心的平静与幸福。这段经历促使我写下了下面这首诗，这首诗表现了困扰我一生的痛苦和折磨。这首题为《孤独》的诗就像一扇窗户，让我得以窥见我饱受折磨的情感自我。

孤独

罗斯·罗森堡（1978）

孤独是一种难以接受的情绪。

终生如影随形，

无论你多想把它忘怀。

除非你明其就里，知其深浅。

否则孤独之苦难以承受。

你渴望理解，

但无人会意。

我除此之外别无所求：

只要一个朋友，

一个关心、关爱我的朋友。

一个给我力量的朋友。

我是多么地需要这个朋友。

我的美梦屡屡破灭，

但我发誓，一旦我梦想成真，

你会看到我向你伸手而来。

我已做好准备，

去感受那渴求已久的体验。

如果需要一场战斗才能克服这样可怕的感受，

我早已摩拳擦掌，

蓄势待发。

就让我被击倒在地吧，

你会看到我站起身来。

我仍将奋战到底，

勇猛而坚定。

你甚至会看见我伤痕累累，

但我决不放弃。

我会坚守于此。

也许，只是也许，

我流下足够的眼泪，

才能发现我在哭泣。

也许会有人陪在我身边。

一个真正关心我，理解我的人。

这种念头让我兴奋不已，

听起来就像南柯一梦。

但如果这真是大梦一场，

我求你不要唤我醒来！

我的起点

我认为那次团体治疗是我从依赖共生中康复的起点。在那个时刻，我终于能够仔细审视我那情感破碎的生活，表达我对生活的感受，而不需要用毒品来掩盖生活带来的痛苦。也许我最大的突破是意识到自己内心深处对父亲的愤怒，以及打破他对我的有害控制的需要。直到25年以后，我才完全弄清我的依恋创伤（主要是我父亲造成的）的本质。即便如此，那次团体治疗仍然是至关重要的第一步！

尽管我已经指出了我父母的局限，但我永远感谢他们让我得到了我所需要的帮助。毫无疑问，这些帮助拯救了我的生命，也对我们的关系产生了深远的积极影响。正是因为他们，我才得以迈出非常重要的第一步，去面对我的心魔，寻找疗愈与心理健康的道路。如果没有他们，我就不可能面对我所处的支离破碎的家庭，也不能设法从父母的病态模式中脱离出来，形成独立的人格。（一年后，我加入了美国陆军。）除此之外，也许最重要的是，医院治疗的经历让我发现了自己帮助他人的天赋。这最终促使我对自己许下了至今仍在遵守诺言：成为一名心理治疗师，帮助那些和我一样经历过情绪痛苦的人。

为什么要写这一章

对于任何想要了解自身依赖共生（或自恋）程度的人，他们都必须彻底审视过去几代人的依恋经历：父母辈、祖父母辈，甚至曾祖父母辈。许多父母虐待了孩子，造成了孩子的依恋创伤。他们是导致孩子产生依赖共生和自恋问题的最终责任人。尽管自恋型父母的责任最大，但依赖共生的父母也负有责任。把这个复杂的问题简化为"好""坏"父母的对抗是不贴切的。父母双方都是这个不正常的田径队里的一员。父母双方共同塑造了自己的孩子，让孩子为把接力棒传给下一代人做好了准备。

我希望通过分享我的家庭经历，让你能有一个更好的参考框架，去理解那些塑造你自身的依赖共生的力量。通过了解依赖共生（和自恋）那曲折但可预测的发展方向，我们可以更加深入地了解这个问题，并彻底从中复原。

反思

❖ 曾祖父母辈对你的依赖共生产生了哪些影响？

❖ 父母童年的依恋创伤与他们对你的教养方式有什么关系？

❖ 从代代相传的视角来解释你的依赖共生，能否改变你对父母的感觉？

第 2 章

令人兴奋又可怕的探戈

改变人生的比喻

　　17 岁的时候，我产生了写诗的兴趣。我早年的诗歌帮我发现了深埋在内心或很少表达的情绪，尽管这些情绪受到了忽视，但依然在我的生活中造成了严重的破坏。很早以前，我就发现，写作、分享、反思我的诗歌，帮助我解开了心中郁结的痛苦。对我来说，描述性的、唤起情绪的词语似乎有一种神奇的力量，它们帮助我表达了我的想法和感受。然而落笔之前，我都不知道这些想法和感受的存在。除了"治疗"我的心伤以外，诗歌还帮我从他人那里获得了认可——我一直渴求的东西。在我生命的那一刻之前，我从不知道（也没人告诉过我）我有什么特别的才能。

　　我喜欢把诗歌作为情绪疗愈和成长的途径，这自然而然地改变了我在专业上使用具有描述性和情绪暗示性的象征语言的方式。在我职业生涯的早期，我一直对那些按照一定规范，使用比喻和比方来揭示创伤的心理治疗形式很感兴趣。这些技术在帮助我的来访者触及（想起）被压抑、被抑制的创伤记忆方面一直很有效。此外，运用这样的象征性语言和讲故事的方法，有助于整合并治愈创伤。

我善于把复杂的心理现象简化为简单但有表现力的象征性词汇和短语。这种方式也有一些教育意义。对于那些执着于否认的来访者尤其如此，无论他们否认的是自己的成瘾、有害的习惯还是创伤经历。我曾经听说，一个表达清晰、精心设计的比喻可以让一个人改变顽固的否认，转而自由地表达之前从未想过或感受过的情绪。此外，运用比喻可以把难以理解或复杂的心理概念转化为在情感上可以接受、可以理解的东西。

尽管我已经记不清我是什么时候第一次用"舞蹈"来比喻依赖共生与自恋的关系，用"舞者"来代表依赖共生者和自恋者，但我很确定这个比喻出自我个人的心理治疗工作。据我估计，这个比喻是我在 2005 年发现的，当时我正沉浸于我从心理治疗中得出的一个顿悟：相比与依赖共生的女性在一起，我和自恋的女性在一起时，焦虑会大大减少，或者说，我会有一种不合常理的舒适感。随着我变得越来越健康，我越来越能觉察到我对不同女性的本能反应（舒服和不舒服）。很快，我就把这个新发现应用到了那些依赖共生的来访者身上。

对"舞蹈"比喻的运用，以及随后对依赖共生和自恋的恋人之间如何以及为何相互吸引（他们之间有着病态的相容性）的解释，很快就成了早期依赖共生治疗的必要组成部分。仅仅通过讨论这些话题，就能够帮助我的来访者对自己充满关系问题的生活经历找到合乎逻辑的解释。

也许更为重要的发现是，这些来访者并不是时运不济的受害者。因为人们很难对那些因错误选择和判断失误所致的问题承担责任，所以讨论这些话题非常重要。回避尴尬、内疚或羞耻的感受可能会让人在短期内感觉更好，但这种做法会让人付出代价。

一旦认识到自己既是不幸的受害者，也是自愿的参与者，来访者就更愿意探究那些黑暗、遥远的无意识力量。正是这些无意识的力量迫使他们一直重复着同样的、痛苦又时常令人兴奋的舞步。认识到自己也是"同谋"，会对他们产生一种看似不合常理的影响。他们不会感到愤怒、羞耻，甚至不会更加厌恶自己，他们反而会感到乐观。能够为自己的痛苦找到解释，并且和一个知道如何解决这种问题的治疗师一起努力，给他们带来了希望——对有些人来说，这是有生以来的头一次。

毫不夸张地说，我的"舞蹈"和"跳舞"比喻，在揭示依赖共生和自恋方面起到了改变人生的作用。这一简单、深刻的发现带来了一系列后续的发现、顿悟，以及无数的"茅塞顿开的时刻"。随着这些理念的拓展，并且在彼此的基础上不断发展，我的"依赖共生治愈工具箱"也变得越来越完整。

随着心理治疗的积极案例越来越多，我开始设想与世界分享我的发现。后来，在2012年，我有机会举办一次有关这个主题的专业培训，我将这次培训命名为"依赖共生者与自恋者：理解吸引力"。又过了一年，一名PESI出版公司的培训经理偶然发现了这次培训，并为我提供了一个培训岗位。正如他们所说，其余的事情就成了历史。

我的舞蹈比喻认为，依赖共生者是被动的、包容的、乐于接纳的（对自恋者来说）"跟随者"（舞者），他们与控制欲强的"领导者"（舞者）在一起跳舞时会感到自然而舒适。反过来，这个比喻也解释了为什么自恋的"舞者"在领舞时会感觉自然而舒适。这种"舞伴关系"解释了双方接纳的舒适感和直觉行为（与反应），以及他们对于这种不正常的舞蹈体验的喜爱。

字典将舞蹈定义为"与音乐的速度和节奏相匹配的、有节奏、有顺序的步伐、手势或身体动作"。我的比喻基本相同：与对方的人格和对恋爱关系的期待相匹配的、有顺序的步骤、举动和浪漫行为。依赖共生者和病态自恋者的行为共同构成了一种像舞蹈一样的现象，这种现象最终会造成一种持久的、不正常的关系，或者说舞伴关系。与相匹配的、人格不正常的人一起跳舞，往往会使人处于一段戏剧性的、大起大落的病态关系里，尽管一方会感到不快乐，或希望终止舞蹈，但这种病态关系仍会持续下去。

与星共舞

如果你看过《与星共舞》（*Dancing with the Stars*），你就知道要赢得梦寐以求的镜球奖杯需要付出多少努力。与任何成功的共舞一样，每名舞者都需要熟悉并敏感地配合舞伴的舞蹈风格和特殊动作。要想在舞池中取得成功，或者充分地享受舞蹈，两名舞者都需要在尽可能多的层面上相容，并且深入和充分地理解彼此。

依赖共生者和自恋者的舞跳得很好，因为他们的病态人格或"舞蹈风格"彼此契合，就像套在手套里的手一样。他们能够凭借本能预测对方的行为，所以在刹那之间就可以一同跳起华丽的舞蹈。

他们的编舞毫不费力，就好像他们一直都在一起跳舞一样。两名舞者不仅凭本能、下意识地知道自己扮演的角色并能坚持扮演这个角色，而且他们的舞步极为娴熟，就好像他们一生都在练习这段舞蹈一样。病态的相容性是这些舞者一路闯进决赛的推动力。

依赖共生者之所以会被病态自恋者所吸引，是因为他们对一个知道如何主导、控制、领导的人感到舒适而熟悉。自恋的舞者与他们是互补的。他们那乐于奉献、甘于牺牲、被动的依赖共生的特点，完美地契合了舞伴那索求无度、予取予求、以自我为中心的天性。依赖共生者是两者中较为被动的那一个，但这并不意味着他们缺乏舞蹈的能力。他们有着病态的敏锐，能够仅凭最细微的线索预测舞伴的动作，这使得他们在赢得双方狂热追求的、虚幻的奖杯时发挥了同等重要的作用。

依赖共生者不但能巧妙、熟练地预测他们病态的自恋舞伴的每一个舞步，而且依然能把这种舞蹈当作一种被动而积极的体验。病态自恋者喜欢和依赖共生者共舞，因为在后者的默许下，他们能够感到强大、安全、有掌控感。和逆来顺受的舞伴跳舞是令人兴奋的，因为病态自恋者可以主导整体体验，相信自己是舞池里唯一的明星。

也许我对这种比喻性的舞蹈体验的最好解释，出自我 2007 年的文章《依赖共生：不要跳舞！》（Codependency: Don't Dance!）。和我其他的文章和诗歌一样，这篇文章是我在与一名依赖共生的来访者进行了一次鼓舞人心的突破性治疗之后写成的。不开玩笑地说，几乎是这篇文章把它自己写出来的，因为这些想法已经在我脑中酝酿了好几年。在我看来，这篇文章是我首次写下"人际磁石综合征"的理念。以下是这篇我最喜爱的文章的原文：

依赖共生：不要跳舞！

跳一曲"依赖共生之舞"需要两个人：讨好者（忙碌者）以及索取者（控制者）。这种天生病态的舞蹈需要两个对立但充分平衡的舞者：依赖共生者与自恋者。依赖共生者总是在付出、牺牲，为他人的需求和欲望劳心劳力，不知道如何在情感上切断与自恋者的关系，或者避免与自恋者陷入恋爱关系；而自恋者自私自利、以自我为中心、控制欲强、会伤害他人。依赖共生者总会陷入这样的"舞池"，被这样的"舞伴"所吸引：这些舞者完美地契合了他们独有的被动、顺从、逆来顺受的舞蹈风格。

在关系之舞里，依赖共生者是天生的跟随者，他们是被动而包容的舞伴。依赖共生者觉得自恋的舞伴非常吸引人。他们总是被自恋舞伴的魅力、大胆、自信、强势的个性所吸引。每当依赖共生者和自恋者搭配到一起，他们的舞蹈体验就会令人兴奋不已——至少在一开始如此。在跳完几曲之后，令人陶醉的舞蹈体验总会变成闹剧、冲突，以及被忽视和被束缚的体验。即使有混乱和不和，双方也都不敢终止这样的舞伴关系。

一旦依赖共生者与自恋者相恋，他们就开始了完美的舞蹈：自恋的舞者领舞，依赖共生的舞者跟随。他们扮演各自的角色看起来十分自然，因为他们终生都在为此练习：依赖共生者下意识地放弃自己的权力，自恋者因获得控制权和权力而如鱼得水，他们的舞蹈有着完美的和谐。没有人会踩到另一个人的脚。

通常情况下，依赖共生者的付出远比他们舞伴的回馈要多。作为"慷慨"但心怀怨气的舞伴，他们似乎被困在了舞池里，总是在等待下一首"舞曲"。与此同时，他们却天真地奢望自恋的舞伴最终能理解他们的需求。依赖共生者错把照料和牺牲当作忠诚与爱。尽管他们为自己对爱人坚定不移的奉献而感到自豪，但他们最后会感到自己得不到感谢、受人利用。依赖共生者渴望被爱，但由于遇人不淑，他们的梦想最终会化为泡影。怀着梦想破灭的痛苦，依赖共生者只能默默地、苦涩地咽下自己的忧愁。

基本上，依赖共生者陷入了付出和牺牲的模式里，却绝无可能从舞伴那里获得同样的东西。他们假装享受舞蹈，但内心隐藏着愤怒、苦涩和悲伤，因为他们不能在舞蹈中获得更主动的地位。他们坚信，他们永远也找不到一个爱他们真实面貌，而不是爱他们能为自己做些什么的舞伴。他们的低自尊和悲观会表现为习得性无助，这最终让他们一直在舞池里与舞伴跳舞。

和依赖共生者一样，自恋的舞者会被让他感觉完美的舞伴吸引：这个人会让自恋的舞者领舞，同时让他们感觉强大、有能力、被欣赏。换言之，在与那些符合他们以自我为中心、不假掩饰的自私舞蹈风格的舞伴在一起时，自恋的舞者感到最为舒服。自恋的舞者之所以能按照他们想要的方式跳舞，是因为他们总能找到缺乏自我价值感、自信和自尊的舞伴。有了这样称心如意的舞伴，他们既能控制舞伴，也能控制舞蹈。

尽管所有依赖共生的舞者都渴望和谐与平衡，但他们总会选择一个初见时倾心，最终会怨恨的舞伴，从而挫败自己。即使他们有机会不再和自恋的舞伴跳舞，心平气和地等待舞蹈结束，直到健康的舞伴出现，他们通常还是会选择继续跳那病态的舞蹈。他们离不开自恋的舞伴，因为他们缺乏自尊和自敬，他们觉得自己找不到更好的人。独身等同于寂寞，寂寞则苦不堪言。

由于缺乏自尊和力量感，依赖共生者无法选择能够为彼此付出并无条件地爱自己的舞伴。他们之所以选择自恋的舞伴，与他们寻找熟悉的人的无意识动机有关——这个人会让他们想起无助甚至伤痕累累的童年。可悲的是，依赖共生者的父母也曾跳过这种完美无缺的、病态的、依赖共生和自恋的舞蹈。他们害怕独处，不惜任何代价也要找寻控制感、修复伤痛，并且心甘情愿地充当博爱、忠诚、耐心的殉道者。这是他们幼时对爱、尊重与关心的渴望的延伸。

尽管依赖共生者渴望与一个无条件地爱着他们、认可他们的舞伴共舞，但他们却会屈服于自己病态的命运。除非他们决定治愈心伤，最终不再与自恋的舞伴跳舞，否则他们将注定跟随病态之舞那不变的节拍和韵律。

通过心理治疗（或许12步骤康复项目也有效果），依赖共生者可以开始看到，自己去跳那关于互爱互惠的舞蹈的梦想确实是可以实现的。通过接受心理治疗、改变生活方式，他们可以建立（修复）他们支离破碎的自尊。

疗愈和转变的旅程会给他们带来力量感、效能感，进而
让他们萌生这样的愿望：最终去和一个愿意且有能力分
享领导权，讨论他们的舞步，寻求充满爱的、有节奏的
舞蹈的人一同跳舞。

反思

❖ 你在舞蹈中扮演了怎样的角色?

❖ 在你不愿意跳舞的时候，迫使你继续跳下去的
  力量是什么?

第 3 章

依赖共生者、自恋者，以及他们
相反的爱情

事先声明：在这一章中，几乎你认为你对依赖共生所知的一切都会受到挑战、重新定义，并且被改变（希望如此）。

这个世界对于依赖共生的定义是错误的、过度简化的，没有跟上医学和精神病学的进步。这就是为什么，依我的经验来看，依赖共生的治疗很少奏效。为了更好地理解这一点，请问问自己以下几个问题：

❖ 在你认识的、所有寻求过专业帮助的依赖共生者中，有多少人能够与那些声称爱他们、尊重他们、关心他们的有害的、自恋的人断绝关系？

❖ 在这些"成功案例"中，有多少人回到了当初的自恋伴侣身边，就像一心改过、诚心诚意的戒酒者又开始酗酒一样？

❖ 在那些更坚强、更健康的人中，有多少人又爱上了这样的人：在恋爱之初，他们看起来"正常"、健康，但实际上是隐藏的自恋者？

❖ 在剩下的那些为数不多的"成功者"中，又有多少人把他们的"成功"归功于坚决地关上那扇通往爱情与性的情感之"门"？

如果你没有深陷否认现实的误区，而且有良好的计算能力，我相信你会发现，只有极少数的人能通过针对依赖共生的治疗取得长期的成功。在我从事心理治疗的早期，我认定依赖共生治疗基本上是无效的。我的经验是，多数人在心理治疗中到达感觉良好的状态时就会停止治疗，然后又回到（或继续维持）那种导致问题复发的关系。这种观察结论得到了我与依赖共生来访者的工作经历的支持，而我自身的难治型依赖共生也佐证了这一结论。

经过十多年的心理治疗和研究，我认为每周一次的个体心理治疗并不能长期缓解依赖共生者那令人困扰的顽固症状。尽管成千上万的心理治疗师宣称自己是治疗依赖共生的专家，但似乎很少有人（甚至没有人）真正了解这一概念——了解它的起源和治疗。

我这样说并不是要诋毁这些研究者、作者、理论学家和心理治疗师的宝贵贡献，他们的工作有助于推进我们对依赖共生的理解。我的理想是超越当前的知识体系、推测与假设，发现令人信服、无可辩驳的相关信息，这样我们就能开发一种切实有效的治疗方法。

如果我们不能确切地知道问题是什么，那该怎么治疗呢？对于这个问题，我们不应掉以轻心。历史上有很多治疗方法徒劳无功，都是因为对身心健康障碍的理解出了偏差。更糟糕的是，尽管患者没有从治疗中得到任何好处，许多这样的疗法却依然被继续采用，无人质疑。在某些情况下，患者在为他们从没有过的疾病接受治疗，有时他们接受的治疗也从未被证明有效。因此，心理健康领域的工作者有责任明确何谓依赖共生，同时弄清其治疗方法的价值和有效性。

举两个相关的例子：放血（医学）和前额叶白质切除术（精神医学）。这两个触目惊心的例子都说明，治疗如果盲信有缺陷的科学观点或缺乏科学根据，其伤害的人会比它声称帮助的人多得多。

放血，即从身体里抽取血液，曾用于治疗人类几乎所知的每一种疾病，已经有 3000 多年的历史了（Davis & Appel，1979）。实施放血疗法的人有牧师、医生、理发师，甚至一知半解的门外汉。在 19 世纪 30 年代的法国，这种疗法的运用极为广泛，以至于在这个拥有 3500 万人口的国家里，用于放血治疗的水蛭就多达 600 万条（Greenstone，2010）。到了 19 世纪 70 年代，人们对这种疗法趋之若鹜，医生不得不劝说许多患者不做放血治疗（Cardiology Today，2008）。对于医学数据的回顾性分析表明，该疗法对大多数患者都是有害的，其中许多人都因此而死（Colović，2016）。

前额叶白质切除术曾用于治疗各种精神疾病和行为问题，但收效甚微。这种疗法基本上就是切除连接前额叶皮质及其下部结构的脑组织。在 1940～1950 年，美国有近 40 000 名患者接受了这种"神奇的疗法"，以治疗他们所谓的精神疾病。这种疗法也用于犯罪的精神病患者、政治异议者、愤怒和叛逆的孩子，以及对丈夫抱怨太多的妻子。1949 年，安东尼奥·莫尼斯（Antonio Moniz）医生因为这种疗法的"神奇"价值获得了诺贝尔医学奖。

这种疗法不仅很少奏效，还给大多数患者留下了广泛的永久性脑损伤。到了 20 世纪 70 年代，大多数国家规定该疗法非法，认为它是不人道的，侵犯了基本的公民自由。

对于任何可行的医学或心理健康疗法来说，临床工作者都必须清晰地了解它要解决的问题，还要有研究、科研数据和多次重复的成功临床试验作为支撑。艾滋病就是一个完美的例子。如果科学家和研究者没能努力查明这种疾病，弄清其来源，现在就不可能发现有效的治疗方法。多亏了许许多多的英雄，人类免疫缺陷病毒（HIV）才被确定为艾滋病的病因，不久之后就有了治疗这种疾病的药物。需要澄清的是，我绝不是说依赖共生等同于艾滋病。我只是想要说明，在制定治疗策略或开发治疗方法之前，了解某种普遍存在且难以治疗的问题是极其重要的。

挑战依赖共生治疗领域

挑战既定的、广为接受的科学结论需要有打破常规的创新精神。揭穿错误的结论或未经质疑的无效心理健康治疗方法是有风险的，因为许多人会出于既得利益而维护这种疗法。有些研究者或著名的实践工作者宁愿攻击一个人的可信度或技能水平，也不愿接受正确的结论，承认他们误入歧途或大错特错。

我写的两本关于人际磁石综合征的书都建立在我长久以来的信念之上：依赖共生的问题受到误解，其治疗大多也是无效的。与其他精神健康问题不同，依赖共生缺乏具体的诊断标准（症状清单），导致临床工作者难以做出准确的诊断。因此，医学界、精神病学界、心理学界和精神卫生界别无选择，只能对"依赖共生"这种有问题的体验给出一种宽泛的定义和描述，而这种定义和描述缺乏公认的理论基础；对于这一概念该如何适用于临床场景，人们也缺乏一致的意见。

怀着这样的信念，我决定踏上探索之旅。在旅行中，我要把心中的问题查个水落石出，不会放过任何一个疑团。我一心一意地想要找出依赖共生——我那自我伤害的心理状态背后的无形的、病态的推动力。比理解"是什么"和"为什么"更重要的是，我知道我必须找到一种长效的解决方案。渴望终结依赖共生带来的痛苦，促使我创作了我的前两本书。闲话少说，我就更多地谈一谈我认为什么是依赖共生，以及它为什么需要那些像磁力一样的关系吸引力。

论人际磁石综合征

在无意识的、基于创伤的心理力量作用下，依赖共生者和病态自恋者几乎总能相互吸引。由此产生的关系大多很难分开。自恋者在这种情况下受益最大。

依赖共生

依赖共生既是一种关系，也是一种个人问题[⊖]，这种问题只能由

　⊖　依赖共生不能被称为一种"障碍"，因为《精神障碍诊断与统计手册》（第 5 版）（*Diagnostic and Statistical Manual of Mental Disorders V*, DSM-5）或《疾病和有关健康问题的国际统计分类》（第 10 版）（*International Statistical Classification of Diseases and Related Health Problems 10*, ICD-10）中都没有将其列为"障碍"。

依赖共生者来解决。[⊖]许多依赖共生者都会受到病态自恋者的吸引，并且会和他们维持长期的、难以打破的关系。大多数依赖共生者都很无私，总是置他人的需求和欲望于自己之上。他们的体贴、责任感和牺牲精神是病态的，他们的利他行为和善行也很少能得到回报。

虽然有些依赖共生者无可奈何地扮演着他们看似永无出头之日的关系角色，但有些人会主动尝试改变，然而徒劳无功。后者会一门心思地寻找各种机会，来回避、改变并控制他们的自恋伴侣。尽管他们的关系中存在不平等以及由此带来的痛苦，但他们并没有终止这样的关系。依赖共生不仅局限于恋爱关系，也会在大多数其他的重要关系里，以不同的程度表现出来。

病态自恋

病态自恋不是一个新术语，我在本书中用这个词来指代有下列四种障碍之一的人。病态自恋者是那些符合自恋型、边缘型、反社会型（社会性病态）人格障碍的患者以及主动成瘾者。尽管这四种障碍有许多不同之处，但它们都有着核心的、自恋的人格与思维方式以及情绪和人际关系特征。

在不同程度上，所有的病态自恋者都是自私的，沉浸在自己的世界里，要求很高，认为自己有权得到特殊待遇，并且控制欲很强。他们总是剥削他人，对于他人的任何慷慨付出，他们很少回报或仅仅有选择性地回报。自恋者深受自己的羞耻感和孤独感的困

⊖　婚姻和伴侣治疗不能解决依赖共生问题。事实上，这种治疗几乎总是不利于依赖共生者，而且显然对自恋者有利。

扰，但他们意识不到这一点，所以他们不会结束关系。自恋者很少取得积极的治疗效果。

虽然主动成瘾者被包含在四种病态自恋障碍里，但他们的自恋可能只与成瘾有关。换言之，当他们处于戒瘾或恢复期时，他们真正的人格类型就会表现出来。在病态无私到病态自私的连续体上，他们的人格可能处于任意位置。

异性相吸：依赖共生者

依赖共生者会本能地对病态自恋者的（自恋）特质做出积极的反应，他们觉得这种特质对他们有强烈的吸引力和奇怪的熟悉感。他们会下意识地受到相反（自恋）的人吸引，这些人与他们顺从、奉献、牺牲的天性是相契合的。依赖共生者欣赏病态自恋者，因为他们迷恋后者迷人的人格特质、过度的自信、对自我的透彻理解、独断专行或强势的性格，以及诱人的性吸引力。依赖共生者不仅会被古怪、傲慢、自我膨胀的人格所迷惑，他们还会在与这类人相处时感到情感上的平衡。

由于依赖共生者对自己本能的同情心、共情能力、耐心与牺牲精神感到非常自豪，所以他们自然会寻找重视、需要及寻求这些品质的伴侣。这种利他的关系角色让依赖共生者感到轻松、自如，所以他们会被那些欣赏这种角色的人吸引，也不足为奇了。一个情绪健康的人可能会对他们的利他行为感到不适，甚至可能会感到厌烦，但自恋者却为之痴迷。这样一来，扮演这样的"角色"会让依赖共生者发展出虚假的自尊，而他们需要一个自私的伴侣扮演病态的角色来与之配合。他们把"被需要"的感觉误认为"被爱"，所以他们在与自恋者的恋情中会体验到许多扭曲的"爱"。

在意识层面上，依赖共生者和自恋者都将对方视为自己的灵魂伴侣。然而，他们觉察不到的是更深刻、更黑暗的病态熟悉感。这种无意识的熟悉感迫使两人重复他们童年根深蒂固的关系模式——需要被一个无法爱他们，或者无法爱任何人的人爱。更具体地讲，他们会被迫以某种形式重复他们童年时与病态自恋父母的关系。

依赖共生者和自恋者的关系是长期的，常常还很难处理。将他们带入这种关系的心理力量是无意识的、反射性的、重复性的。当他们将彼此视为理想对象的时候，那种像磁力一样的无意识吸引力几乎无法抗拒。他们之间的"化学反应"非常强烈，能让人陷入近乎痴迷的状态。这种关系带来的安全感和幸福感是短暂的，因为自恋者最终会暴露他们之前隐藏起来的面目，或者不为人知的、自私的、以自我为中心的倾向。当迷恋的"云雾"消散后，关系会变得既僵化又病态，似乎永远不会发生改变。

可以说，依赖共生－自恋关系的搭配是双向的、互利的。这并不是因为双方都以相似的慷慨对待彼此，而是因为他们都摆脱了重大的心理负担——终身背负的羞耻感、孤独感和自我厌恶。由于双方都不能忍受独处，也受不了随之而来的孤独感，而且双方都通过这样的结合满足了自身异常的需求，所以这种关系明显能带来许多病态的益处。举例来讲，需要照料的自恋者为了实现自我膨胀的幻想，会和一个愿意实现这种幻想的伴侣在一起。这样一来，乐于照料他人的依赖共生者也能摆脱困扰他们一生的悲观、焦虑、对于自身基本缺陷的恐惧，以及可能由此导致的孤独一生、没有人爱的后果。

依赖共生者很容易受到病态自恋者自信、坚强、颐指气使的人格面具的吸引，因为他们把这些特征看作积极的特质。在意识层面中，他们喜欢并深深地迷恋这样的特质。这种强烈的、欲罢不能的迷恋体验，让依赖共生者无法看清他们刚刚认识的"灵魂伴侣"其实是披着羊皮的狼——自恋者隐藏了自恋的、有害的，以及更加可鄙的特质。尽管依赖共生者没有刻意寻找自恋的恋人，但不幸的是，他们总是会和这些人在一起。

异性相吸：病态自恋者

就像他们依赖共生的伴侣一样，病态自恋者也会自然地被那些独特的、病态的、与他们人格类型相匹配的人所吸引。如果一个潜在的恋人让他觉得自己有吸引力、有魅力，那他与这样的人在一起就会立刻感到舒适、熟悉、安全。自恋者特别感兴趣的人具有这样的特点：喜欢急躁、强硬、有诱惑力的男女形象，对于露骨的性暗示做出积极的反应，或者对处于逆境、受到不公待遇的受害者怀有好感。

病态自恋者天生有着自私、以自我为中心、认为自己应该得到特殊对待，以及渴望得到欣赏的倾向。这使得他们喜欢接近那些把他们置于"神坛"之上，认为他们的需求比其他人都重要的人。他们几乎对自己所做的每一件事都感到非常自豪，一有机会就会吹嘘自己，所以那些对他们吹嘘的成就和品质感到敬畏的人，自然对他们有着很强的吸引力。如果恋人允许他们一直扮演"最重要的人"，就会强化他们虚假的自尊。然而一句评论或批评往往就会让这样的自尊受到挑战，或者荡然无存。如果他们的恋人让他们感觉自己很重要、受尊敬、有掌控感，他们就会误以为那种感觉是真正的、完整的爱。由于依赖共生者不会揭穿自恋者自视甚高、近乎完美的自我幻想，所以自恋者在无意识中更喜欢依赖共生的伴侣。

如果身边有着同样自恋或者心理健康、自尊正常的人，病态自恋者就会进入不熟悉的关系领域。这样的人会让病态自恋者感觉被评判、被误解、尴尬、焦躁易怒。如果病态自恋者遇到一个有吸引力的依赖共生者，他们就会觉得对方那关怀他人、自我牺牲的核心人格特质就像天使一样完美，进而产生强烈的兴趣。依赖共生者天生具有敏感、共情、耐心的照料倾向，与病态自恋者对于被照料、被理解、被欣赏的持续需求完美契合。

依赖共生者会自发地放弃关系中的权力和控制权，这是他们做出的最大牺牲。这为病态自恋者强烈的"灵魂伴侣"体验奠定了基础。病态自恋者沉浸在全新而完美的爱情体验里，他们对于被爱、被照料、被尊重的终身幻想最终得以实现。依赖共生者是谈恋爱的完美人选，尤其是因为他们的自我牺牲进一步掩盖了病态自恋者那深藏的（无意识的）羞耻感、自我厌恶和孤独。不但如此，病态自恋者还不必担心自己令人讨厌的自恋人格特质（他们否认自己有这种特质）惹恼别人，因此他们还体验到了情感上的自由。

请注意：并非所有相反的人格特质在关系中都是相容的。如果相反而不同的人格特质不能取得平衡，人们就不大可能建立友谊。即使建立了友谊，这种关系也必然不会稳定和长久。如果相反的人格特质不能相容、取得平衡，那么关系通常不会给人互惠、有益的感觉。换言之，如果差异不能带来回报，恋情或私交就肯定不能长久。这样的友谊通常以冲突告终，或者会逐渐淡去。

逆向吸引的动力

相反的人格特质之间的自然吸引是一种逆向过程。《韦氏词典》将逆向定义为"顺序、性质或效果相反"。逆向吸引的动力建立在相反或对立的人格特质的基础之上，而这种相反或对立是相称的。性格相反但相容的朋友之间很容易产生逆向吸引，因为他们的差异相互对应，或者说，相互匹配。相称的、平衡的逆向吸引在本质上是矛盾的，因为这种情况需要两个人的差异完全契合。例如，一个有洁癖的人可能会被一个缺乏条理、邋里邋遢的人吸引。虽然两个人可能都会觉察到对方的缺点，并为此感到困扰，但他们能够适应彼此，因为他们相容的人格特质差异能带来一些内在的好处。

正如相容的、极端对立的人格会相互吸引，相容的、轻微对立的人格也会相互吸引。这种轻微的对立关系要想取得成功，两个人的逆向（完全相反的）人格特质之间就需要达到平衡。举例来说，一个有些害羞、不善社交的人与一个适度外向、在社交上较为自信的人可能会建立彼此满意的友谊。在这种"奇怪但自然"的友谊中，这种差异可能偶尔会导致轻微的不适感或冲突，但双方最终都能在这段关系里感觉安全、舒服，得到关心。只要双方都能从关系中受益，这种害羞与合群的组合就能增强他们的关系。这样的友谊很有可能经受住时间的考验。

完全相反但可能相容的人格特质的例子包括：

❖ 理性与感性
❖ 内向与外向

❖ 注重隐私与喜欢参与公共事务
❖ 专注事业与专注家庭
❖ 整洁与邋遢
❖ 慷慨与节俭

病态的对立：约翰·迪林杰与比莉·弗雷谢特

历史上不乏这样的恋人：他们无法抗拒彼此的吸引，不是因为自己的所见、所感、所想，而是因为一种难以觉察却难以抵挡的、磁力般的吸引力。安东尼（Anthony）和克利奥帕特拉（Cleopatra）（依赖共生者–自恋者）、约翰·肯尼迪（John Kennedy）和杰奎琳·肯尼迪（Jacqueline Kennedy）（自恋者–依赖共生者）、埃尔维斯·普雷斯利（Elvis Presley）与普丽希拉·普雷斯利（Priscilla Presley）（自恋者–依赖共生者）只是无数著名伴侣中的三例。这些伴侣的关系是由一种像磁力一样的爱情力量所维系的。人格完全相反的两个人一见钟情，是电影、小说和歌曲中常见的主题。这些作品常在讲述天真的女人（依赖共生者）爱上急躁、好斗的"坏男孩"（病态自恋者）的故事。其中的一个例子就是臭名昭著的美国银行抢劫犯约翰·迪林杰（John Dillinger），以及对他关怀备至的女友比莉·弗雷谢特（Billie Frechette）。

在人们眼中，迪林杰是一个冷酷无情的精神病态者，他成功地抢劫银行、逃出监狱，并登上了很多报纸的头版。公众对他"白手起家"的犯罪故事的关注让他自鸣得意，一看见自己的名字出现在报纸上，他就会沾沾自喜。作为一个英俊、大胆、鲁莽的公众人物，他成功引起了数百万美国人的注意。迪林杰因其独特的、传奇的形象，神秘的犯罪活动，以及成功从多家银行盗取现金的举动而名声大噪。在那段时期，公众不信任银行，因为银行是大萧条的主要推手。迪林杰几乎成了美国的大名人，他喜欢时不时地把偷来的赃款送给穷人和被剥夺了财产的人——这些人生活在他抢劫的银行的所在地。但毫无疑问的是，他之所以做出这种利他行为，是因为他想塑造一个浮夸的、了不起的"罗宾汉"的形象。

比莉·弗雷谢特是迪林杰的同伙，她素来喜欢和犯罪分子谈恋爱。她和许多自恋者陷入过爱情纠葛，对于那些人来说，弗雷谢特是一个自我牺牲的照料者和母亲的形象。从遇到迪林杰之前，一直到她被逮捕的时候，弗雷谢特都很擅长扮演那种美丽动人但不引人注意的伴侣，她愿意牺牲一切来照顾她的男人。与大盗克莱德·巴罗（Clyde Barrow）的情人兼同谋邦妮·帕克（Bonnie Parker）不同，弗雷谢特扮演的是角落里的女友，这样的角色让她非常开心。

与其他依赖共生者一样，弗雷谢特被自恋者的强硬、独立和过度自信所吸引。迪林杰的强势、逞能以及不计代价的傲慢和优越感，与弗雷谢特的被动、顺从、乐于照料他人和包容的人格特质完全相反。这种逆向匹配，让弗雷谢特在遇上迪林杰的那一刻就爱上了他。这份爱一直持续到了迪林杰生命结束的那天。迪林杰的死正如他所希望的那样：像电影剧情一样死得轰轰烈烈。

相反的关系难舍难分

依赖共生者和自恋者的关系对分手有着自然的阻抗，因为双方都无法忍受独处。如果缺乏情感的锚点，他们心中就会激起根深蒂固的自卑与羞耻感，这必然会引起强烈的孤独感。独处会让他们接近孤独的情感核心，这是他们长期从意识中分离出去的自我部分。由于独处会让他们感到孤独，而孤独是一种难以忍受的情绪，所以尽管关系双方都有许多不快，都承担了消极的后果（主要由依赖共生者承担），但两人的关系依然稳固。

在第 5 章，我们会专门讨论依赖共生者与自恋者的关系如何对抗分手。简而言之，这些病态的关系之所以如此稳固，是因为双方通常都不愿意，或者没有能力结束这段关系。依赖共生者一直与有缺陷的伴侣待在一起，因而不愿做合理的选择。尽管他们承受着或明显或微妙的伤害，但他们要么主动选择与自恋者待在一起，要么无法离开自恋者。可以说自恋者也是如此。尽管他们直接或间接地表示不喜欢依赖共生的伴侣，但到了最后关头，他们大多不会把离开这段关系的威胁付诸行动。

尽管一方或双方都宣称想要结束这段关系，但他们都不愿意采取行动。双方都采用了一系列心理操纵策略，来阻止或妨碍对方结束关系。为了困住想要逃跑的伴侣，他们无所不用其极。要列出所有这样的破坏行为，会超出本章的讨论范围，但这种心理操纵的常见形式有：①内疚；②假意承诺做出改变、参与伴侣治疗或接受个体治疗；③威胁伤害伴侣或其亲友；④令人恐惧但虚张声势的自杀威胁；⑤制造三角关系或给孩子灌输谎言。大多数面临分手威胁的自恋者都会不惜任何代价地拖延，或为自己争取时间。他们会试图向依赖共生者展示自己的权力、控制权和决心，从而让关系重新稳定下来。在最后关头，他们许下的任何改变或停止糟糕行为的承诺也许是真心实意的，但不可能也绝不会带来任何永久性的结果。这是因为病态自恋者缺乏必要的心理资源、能力和洞察力，无法一直专注于自己的问题。

如果依赖共生－自恋的伴侣要分手，一方或双方就可能会使用威胁、内疚，或者某种公开或隐秘的心理操纵，试图重建联结。虚伪地承诺做出改变、提醒过去为对方做的好事、威胁再次开始吸毒，或者威胁伤害自己或他人的身体，都是用于重建联结的一些操纵手段。有一种常见的操纵手段就是制造三角关系，或者利用第三方来促进和解。

他们的分手往往是短暂的，因为依赖共生者和病态自恋者都会被一种像磁力一样的病态爱情吸引力拉回到一起。即使毅然决然地分手，他们很可能也会无意识地、在不知不觉间，与下一任恋人一起重复病态的吸引模式。这个恋人可能会在一开始让他们感到兴奋和与前任不同，但最终会发现和前任一样有着病态的自我取向。就这样，他们和新的舞伴跳上了另一段病态关系之舞，可悲的是，跳的还是熟悉的那一首舞曲。

依赖共生成瘾

为什么依赖共生者往往缺乏与有害的自恋伴侣彻底分手的毅力和决心？我将主要原因称为"依赖共生成瘾"。就像对化学物质成瘾的瘾君子一样，依赖共生者也会强迫性地寻求恋人的陪伴，从而麻痹或治疗伴随他们一生的强烈情绪痛苦。依赖共生者一旦遇见与他们截然相反的自恋者时，就会深深地迷恋上对方——这是一种强烈的愉悦和欣快，这种感觉立即麻痹了让他们终生挣扎的核心羞耻感和孤独感。依赖共生者容易对这种感觉成瘾，这就是他们选择的"毒品"。

即使一开始的"快感"让人愉悦到难以复加，但这种感觉无法持久。在长期接触这种"毒品"之后，依赖共生者会产生耐受性。从这以后，他们就需要更多的"毒品"才能维持同样的快感。随着依赖共生者的欣快感迅速下降，他们与自恋者的关系也开始产生冲突、沮丧和失望。就像其他毒品成瘾一样，这样的关系也会经历一个过渡阶段，此时"吸毒"不再是为了单纯追求快感，而是为了消除"毒效"消退时产生的痛苦。

尽管带来的后果和损失越来越多，但"成瘾"的依赖共生者不敢停止"吸毒"，因为这样会触发最主要的戒断症状——病态的孤独。多数依赖共生者都把这种感觉称为最痛苦的情绪。这种感觉引起的强烈痛苦，就像其他成瘾的戒断症状一样，会让他们产生与自恋者重建联结的非理性欲望，而这正是他们当初选用的"毒品"。尽管要违背对自己、对他人的承诺，要忍受丧失、伤痛和虐待，他们还是会心甘情愿地回到明知无法忍受的关系中去。如果那段关系已经无法挽回，或者会带来过大的风险，依赖共生者就会下意识地寻求另一个"毒品提供者"。因此，对于依赖共生者来说，成瘾是需要解决的问题，否则他们的痼疾就极有可能复发或延续。

健康的相反：杰森和弗朗姬

　　这段小故事来自真实的来访者，其真实姓名和有辨识度的信息已经做了修改。杰森和弗朗姬在人格、职业以及人际交往方面几乎完全相反。在被转介来接受咨询之前的18年里，杰森和弗朗姬的婚姻一直很幸福，双方都能感到彼此的欣赏和支持。杰森是他妻子弗朗姬介绍来我这儿的。弗朗姬对杰森很生气，因为每当他有重要的工作项目需要关注的时候，他总会待在自己的世界里，切断与外界的关联。杰森沉浸在自己的世界里时，完全意识不到自己忽视了家庭的需求，一厢情愿地认为自己只是在履行作为主要经济支柱的责任。不幸的是，他的妻子和两个青春期孩子对他的心理缺位越发感到恼火和沮丧。

　　杰森是一个40岁的会计，弗朗姬是一个39岁的护士。他们在上大学时相识，两年后，在弗朗姬毕业的时候，他们结婚了。杰森是典型的数字专家。他能花上好几个小时，甚至好几天研究几乎所有数据的细节，从而找出其中缺失或者多余的东西。他高度专注，做任何事都很认真，无论事情大小，从不半途而废，直到彻底完成为止。尽管他很友好、善良、有安全感，但他有些害羞、不善社交，在见陌生人时有些焦虑。

　　由于杰森时常会沉浸在自己的事情里，一厢情愿地认为这些事情十分重要，所以他需要有人把他从这种一门心思的恍惚状态中拉出来。杰森经常对弗朗姬表达爱意，并且感谢她为这个家庭所做的贡献。每当弗朗姬打破他时而出现的、自私的幻想世界时，杰森对她特别感激。差不多每次从自己的幻想世界中重返现实之后，杰森都会努力与弗朗姬和孩子重建个人的、情感的联结。

弗朗姬经常对他人说，她生来就是要照顾别人的。护士的工作不仅能让她看护、治疗、照料患者，也能帮助那些她所服务的医生。她经常露出真诚的微笑，总能活在当下，享受与人建立联结的时刻。作为一个天生善于抚育的人，她很享受照顾杰森和她两个孩子的大大小小的时刻。虽然她可能会迷失在他人的情感世界里，但她知道在自己即将情绪耗竭的时候抽身出来。

弗朗姬遇见杰森的时候，觉得杰森的这种书呆子气、不懂社交、专注、解决问题的做事方式很可爱。她喜欢做杰森的"指南针"，为他指引正确的方向，并且在他不知不觉地将自己置于危险境地的时候提醒他。她也很欣赏杰森能凭借自己的专注和上进心而迅速升迁，这使得她可以在孩子很小的时候在家陪伴他们。随着孩子渐渐长大，做家庭主妇所花的时间越来越少，她对杰森的自私也越来越不耐烦。

弗朗姬和杰森一直是一对截然相反的夫妻，他们心理健康、婚姻稳固、彼此相容，因此他们人格上的特点很好地契合在了一起。渐渐地，杰森的自我关注、在事业上的上进心，以及工作项目中迷失自我的特点成了婚姻冲突的导火索。由于杰森不是一个病态自恋者，所以他能在我们"解决婚姻问题"的咨询中一直保持认真而积极的态度。他以同样的工作态度专注于我们的咨询工作，因此在八次咨询后（在我看来极为罕见）就解决了他们的婚姻问题。他们的关系建立在健康的相反人格之上，他们既不是依赖共生者，也不是病态自恋者。

相似性也会带来吸引力

许多人际磁石综合征的相关解释和理论表明，大多数恋爱和朋友关系都是由无意识因素促成并维系的。尽管无意识具有很强的力量，无意识在依赖共生－自恋者的关系形成中起到了推动作用，但有意识的喜好也会发挥作用。对于任何使用约会网站或应用程序的人来说，如果两个人拥有相同的兴趣、价值观和欲求，双方的恋爱意愿就会成倍增加。研究证实了一个看似显而易见的事实：我们会被与自己相似的人吸引。这种吸引可能来自相似的外貌、态度、同伴团体、政治倾向、社会文化兴趣、业余爱好或者工作偏好（Lydon，Jamieson & Zanna，1988）。对于我们必须满足的关系偏好，我们常会持有坚定甚至固执的态度。

《心流中的爱：幸福婚姻的秘诀》（*Loving in Flow: How the Happiest Couples Get and Stay That Way*）的作者苏珊·佩里（Susan Perry，2003）认为："人们倾向于寻找几乎与自己一模一样的人……他们的要求很具体——过于具体。"佩里认为，人们心里有一份要求的清单，并且会拿着这份清单与潜在的伴侣逐条比较。我认为，我们有意识的偏好在恋爱关系的形成过程中起到了特定的作用。有意识的思维和决策模式决定了恋爱的第一阶段，此时我们在积极地寻找伴侣，或者对于潜在的恋爱意向持开放态度。

线上约会网站大错特错

不幸的是，撰写个人简介，选择最好的照片，用最具描述性和代表性的方式来概括自己的人格和生活方式都是徒劳，这些根本不重要。更糟的是，仔细阅读和解读潜在恋人的资料，用放大镜仔细查看他们照片上的每一个像素，以寻找可能存在的线索或危险信号，也是白费力气。简而言之，约会中的"化学反应"并不建立在潜在伴侣的体型、音乐兴趣、最喜欢的电影、政治倾向、受教育程度、宗教等标准之上，而是建立在人际磁石综合征之上！

一个善于照料他人的女人对一个潜在的自恋伴侣感到本能的喜悦之情时，并不是因为他们有什么相似之处——完全不是因为这样。这是因为无意识的心理吸引力机制被激活了，这种机制发现了一个让这个女人怦然心动的完美"舞伴"。对方的大胆、有魅力、自信和风度让她误以为这就是她梦寐以求的男人。她不知道的是，作为一个依赖共生者，她在与一系列自恋者交往过之后，又选了一个一模一样的人。

当然，人际磁石综合征的吸引力是双向的。那位"完美先生"的无意识化学机制也受到了刺激。他也为这个愿意倾听他、为他哭泣的完美天使而倾心。无论他讲什么故事，这个女人都会给他认可：无论是前任待他不公，伴侣在金钱上提出了贪得无厌的要求，国税局榨干了他的血汗钱，还是因为他"出众的才智和管理能力"让老板感到了"威胁"，所以一连串工作都没能做下去。

价值数十亿美元的网络约会产业并不知道，他们卖的正是人际磁石综合征。本书通篇都在阐述，当两个潜在的恋人相遇时，无论是出于偶然还是仔细的选择，如果一个人偏向于照料者（依赖共生者），而另一个人是需要照料者（病态自恋者），他们就会立即感到舒适、熟悉和安全。爱情几乎总是这样产生的。问问你的朋友，想想自己的家庭，或者分析一下自己的约会经历吧。

大型网络约会公司的负责人要么不知道人际磁石综合征，要么对"责怪父母"的心理学解释敬而远之。我相信，与相似的孤独和不快乐的人格类型（依赖共生者与自恋者）相比，宣传所谓的完美恋人或灵魂伴侣能带来更多的订阅数量。很难想象这样的公司会接受人际磁石综合征的解释，因为他们已经在研发、营销和广告上花费了数百万美元，这一切的努力都建立在通过他们科学的关系匹配算法找到灵魂伴侣的承诺之上。

人际磁石综合征解释了为什么有着六块腹肌、喜欢跳伞和裸泳的忧郁、性感男人，与唇形完美、双腿修长、同样喜爱从飞机上往外跳和"一丝不挂"地游泳的曼妙女郎并不合适。如果这一对看似天造地设的潜在恋人也有着相似的自我取向，那么忧郁王子和曼妙美人之间永远不可能建立情感联结。再者，如果他们被欲望迷住了，"化学反应"的缺乏也注定会给他们泼一桶冷水，把他们拆散。

无论是在个人生活还是在工作中，我生活中的一切都证实了人际磁石综合征和浪漫的"化学反应"之间存在因果关系。这不仅是一种普遍存在的现象，每个人都有过一两个与此有关的故事，而且它的运作方式、影响的对象，也都是可以预测的。简而言之，浪漫的"化学反应"就是人际磁石综合征。我在临床工作、个人约会和恋爱经历中接触过的每个人，以及成千上万的来访者、读者、社交媒体和 YouTube 视频订阅者的证言，都为这样大胆的声明提供了支持。

反思

❖ 你曾看过或知道哪些截然相反的人建立了关系？

❖ 在这两种相反的角色之中，你对哪种角色的认同度更高，为什么？

第 4 章

为什么我们的"化学"和"数学"
总是不及格

关系模板是一种由无意识驱动的蓝图。这种蓝图为所有人（无论健康与否）选择恋爱伴侣提供了指导。关系模板教育并指导我们在关系中如何行事，认同自己的角色以及思维和情感模式。这种模版还代表了一些无意识的过程，这些过程是"相反的人格类型"相互匹配，以及"舞伴关系"让人感到舒服、自在的原因。一旦这些心理的、关系的过程结合在一起，坠入爱河的伴侣就会相信（并感觉到）他们找到了一处个人的、关系的避难所，在那里，他们终于能够摆脱如影随形的孤独与核心羞耻感。

大多数以发展心理学和心理动力学为理论取向的心理健康专业人士认为，人们倾向于在成年后的关系中复制他们在童年时的亲子关系体验。可以说，童年的依恋为未来的所有关系提供了指导。依恋为有意识和无意识的人际偏好（也被称为关系本能）提供了指导。依恋教给了人们建立关系的各种"规则"。

　　这种关系模版会在无意识中促使一个人接近某个有吸引力、看上去安全的人。从心理动力学的角度来讲，儿童自我的情感能量会主导吸引的过程和初期的求爱过程。这个儿童自我曾经受过创伤，在压抑和重重阻碍之下，被排除在了我们的记忆之外。这个"受创伤的孩子"会用人们所说的"直觉""本能"以及反射性的躯体（身体）反应来与自己的成年自我进行清晰的沟通。举个例子，心里"小鹿乱撞"就是这样的积极躯体信息。恶心或背部的紧绷感可能会被视为消极的信息。

　　与一个关系模板相匹配的恋人待在一起，人们会本能地感到平静，以及直觉上的熟悉、安全感。讽刺的是，对于依赖共生者来说，这就造成了一种错误的假设：这种感觉会转变为保障感。遗憾的是，事实远非如此。因此，一个人的吸引力模式几乎完全受其关系模板的影响——这就是人际磁石综合征的核心。

关系中的"化学"

　　一旦两个潜在的恋人在一瞬间产生了联结和舒适的感觉，他们就体验到了关系中的"化学反应"。"化学反应"是一种反射性的、自动化的现象；也就是说，这是两个相反但相容的人同时、共同体验到的现象。人们通常把这种反应叫作"火花"或者一见钟情。"化学反应"激起了一种共同的情绪体验，包括希望、兴奋和期待。对于这些一拍即合的人来说，把谨慎抛到一边，或稳步或迅速地进入求爱的过程是很常见的现象。在性冲动强烈的时候，就会产生这样的现象，我也将这种现象称为融合的冲动。

如果没有依赖共生和自恋舞者之间的相反匹配，就不可能产生"化学反应"。无论两人的相遇是通过精挑细选还是出于偶然，都无关紧要。无论他们是通过相亲、互联网约会服务或应用程序认识，还是由叶恩特阿姨（《屋顶上的小提琴手》里的媒婆）介绍认识，"化学反应"会决定约会是以敷衍的握手结束，以不真诚的"做朋友"的建议而告终，还是变成一场没有边界、恋恋不舍的梦幻体验。

虽然无意识的力量是产生"化学反应"的主要原因，但有意识的选择和偏好也在持久的浪漫关系的建立中发挥了重要的作用。简而言之，意识思维会让人来到舞池，而无意识思维会让人跳起舞来（而且欲罢不能）。

我总结了三种类型的"化学反应"，每种类型都代表了不同的人格搭配：

❖ 积极"化学反应" 这是不同人格类型的完美搭配，会带来舒服的熟悉感和安全感。在这种情况下，会产生爱情的"火花"和强烈的迷恋。这种"化学反应"既可能催生健康的伴侣，也可能催生不健康的伴侣。对于依赖共生者和自恋者这样不正常的搭配，迷恋的强烈程度会成倍增加。

❖ 中性"化学反应" 两个人更像彼此，没有健康问题或情感缺陷。这是一种平淡的、兄弟姐妹般的体验，既没有兴奋，也没有不适。

❖ 消极"化学反应" 建立联结的双方有着相似的、异常的人格类型，比如两个病态自恋者或两个依赖共生者。这可能会导致一种让人非常不舒服，甚至不安的结果。

积极"化学反应"

在情绪平衡的健康个体之间，积极"化学反应"是一种"哇，我真喜欢那个人"的感觉。这就是千千万万浪漫言情电影和情歌所歌颂的感觉。这样的邂逅会让人立即感到舒适和熟悉，随之而来的是对彼此的兴趣。双方都对潜在的、逐步发展的求爱过程感到乐观、有兴趣。尽管对于较为健康的恋人来说，"化学反应"仍然会让他们产生意义重大的强烈反应，但无法与那些病态恋人在心理、行为和生理上所受到的冲击相提并论。

在两个相反的病态人格者之间（如依赖共生者和自恋者），积极"化学反应"会带来一种无法抗拒的兴奋感和欣快感，很快就会消除孤独和不安全的基本感觉。对于有些人来说，这就像是中了彩票一样。这种"化学反应"会让一方或双方暂时忽视报警信息或明显的危险信号。对于这些人来说，他们总结的无数经验教训，许下的不再重蹈覆辙的承诺，都会在完美恋情带来的强烈狂喜和幸福感中化为乌有。在压倒一切的爱意的冲击下，他过度饮酒的毛病，以及三年没有工作收入的事实都会被忽视，或者变得不再重要。她的不安全感、黏人，以及时常对于犯错的恐惧，都会变成背景里的噪声，被一见钟情时的不可抗拒的迷恋淹没。

中性"化学反应"与我的故事

中性"化学反应"是所有"化学反应"体验中最常见的。这种现象既没有积极"化学反应"的那种愉悦，也不会使人陷入消极"化学反应"的敌对感和低落感之中。这种现象发生在两个人格相似且心理健康的人之间。有些人说，这种"化学反应"就像见到兄弟姐妹一样。

十多年前，我的心理健康和人际关系都处于好转阶段，我开始利用网络约会，迈出了寻找健康关系的重要的第一步。有些网站新增了一些安全功能，使我在进入未知领域时能够选择性地保持谨慎和安全。这些网站让我能够理性地考虑对方的个人信息，并且对其外貌也能有所了解。即时信息、电子邮件、短信和电话交流都有助于我分析自己的选择，维持健康的边界。尽管如此，我还是意识到，只有面对面接触才能回答关于"化学反应"的问题。下面是一个真实的故事，讲的是我第一次接触中性"化学反应"的有意识的体验。

从资料里的所有信息来看，克丽丝是最适合我的人。根据我所看到的内容，我们几乎一模一样。我们都从事心理健康领域的工作，她喜欢摇滚乐和古典音乐，喜欢小熊队而不是白袜队⊖，是犹太人但不太虔诚，和我有相同的政治信仰，喜欢孩子并且想再要一个，我们还有许多其他惊人的相似之处。此外，她十分漂亮，她的微笑可以让整个房间熠熠生辉。

在发了十几封邮件和二三十条即时信息之后，我们逐渐开始打电话。在愉快地打了两次三小时的电话之后，我们终于决定一起吃晚饭。我们对第一次约会充满了兴奋和期待。我原本期待我们能产生积极"化学反应"的"砰砰"声，但在我们见面时，我却感受到了更柔和的、中性"化学反应"的"呼呼"声。我几乎立刻就体验到了极度的失望，因为我们之间缺乏响亮的"钟声"、灿烂的"火

⊖ 芝加哥的两支棒球队。——译者注

花"，以及其他俗套但贴切的积极"化学反应"的代名词。

随着夜幕的降临，我们勉强而费力的交谈无法让我们走出初次见面的失望。尽管她和照片看上去一样，也没有在个人资料中歪曲事实，但我们很难找到轻松舒适的对话节奏。我不禁想，我一定是做错了什么事，或者对我们俩的相容性产生了巨大的心理误判。我对我们之间缺乏"化学反应"感到困惑和失望。奇怪的是，在我们俩几乎同时说出"天晚了，我得回家陪儿子了"的时候，我感到松了一口气。她的儿子和我儿子一样大。

两天之后，我们又发了几封电子邮件，开诚布公地谈论了约会中出乎意料的尴尬。我们推断，这只是过于紧张的结果。我们同意再试着见一面。一周之后，我们见面喝了一些饮料。我自告奋勇地喝下了几杯啤酒，因为我想"给这生锈的浪漫机器上点儿油"。尽管我们尽了最大的努力，想要擦出一些火花，但谈话还是平淡乏味，"化学反应"依然不知在哪儿，但我拒绝放弃，因为我还有一张"王牌"，我打算乐观地坚持到约会结束再打出。

随着约会接近尾声，我陪她走到车旁，我靠近她，准备拿出我的秘密武器：一个温柔浪漫的吻。她就像触了电一样把脸转开，后退了几步。就在这时，她给了我"致命一击"，确保这根浸满水的爆竹永远不会点着。她说："我真的很喜欢你，罗斯，但说实话，你给我的感觉更像兄弟，而不是未来的男朋友。"然后，她打消了我的任何念想："我们还是做朋友吧。"

尽管我的自尊心受到了伤害，但奇怪的是，我却感到如释重负。我承认，尽管我和克丽丝一样感到缺乏"化学反应"，但我却在更努力地否认这一点。尽管如此，我还是永远感谢克丽丝，因为她让我明白，无论一个吻有多棒，都无法战胜中性"化学反应"的力量。

消极"化学反应"

消极"化学反应"是一种让人非常不舒服的共同体验。这种现象发生在不匹配的相似人格类型之间，比如两个依赖共生者、两个病态自恋者，也包括一个健康人和一个依赖共生者或自恋者的情况。这种不匹配的伴侣关系会产生一系列不舒服的感受，包括愤怒、反感、恐惧、焦虑、担心或无聊。

两个自恋者之间的消极"化学反应"会演变成一出闹剧，在旁观者看来相当有趣。对于对方的自恋行为，双方都可能怀有厌恶和怨恨的情绪，他们也会有同样的自恋行为，但自己却看不到。这样的伴侣会试图在谈话中压倒对方，或者竞相滔滔不绝地讲述自己有多棒，并哀叹生活对自己的不公。这对相互斗争的自恋者永远也不会知道，他们对彼此有这么多的意见，更多的是由于他们彼此的相似点及其背后的原因，而不是由于他们之间的差异。

两个依赖共生者之间的消极"化学反应"则表现为两个非常友好、谦逊的人耐心地等待对方掌握控制权。如果没有人挺身而出，接下来的焦虑会让两人都感到非常不舒服。他们从来没有遇到过愿意倾听他们，或者对他们感兴趣的人，也没有见过同情他们，或者想要与他们分享自己观点和感受的人。他们会轮流为不合逻辑的原因道歉，从而导致关系出现裂痕，让他们感到不安，这可能是他们提前结束这段关系的决定性因素。这种毫无波折的关系往往会以借口、道歉和如释重负而告终。

如果依赖共生者遇到了健康的潜在伴侣，他们就会感觉像是"离开了水的鱼"。这是一种让人不安的关系，因为对方能够轻而易举地设置边界、表达情绪，这让依赖共生者感到害怕和不安全。他人的心理健康会让依赖共生者想起他到底出了什么问题，以及他的感觉有多可悲。这种不相容的体验会促使依赖共生者和较为健康的人提早结束两人的关系，或者不再寻求进一步的联系。

在病态自恋者和健康人的关系中，消极"化学反应"往往会悄悄地困扰这两个人。在一个健康人身边，自恋者的不适、缺乏经验和不安全感会导致其外在的自恋特征稍有减弱。自恋是一种无意识的、以不安全感和羞耻感为基础的人格，自恋者在健康人身边会感到尴尬和不适，因为那些人拥有他们没有，也不可能拥有的情绪能力和社交能力。由于他们喜欢评判他人，所以他们很可能会认为健康人在炫耀自己，或者表现得比他们更优越。最后，这样的搭配也会使双方过早地结束亲密关系。

"化学反应"导致"迷恋"

我们在"化学反应"的驱使下建立亲密关系之后，会体验到持久的兴奋感，而我们的大脑正是产生这种感觉的原因。尽管我们想用外在原因解释"化学反应"前后的兴奋，但真正的原因是我们的大脑过度分泌了相互作用的激素与神经递质。为了解释这种情绪与生化过程，多萝西·坦诺夫（Dorothy Tennov，1979）创造了"迷恋"（limerence）这个术语。

《牛津网络词典》对"迷恋"一词的定义是："对一个人的痴迷或着迷的状态，通常是一种不由自主的体验，其主要特点是强烈地渴望得到对方的情感回报，但主要不是为了寻求性关系。"有些人混淆了"化学反应"与"迷恋"，但两者是不同的心理、生化过程。"化学反应"是异性相吸的原因，而"迷恋"是这种吸引力迅速发展，变成绚烂"烟花"的原因。

在一段关系的开始，坠入爱河（或者陷入"迷恋"）的伴侣在极强的情感、身体和性冲动的驱使下结合在了一起，他们相信这段感情会让他们感到完满。虽然性吸引在迷恋体验中起到了关键作用，但性吸引本身并不能产生迷恋中热烈的情绪和关系渴望。不过，性几乎总能起到"临门一脚"的作用，让迷恋中的催眠似的感觉成倍增加。

初次见面的时候，依赖共生者和病态自恋者都会体验到迷恋的感觉，这种感觉会导致超乎寻常的痴迷，最终变成类似强迫症的现象。两人分开的时候，他们既不想吃饭，也不想睡觉，谁都不能停止思念对方。双方都为对方着迷，无法控制自己对这段新关系想入非非。这对伴侣会同时体验到强烈的身体感觉，让他们感觉就像飘浮在空中一样。他们在一起时会产生完美的感觉，这种感觉会迅速把他们带入一段亲密而纠缠不清的恋爱关系。

导致迷恋的那种感觉，主要是由神经递质多巴胺引起的。当一个人体验到新欢或强烈的吸引所带来的"快感"时，大脑奖赏系统的神经元就会被激活，释放大量多巴胺。与此同时，去甲肾上腺素的释放会使血压升高、手心出汗、心跳加速。神经递质血清素的水平会降低或者被抑制，促使强迫行为和强迫思维的产生。

在恋爱关系开始的时候，尤其是有强烈身体吸引力的时候，人们会体验到非常强烈的个人、情感和躯体感觉，这是人类天性的一部分。在高度相容的关系里，每个人最初都会不由自主地感到深刻、强烈的情感和性的兴奋。这种强烈的浪漫吸引力，或者说迷恋，创造了一种难以抗拒的强迫性渴望，让人去寻求与对方在一起的强烈刺激。

多萝西·坦诺夫（1979）认为："迷恋……可以是强烈的喜悦，也可以是极端的绝望，取决于这种感觉是否得到了回应。基本上，这是一种完全被非理性的激情或爱情冲昏头脑的状态，甚至到了成瘾行为的地步。"简单地说，迷恋是一种压倒性的、强迫性的、渴望自己的感情得到回应的需求。

迷恋的症状

坦诺夫（1979）

❖ 关于迷恋对象的侵入性思维

❖ 迫切渴望得到关注和情感的回应

❖ 情绪根据迷恋对象的行为而起伏

❖ 一次只能对一个人有这种感觉

❖ 全心全意地期盼迷恋对象来减轻自己的痛苦

❖ 十分关注（害怕）被拒绝

❖ 在关系建立初期会产生让人不知所措和不舒服的害羞情绪

❖ 迷恋会通过逆境而强化

❖ 有疑虑时会"心"（胸）痛

❖ 得到回应时会有轻飘飘（"行走在空中"）的感觉

❖ 强烈的痴迷和沮丧使人忽视其他责任（朋友、家庭、工作）

❖ 强调迷恋对象的积极属性，忽视其消极属性

关系数学

1986年，我还在上大学。当时我做了一个警句板，把各种对我有心理意义和个人意义的名言用图钉钉在上面。这些信息每天都会让

我不要忘记自己拥有的，或者渴望拥有的信念和价值观。许多这样的名言依然"钉在"我心里，它们传递的信息经受住了时间的考验。一个人可以依靠简单的数学来证明自己的观点。虽然我不记得这句话的确切措辞，甚至在网上也找不到，但我用自己的版本替代了原话。

"关系数学"这一比喻，符合我对于依赖共生 – 自恋关系的个人理解和专业理解。对于依赖共生者和自恋者为什么会因为彼此而感到平衡，为什么这种关系可以持续很长时间，这是我能想到的最简单的解释。我对于"关系数学"的解释是这样的：

依赖共生者和病态自恋者在心理上都是发育不良的人，他们需要彼此才能对自我感觉良好。独自一人时，他们是空虚、寂寞的人，因此需要有人陪伴，以逃避基本的核心羞耻感以及无处不在的孤独感。依赖共生者能意识到这一点，但自恋者却能成功地逃避或隐藏这样的想法。独处时，两者都会一直感到不完整、不满足和孤独。在一起的时候，他们能忘记自己的根本问题，忘记他们不喜欢，甚至讨厌自己的地方。他们暂时从困扰他们的孤独感和羞耻感中获得了解脱。他们都错把严重的情感纠缠与孤独的消失当作了极度的幸福和喜悦。这两个缺乏自爱、羞耻感深重的人唯有依赖彼此，才能获得一点点幸福。对于他们来说，这种"1/2"加"1/2"的组合是唯一能让他们好起来的数学公式。他们始终需要彼此才能感觉完整。这两个"1/2"的关系永远不会成为完整的关系，因为双方都缺乏必要自爱和个体化意识。

从根本上讲，依赖共生者与自恋者的关系会向自恋者的需求倾斜。天真而善良的依赖共生者会感受到一种令人不安的转变：从乐观、幸福变为悲观、苦涩。他们原本欢欣鼓舞、满怀希望，后来逐渐意识到自恋的"半个爱人"不能也永远不会兑现让他们感到幸福和完整的承诺。这种意识就好像"当头一棒"，依赖共生者很少能从这样的打击中恢复过来。

> **关系数学**
>
> 1/2+1/2（依赖共生者与自恋者）= 1
> 这个求和等式说明，"1/2"的关系是由
> 相互纠缠、依赖对方的个体组成的。
>
> 1+1（健康的伴侣）= 2
> 这个求和等式说明，潜在的、健康的、"1"的关系
> 是由两个健康的、相互支持的伴侣组成的。
>
> 1+1+1（健康的伴侣及其关系）= 3
> 这个求和等式说明，持久的、健康的关系是由
> 两个情绪健康的伴侣组成的。这两个
> 伴侣会用心经营他们之间的关系。
> 罗斯·罗森堡，2017

康复的依赖共生者和心理健康的人会觉得"1+1=2"的等式更适合他们的人格类型和情感需求。他们有尝试解决问题的能力，而不会逃避问题，因此他们觉得这种"公式"更适合他们。心理健康水平提升，不再做依恋创伤的受害者，能促进一个人的个体化，培养他的自爱和自尊。这些成年的"1"需要另一个"1"作为自己的伴侣——不是为了消除痛苦的情绪，而是为了增加对于生活的基本满意度和乐观。因此，两个"1"之间的关系，是由两个相互支持的朋友组成的，他们天生就知道如何平衡与"自爱"和"他人之爱"有关的渴望、需求和能力。

何谓依赖共生的"血液检测"

要说依赖共生是一种疾病，就像重性抑郁、双相障碍或精神分

裂症（schizophrenia）一样，但我们找不到导致这种问题的基因。同样地，要说依赖共生是由像乙肝病毒或肉毒中毒等病原体引起的，可我们也永远无法找到致病的细菌或病毒。然而，如果我们调整我们的医学思考模式，断定依赖共生本身并不是问题，而是一系列其他可测量的问题导致的结果，那么就可以得出一份如下的虚拟毒理学报告：

- ❖ 童年依恋创伤
- ❖ 核心羞耻感
- ❖ 病态孤独
- ❖ 依赖共生成瘾
- ❖ 童年的"煤气灯"式操纵 ⊖
- ❖ 成年后的"煤气灯"式操纵

我的"关系数学"的第三部分说明了关系本身的重要性。不仅健康的人能促进人际关系的健康发展，健康的关系也能促进人的健康。一段用心经营的关系是具有复原力和持久性的。健康的关系能允许双方经历艰难的时刻，并且在问题解决之后，对彼此的承诺和爱意不减分毫。因此"1+1+1=3"的等式十分重要，再怎么强调也不为过。3 是一个神奇的数字！

我的"化学"和"数学"为什么不及格

下面的例子出自我的亲身经历，但稍有修改（出于法律原因）。

⊖ 第 11 章会讨论"煤气灯"式操纵的影响。

这个故事讲的是我自己与一个病态自恋者（她与我截然相反）的不正常的"化学反应"以及糟糕的"数学关系"。

大约30年前，我27岁。由于研究生院的裁员，我丢掉了第一份咨询师的工作，当时我处于人生中的低谷。我既没有工作，也没有多少积蓄，我唯一的选择是搬回去和我父母一起住，而我已经离开他们独立生活了9年。回到家时，我不仅身无分文，还莫名其妙地担心自己再也找不到工作了，而且当时我刚做完脊柱融合手术，正处在恢复期。搬回儿时的家简直就像一场惨败。我不由自主地陷入了沮丧和绝望的状态，尤其是在花费了9年时间向父亲证明自己不需要他的接济之后，我觉得自己是一个彻头彻尾的失败者。这件事是我成年生活中最黑暗的一段时期的开端。

在12月的一个寒冷的周六晚上，一个高中时的朋友和我决定去芝加哥的一家舞厅，这家舞厅当时正在举办一场约会活动。我记得自己花了不少功夫为那天晚上做准备，因为我已经迷失在我痛苦的抑郁和恐惧中了。我抱着最好的希望，努力克服自己的悲观和对于被拒绝的恐惧。虽然我对自己的外貌和基本性格依然有些自信，但我同样相信没有人会对一个痛苦、失业、和爸爸妈妈住在一起的心理治疗师感兴趣。想到要把这些细节透露给未来的约会对象，就让我感到害怕。然而，我还是鼓起勇气，紧紧抓住仅剩的一些积极想法，投入了那个夜晚。

我们一到舞厅，我那挥之不去的、对于约会表现的焦虑就又出现了，这种焦虑源于我自我挫败的预言。我总是这样：好不容易开始了一场对话，最后总在自己的焦虑和不安全感的影响下功亏一篑。这些对话总是遵循这样的规律：十分钟的闲聊，基本上是我一个人在说话。出于某些我当时不知道的原因，我会在很短的时间里透露太多关于我个人生活的信息。这反过来会让女性感到不舒服和焦虑。就像过去类似的经历一样，最终总是事与愿违，让我没法成为那个放松又有趣的自己——我知道这个自己是存在的，但就是没法表现出来。每次对话的结局都是一样的：我们中的一人因为很不舒服而走开。

那天晚上，在我努力和两三个觉得有趣的女人攀谈之后，我感到了一种难以抑制的冲动，我想回家大哭一场。在我的"战或逃"模式完全启动之前，我瞥见了一个漂亮的女人，她在盯着我看。我看着房间那头的她，她迷人的微笑让我无法移开视线。她穿着一件撩人的紧身黑色连衣裙，前胸和后背的开衩都很深，袒露了很多肌肤。我先前的尴尬和焦虑在那一刻的热浪中瞬间蒸发了。我满怀信心、虚张声势地走到她桌子前，提出请她喝一杯。和她聊起天来毫不费力，那种感觉极具诱惑力，让人充满兴趣。我们似乎在顷刻间就放下了戒备，开始分享自己私密的、与情绪有关的细节。我们似乎没有什么是不能谈的。在谈论我们自己、我们的问题，以及生活中的困难时，时间仿佛静止了。

她告诉我她没受过高等教育，[○]做着一份既讨厌又没有前途的工作，还长期付不起孩子（和前夫住在一起）的抚养费。听到这些信息，我连眼皮都没眨一下。尽管这些因素本来应该是危险的信号，但随着我们之间的距离越来越近，身体触碰到了一起，我对她的兴趣却成倍地增加了。再加上一些带有性意味的话语，就好像火上浇油一样。长话短说，略过那些俗气的细节，那天晚上我去了她的小公寓。直到两个月后，在找到一份工作之前，我只会偶尔回一趟父

○ 请不要把这句话看作是我在评判没有大学学位的人。在那一刻，我打破了对自己的承诺，也就是我喜欢的类型要在教育和职业方面的抱负和经历与我相似。

母的家。

在接下来的三个月里，我们活在兴奋的幻想里，远离了各自的情绪痛苦。然后，不知为何，她对我做的某件善意的事大发脾气，而我甚至都记不起来那件事了。我心中的那个依赖共生者无法（或不愿）认清她有慢性的精神健康问题，后来我才知道她患有边缘型人格障碍（borderline personality disorder），而且没有接受治疗。我一心想要拯救这段从一开始就破碎不堪的关系。在接下来的两年里，无论是言语、情感还是身体上的虐待都没有动摇我的决心。最后，在一位专攻依赖共生的心理治疗师的帮助下，我摆脱了这段关系。尽管我发誓不会再犯这个错误，但我还会再一次成为糟糕的"数学"和"化学"的谎言的牺牲品。

至此，我们已经知道下面的各种过程是导致人际磁石综合征的"异性相吸"的动力以及随后的求爱及关系建立等一系列事件的原因：

❖ 相反的人格互相吸引。

❖ 体验到积极"化学反应"。

❖ 为了让这段关系"站稳脚跟"，或者有向前发展的可能性，"关系数学"的等式必须等于"1"。

❖ 跳起一支毫不费力、高度协调的"关系之舞"。

❖ 匹配的"关系模板"指导双方扮演自己的角色，做出相应的行为。

❖ 迷恋会带来一阵快感，让两人"飘飘欲仙"，并且感觉到"除非我们能再次见面，否则我睡不着、吃不下，也不能停止想你"，这是一种像强迫症一样的感觉。

❖ 随着迷恋的消退，双方的基本（隐藏）人格特质会显露出来。

❖ 对孤独的恐惧，或者孤独的体验，迫使依赖共生者继续维持这段关系。

❖ 依赖共生者之所以不愿终止一段充满丧失和消极后果的关系，最有力的解释就是依赖共生成瘾。自恋者是他们"选择的毒品"，可以赶走孤独与核心羞耻感。

❖ 如果依赖共生者结束了这段关系，他们就会体验到严重的、痛苦的戒断症状，即病态孤独。

❖ 如果这段关系真的走向结束，而这个人的依赖共生背后的根本问题没有得到解决，那么他很可能会再寻找一个类似的自恋者。

反思

❖关系的"化学反应"对你有好处吗？为什么？

❖你对哪个"关系数学"等式最有感触？为什么？

❖写下一两次你陷入迷恋的情形。

❖列出你对依赖共生成瘾（或没有成瘾）的原因。

第 5 章

关系相容性理论与异性相吸

即使我的《依赖共生：不要跳舞！》一文得到了大量积极反馈，我依然知道这个理念需要发展成一个范围更广泛、更完整的心理学理论。这不是一个容易的任务，因为我必须从我的直觉和本能层面的理解出发，回溯那些给我启发的理论。我不想把一些精简又易用的东西变成臃肿或复杂的心理学解释。出于对自己直觉的信任，我开始在脑海中构建一个统一的理论，这个理论可以说明和解释我对人际磁石综合征的所有相关发现。

我的目的是围绕清晰、简洁、可测量的概念构建一个理论，这个理论要经得起专业、科学的检验。此外，这个理论还需要解释并预测可观察的相关现象，并将其与个体心理学理论联系起来。除非我的理论能让一屋子受过高等教育、经验丰富的临床工作者（以及没有这种教育背景的人）满意，否则我不会停止努力。

我对理论研究的抱负催生了一个理论模型，该模型将我的不同发现与观察结论整合成了一个连贯一致、逻辑自洽的解释。在我决定根据这些发现开办专业培训的时候，这个理论模型逐渐站稳了脚跟。就像炼金术一样，我的想法、解释和发现混合在一起，最终制造出了金子——金子一般的理论。

自我理论连续体

在 2013 年，我最初为我的新理论选择的名字是自我理论连续体（Continuum of Self Theory，COS）。该理论解释了为什么所有人（不仅是依赖共生者和自恋者）都会被某种与自己相反的、有吸引力的伴侣吸引。该理论直观地解释了为什么这么多人在感到孤独、沮丧或怨恨的情况下，依然会留在非常不快乐的、不正常的关系里。同样地，该理论也解释了为什么有些人尽管想要一些不一样的东西，但依然倾向于重蹈覆辙，再次选择同样的、不正常的关系。

自我理论连续体成了一个具有普遍性的理论，因为它适用于所有个体，从心理不健康的人到心态非常平衡、心理健康的人都包括在内。此外，该理论还能解释心理健康的可塑性，因为我们天生都有能力从错误中成长和学习，克服困难的个人境遇，并且在专业人士的帮助之下战胜强大的、看似难以消除的无意识的病态力量。

关系相容性理论

在过去几年里的某个时候，我把心爱的自我理论连续体理论改名为关系相容性理论（Relationship Compatibility Theory，RCT）。受到在家庭系统理论方面的教育、经验和专业知识的影响，改名对我来说是顺理成章的。因为从表面上看，这个理论解释了相反但相互平衡的个体之间的关系相容性。就像其前身一样，关系相容性理论说明了长期的照料者（或称依赖共生者）如何与需要照料者（即自私的自恋个体）既相反又匹配。尽管在描述和术语上做了修改，但理论本身并没有改变。

就像其前身一样，关系相容性理论说明了相反的人格类型者如何在一段关系中互动，以及他们如何表达（或不表达）自己的情感、心理及关系需求。更具体地讲，该理论解释了爱－尊重－关心（LRC）在一段关系中的分配模式。关系相容性理论表明，所有人都会有意识或无意识地被那些爱－尊重－关心模式与自己相对应的恋人吸引。

他人与自我的关系取向

关系取向（Relationship Orientation，RO）是关系相容性理论背后的驱动力。只有两种关系取向：一种指向他人对爱－尊重－关心的需求，另一种则专注于自己对爱－尊重－关心的需求。如果照料与需要照料的关系取向是匹配的，那么就可以说关系是相容的。

关系取向可以分为两种相反的、逆向相关的类别：他人关系取向（Others-Relationship Orientation，ORO）与自我关系取向（Self-Relationship Orientation，SRO）。这两者之间的主要区别是，前者更注重给予爱－尊重－关心，而后者更注重接受爱－尊重－关心。

　　他人关系取向者对他人的情感、个人和关系需求有着一种本能的、反射性的关注，并且常常置自身的需求于不顾。他人关系取向者很难表达自己的爱－尊重－关心需求，也很难从别人那里满足这样的需求，但他们在付出方面却很慷慨。所有依赖共生者都是极端的他人关系取向者。

　　自我关系取向者会本能地、下意识地专注于自身情感、个人及关系上的舒适需求，但不能理解或者会忽视互惠的重要性。自我关系取向者很难与他人分享爱－尊重－关心或给予他人爱－尊重－关心，同时又对索取爱－尊重－关心贪得无厌。由此可见，自我关系取向者的目标是（甚至痴迷于）维持不平等的、自私的、单向的付出－索取关系。所有病态自恋者都是极端的自我关系取向者。

　　由于他人关系取向和自我关系取向是"相反的""逆向相关的"人格结构，因此第3章中讲述的异性相吸也适用于这两者。

　　尽管严重的他人关系取向代表依赖共生，而严重的自我关系取向代表病态自恋，但它们并不是同义词。主要的区别在于，关系取向是一个范畴概念，代表两种相反的类别，每个类别中都包含从健康到病态的各种可能性。健康的关系取向者不愿接受或容忍一段在个人、情感或关系方面缺乏公平和平等的关系。依赖共生者（他人关系取向者）与病态自恋者（自我关系取向者）之间的对立关系取向是最不正常的。

　　最不正常的关系取向是极端的他人关系取向和自我关系取向，这两者可能存在于同一段相反但相容的关系里。他人关系取向者的极端无私与牺牲，完美地迎合了自我关系取向者极端自私和苛求的特质。

关系相容性理论的基本特点

关系相容性理论用连续体来说明他人关系取向者和自我关系取向者在关系中的互动。我特意使该理论具有如下属性：

❖ 设计简单
❖ 具有操作性、具体、可量化的定义
❖ 运用基本的算数——加减法
❖ 符合逻辑的单一规则
❖ 符合逻辑的互动规则
❖ 对复杂的心理、关系过程给出具体的解释
❖ 就事论事——不牵强附会，不做过度推论
❖ 对于治疗依赖共生的咨询师及他们治疗的个体来说都很直观

灵活包容的理论

关系相容性理论之所以具有灵活性和包容性，是因为它是许多其他重要的、成熟的心理学理论的产物。如果之前我没有接触过诸多理论框架，如家庭系统、心理动力学、依恋、认知行为、成瘾、"12步骤"及其他一些理论，我就永远不可能提出关系相容性理论。由于该理论具有包容性，所以它被应用到了许多实践领域，包括心理健康、成瘾治疗、教育、研究领域，以及与大众相关的那些领域。

关系相容性理论是界定清晰、非常具体的理论。逆向关系取向者及其关系相容值（Relationship Compatibility Value，RCV）都被定

义为明确的、可量化的信息和观察结果。该理论精确的属性要求它保持简洁，要完美地应用于研究、诊断和治疗。

关系相容性理论是矛盾的

尽管关系相容性理论是简洁明了、符合逻辑的理论，但也是一个复杂的理论，有许多可能的用途。我认为，它的灵活性和具体性大大地扩大了其潜在的贡献与用途。

关系相容性连续体

关系相容性理论唯一的测量工具就是关系相容性连续体（Relationship Compatibility Continuum, RCC）。通过简单的图标和数字，关系相容性连续体能解释并量化关系双方无意识的、反射性的吸引力（见图 5-1）。该连续体也能说明，相反的他人关系取向者与自我关系取向者如何以及为何会体验到一种磁力般的积极"化学"吸引力。反过来，它也能解释相似关系取向者之间为何会缺乏相容性。

图 5-1　关系相容性连续体

　　不要被这种连续体的简单设计所迷惑，它汇集了我们迄今为止讨论过的所有概念，以及许多之后将要讨论的概念。这是一个不可缺少的理论和实践工具，极大地促进了我们对于人际磁石综合征主导的关系的理解，有利于对依赖共生进行有效且长效的治疗。

关系相容性连续体与关系相容值

　　关系相容值用数字表示一个人的关系取向，及其独特的爱－尊重－关心分配模式。两种相反的关系取向（即他人关系取向与自我关系取向）在关系相容性连续体上处于相对的位置。

　　连续体的左侧，即"负"侧，是他人关系取向及其5个关系相容值（范围从"–5"到"–1"）。自我关系取向位于右侧，即"正"侧，是由"+1"到"+5"的关系相容值所组成的。在连续体的中间是0，即中性的关系相容值。这样一来，一共有11个关系相容值。从性质上讲，连续体的正侧并不比负侧更好。这种区分只是随意而为，并没有考虑哪一个"更好"或"更差"。

　　数值最大的正负关系相容值代表相应关系取向中问题最严重的形态。例如，他人关系取向的"–5"代表依赖共生者，他们几乎会将所有爱－尊重－关心都给予他人，却几乎得不到回报。自我关系取向的"+5"代表病态自恋者，他们索取了全部的爱－尊重－关心，却不给予任何回报。

关系相容值举例

下面给 11 个关系相容值都配上了一段一般性的人格描述。这些例子根据关系相容性理论，描绘了许多可能存在的一般性人格。

❖ **"–5"（他人关系取向）** 一个一心只为满足他人爱 – 尊重 – 关心需求的依赖共生者，但他完全忽视和轻视了自己的需求。这种人往往不能或不愿从恋人或亲密朋友那里寻求爱 – 尊重 – 关心。

❖ **"–4"（他人关系取向）** 有依赖共生倾向的人，他们几乎总是关注他人的爱 – 尊重 – 关心需求，只有偶尔才会试图满足自身的爱 – 尊重 – 关心需求。他们有能力从恋人那里寻求爱 – 尊重 – 关心，但缺乏动力，害怕或者缺乏这方面的经验。他们往往选择不要求他人满足自身的爱 – 尊重 – 关心需求，因为他们不想让别人不高兴或引起冲突。如果向伴侣要求一些类似爱 – 尊重 – 关心的东西，他们就会非常紧张，感到明显的内疚或者觉得自己需求过多。

❖ **"–3"（他人关系取向）** 这样的人认同自己照料他人、乐于付出的天性。他们把关注点主要放在他人的爱 – 尊重 – 关心需求上，但对于自身的需求却常常敷衍、拖延或者找借口，不能充分满足自己。他们的身份认同和名声都与他们乐于助人、照料他人的天性有关。从爱 – 尊重 – 关心需求的角度来讲，他们通常处在不平衡的关系之中——付出远远大于获得。他们能够在关系中设置边界，并且能提出自己的需求。然而，在设置这样的边界或者向他人求助的时候，他们往往会感到内疚或者觉得自己需求过多。

❖ **"–2"（他人关系取向）** 在这类人的关系中，他们的照料者身份认同能够得到重视和感谢，而不会被利用。他们喜欢在关系中给予对方大量爱－尊重－关心，而不需要获得同等的回报。与那种愿意回报的伴侣比起来，他们与那些需要更多爱－尊重－关心的伴侣待在一起更舒服。他们可以设置边界，提出自己的需求，但如果爱－尊重－关心的平衡水平超出了他们的舒适范围，他们就会感到有些不舒服。如果他们要求伴侣满足自己的爱－尊重－关心需求，他们可能会感到轻微的内疚感，或者觉得自己的需求稍稍有些多。他们会尽可能地远离那些自恋、喜欢利用他人或者工于心计的人。

❖ **"–1"（他人关系取向）** 在爱、尊重、关心自我和他人方面，这类人保持着健康的平衡。他们通常会寻求能够满足自身爱－尊重－关心需求的生活经历和关系。他们愿意建立并喜欢的关系，往往建立在平等互惠分配爱－尊重－关心的基础之上。虽然他们会从帮助和照料他人中获得意义与快乐，但他们不会容忍自私或以自我为中心的恋人。他们通常喜欢照料他人，但不会认同自己是照料者或者助人者的角色。他们在向他人索取爱－尊重－关心时不会感到内疚，也不会觉得自己的需求是过度的。

❖ **"0"** 在这类人建立的关系里，爱－尊重－关心的付出和获得是平等的。他们可以很容易地向伴侣提出自己的需求，并且对自己的爱－尊重－关心需求保持开放态度。在爱－尊重－关心平衡的关系里，他们可以很容易地在付出者与接受者两种角色之间转换。

❖ **"+1"（自我关系取向）** 在爱、尊重、关心自我和他人方面，这类人保持着健康的平衡。他们愿意建立并欣赏的关系，往往建立在平等互惠分配爱－尊重－关心的基础之上。他们重视个人与职业的目标与抱负，并且自信地为之努力。尽管他们会从追求个人志向中获得意义和快乐，但他们也能认识到爱、尊重和关心自己恋人的重要性。在有需要或对方提出要求的时候，他们能毫不费力地为恋人提供爱－尊重－关心。他们可能会认同照料者和助人者的角色，但也想满足自己的愿望。

❖ **"+2"（自我关系取向）** 这类人愿意建立一段能够鼓励和支持他们追求自身希望和梦想的关系。在恋爱中，他们会主动寻求关注、欣赏和肯定。虽然他们是主动索取的人，可能会在他人的关注中忘乎所以，但他们愿意并能够满足伴侣的需求。他们既不自私，也不会利用他人。他们以自己的爱－尊重－关心需求为导向，时常会忘记关系中爱－尊重－关心分配的不公。如果伴侣要求得到更多的爱－尊重－关心，他们回应的态度往往很好，不会生气。虽然他们可以胜任照料者的角色，但无法长期承担这样的职责。

❖ **"+3"（自我关系取向）** 他们是稍稍有些自私、以自我为中心的人，主要关注自己的爱－尊重－关心需求，在满足伴侣的需求时，他们常常敷衍、拖延或者找借口。他们的身份认同和名声都与他们对关注、认可和承认的需求有关。他们认为自己是一个积极进取、追求成功的人。他们通常会被爱－尊重－关心需求分配不均的关系吸引，期望得到或索取的比付出的更多。如果就这种不平等的问题与他们对质，他们可能会产生抵触情绪，但也能予以改正。尽管别人可能觉得他们只关心自己，或者以自我为中心，但他们能够克制这些特点，愿意也能够给予伴侣爱－尊重－关心。然而，他们的确需要时常有人提醒。

❖ **"+4"（自我关系取向）** 这是一种自恋的人，他们很关注自身的爱－尊重－关心需求，很少满足他人的这些需求。在别人看来，他们总觉得自己应该得到特殊对待，只关注自己，以自我为中心，因为他们很喜欢从别人那里索取爱－尊重－关心，给予的回报却很少。他们对于这种爱－尊重－关心的分配不均感到满意，认为自己的需求比伴侣的需求更重要。虽然他们的自恋很明显，但他们能够给予他人少许爱－尊重－关心。如果就爱－尊重－关心不平等的问题与他们对质，他们通常会很生气、很抵触，并立即试图为自己的行为辩解。不过，在对质时，他们不会体验到自恋受损，也不会表现出自恋暴怒。

❖ **"+5"（自我关系取向）** 这类人是没有能力也没有意愿去爱、尊重、关心他人的病态自恋者。他们一心只想满足自己的爱－尊重－关心需求，完全没有任何回报的意愿。他们很难给予他人共情、无条件的积极关注或爱。如果他们给予他人爱－尊重－关心，往往会附带一些条件。他们既不能理解，也不能接受自己的自恋有多病态。如果就爱－尊重－关心不平等的问题与他们对质，他们往往会用直接攻击或被动攻击的方式予以反击。

连续体中的数学与零和平衡

关系相容性连续体用数字支持了关系相容性理论。只要把关系中双方的关系相容值简单相加，如果结果为"0"，就可以认为他们之间的关系是相容的、稳定的。我们将这种情况称为"零和平衡"。这种零和平衡总会发生在逆向相关、完全相反的人格搭配之间（表现为两个完全相反的正负关系相容值）。除了代表关系的相容性以外，零和平衡也意味着两个人可能拥有很强的"化学反应"、匹配的关系模板，以及相互吸引的相反人格类型。相容性的经验法则是：逆向、反向的关系相容值越小，关系就越健康。

涉及积极"化学反应"的时候，零和平衡法则只有一种例外情况，那就是假想的"0"与"0"的组合。之所以称之为"假想"的，是因为这种情况不太可能发生。首先，"0"通常是一个理论单位，因为多数人都认为自己属于付出更多或索取更多的关系取向。其次，如果没有相反的、匹配的人格之间的"化学反应"，这种假想的关系就没有向前发展的基础。

由"-2"与"+2"组成的关系是相容且健康的。比如说，有一个"-2"的、他人关系取向的、心理健康的女人，她喜欢做全职妈妈，做着几份志愿工作，并且乐在其中。她与一个心理健康、情绪稳定的、"+2"的、自我关系取向的男人结了婚，这个男人是一个企业高管。在妻子的支持下，他加班加点，从而在家族企业中升到高位，名利双收。在关系相容值较低的情况下，逆向匹配的双方都能感到被爱，并且觉得自己的关系是互惠互爱的。

在一个相反的例子里，一个关系相容值为"-5"的、依赖共生的男人娶了一个"+5"的、患有自恋型人格障碍的女人。这个丈夫非常缺乏安全感、很黏人、很顺从。他不情愿地同意在家抚养孩子，而他那自恋妻子——一个不太成功的销售人员坚持要做唯一挣钱养家的人。由于害怕激怒妻子，他不愿向妻子抗议她的自私和刻板的角色期望。由于妻子在关系相容性连续体上处于"+5"的位置，她根本不会考虑丈夫的需求，除非这些需求能让她对自己感觉更好。他们的关系不会破裂，因为无论是丈夫还是妻子都不敢结束婚姻。他们都缺乏安全感，害怕独自一人。

改善健康的代价

如果一方的关系相容值朝着健康的方向（接近于"0"）移动，而另一方的关系相容值却没有相应的变化，那么关系就可能陷入危机。这样的情况是很常见的：一方接受心理治疗，或寻求成瘾治疗，而另一方却没有接受治疗，因而也看不见自己对于病态关系所负有的责任。如果关系双方的关系相容值不平衡，这段关系就具有内在的不稳定性，之后就容易导致冲突与分手。

有一个例子说明了心理健康水平提高如何引起关系的不稳定：一个"–5"的、依赖共生的女人，嫁给了一个"+5"的、病态自恋的男人。这个女人前来寻求心理治疗。由于治疗的进展，她的关系取向和关系相容值会朝着好的方向发展，越来越接近于"0"。如果她的心理健康状况有所改善，但依然选择与病态自恋的丈夫待在一起，关系就会变得不稳定。没有零和平衡，就会产生各种问题。他们的关系可能产生冲突和各种不可调和的分歧，因为妻子迫切需要从丈夫那里得到更多的爱－尊重－关心，而丈夫却没有给予的能力。

即使心理健康有所改善，以前依赖共生的来访者依然可能有意识或无意识地觉得必须回到病态的关系中，让关系相容值回到从前的水平。这种不合逻辑的强迫性，可以用依赖共生成瘾来解释，这一概念在第 3 章有所介绍。通过继续提高心理健康和关系健康，并保持这样的进步，这个女人的伴侣就无法跟上她前进的步伐，零和平衡的缺失就可能导致这段关系的结束。

稳定性的量与质

关系的稳定性可以从量与质这两方面来理解。"量"的定义是：对于任何具有可识别特征的事物的度量或者具体而准确的描述。"质"则较为模糊和主观，描述、衡量的是被赋予主观价值的可识别特征。"质"所具有的"定性"意味会让人困惑，因为它意味着某事物是积极的或好的。为了说明这一点，在"我第一次做的山核桃馅饼很糟糕"这句话中，"糟糕"就是一个关于"质"的词，意思是"我"做的馅饼很难吃。相反，"我岳母做的山核桃馅饼非常美味、入口即化，我怎么吃都吃不够"，就表达了积极的"质"。

相等但相反的关系相容值取得零和平衡，是关系在量上保持稳定的条件。这样的稳定性不受个体心理健康或关系健康的影响。比如说，健康的他人关系取向（"–2"）－自我关系取向（"+2"）关系在量上是稳定的，这说明相反的关系取向达到了完美的平衡。因此，关系稳定性的量与质可以用关系相容性连续体来表示。

"稳定"的关系

一段"稳定"的关系是指，尽管双方都会有不快乐、愤怒、不满、怨恨或其他负面状态，但这段关系不会结束。稳定的关系不容易破裂，因为相反的人格结合在了一起，使关系达到了平衡。从关系相容性连续体的数值上看，关系稳定是指两个完全相反的关系相容值合在一起，得到零和平衡。最健康的稳定配对，是"-1"与"+1"的恋人。最不健康的则是依赖共生者（"-5"）和病态自恋者（"+5"）的组合。

处于稳定关系中的人，对关系、对关系中的人都是忠诚的。他们会遵守他们独有的一套准则，这套准则指导了个人行为和关系中的行为。"稳定"的恋爱或亲密关系，需要双方对各种期待与角色感到舒服和安全。虽然有些互动可能会造成伤害，但双方都不担心对方会结束关系。不管有任何不舒服、伤害或威胁性的事件，双方都忠于彼此，坚守对彼此的承诺。这让他们的关系充满活力，并帮助他们战胜挑战。这样一来，稳定的关系就能利用内外部资源来抵御任何威胁。

"不稳定"的关系

在"不稳定"的亲密关系里，双方会因为关系可能受到伤害或破裂而感到不舒服、恐惧和焦虑。如果一方或双方不再遵守之前一致同意的关系准则，不再扮演各自的角色，不再满足对于忠诚的期待时，双方就会感到不稳定。困境、危机或不幸也会造成不稳定。然而，如果一方有好事发生，不正常的关系也可能会变得不稳定（例如，在处理心理健康或成瘾问题方面取得进展、找到一份更好的工作、加薪、获得新的社交机会）。如果不能回到之前健康或不健康的关系状态，这种不稳定就可能会持续下去。

关系的不稳定会让关系中的一方或双方产生一系列愤怒、不舒服或焦虑的感受和想法。这样的改变会给那个偏离常态的人施加压力，迫使他们回到之前在关系中的位置，或者遵循之前一致同意的准则。如果不能恢复以前的状态，焦虑和恐惧就会增加——至少在这个人"屈服"并回到之前的病态角色，或者从这段关系中解脱出来之前是这样的。需要注意的是，关系相容值之和的数值越大，关系就越不平衡。

恢复稳定

只有重新建立零和平衡（无论这种平衡健康与否），才能消除、扭转这种不稳定。换言之，人际磁石综合征的力量会迫使正在康复的依赖共生者（其之前的关系相容值为"-5"）回到之前她终止的关系里——她之前的伴侣是病态自恋者（"+5"）。这种力量会让关系回到之前"稳定"但病态的平衡。

下面的情况说明了关系是如何重返平衡和稳定的：

❖ 在一段不正常的关系中，健康的一方回到了他从前那个不太健康的关系相容值水平。

❖ 健康一方的心理、关系健康有所改善，导致伴侣更加焦虑、恐惧，更有压力。这促使不健康的伴侣改善自己的心理和关系健康，将关系重新调整至零和平衡。

❖ 由于不健康的伴侣的心理健康恶化，健康伴侣的健康水平也有所下降，从而恢复零和平衡。

❖ 健康一方的成长没能让另一方同样成长起来，他们因此选择结束这段关系。

❖ 不健康的一方结束关系，寻找替代的伴侣，从而重新建立零和平衡。

更健康的关系以及关系相容值的匹配

如果在连续体上互逆的关系相容值接近于"0"，恋爱关系就会变得更健康。较为健康的、匹配的关系相容值会建立更匹配的互惠关系。这样的伴侣不会因为他们的关系取向差异而产生极端的分歧。他们获得的爱－尊重－关心是相等的，从而创造了更和谐、更亲密的关系。

较为健康的关系是由两个关系相容值较低的伴侣组成的。他们的相容值逆向匹配，比如"−1"与"+1"或"−2"与"+2"的搭配。虽然爱－尊重－关心分配不均，但双方都认为自己的需求得到了充分的满足，如果出现不平衡，他们可以提出自己的需求。关系相容值较低的伴侣可以提出自己的需求，而不会担心引起怨恨或索求过度的感觉。"0"平衡本身并不会创造积极的关系体验，舒服的、双方都满意的爱－尊重－关心平衡感才会。

能够建立这种关系的人，很可能童年没有遭受过依恋创伤。依恋创伤是导致依赖共生和病态自恋障碍的主要原因。或者，这些人可能接受过心理治疗来弥补缺陷。除了良好的心理健康以外，这些"健康的"、反向相连的人都有着中高水平的自尊和自爱，能充分沟通以解决冲突，并且能够设置和尊重健康的边界。简而言之，这种关系是由两个自爱、心理健康的人组成的。

如果关系双方有着较低的、匹配的关系相容值，他们就能在必要时转变为另一种关系取向。这样的"灵活性"表明，这个人有能力为了伴侣或关系做出与自己人格"相反"的事情。例如，一个"−2"的他人关系取向者，因病需要卧床休息 6 个月，那么"+2"的自我关系取向者就会在伴侣康复期间照顾孩子、打扫房间、全天奔忙。伴侣恢复健康后，他们之间的关系相容值的设置也会恢复原状。

健康的零和关系：苏珊（"−2"）与扎克（"+2"）

苏珊在情感和心理上都是一个健康而平衡的人，从她的关系相容值（"−2"）可以看出这一点。她的自我取向稍稍偏向于他人的需求。虽然她不期待"付出与索取比"完全平等，但她知道自己的极限，并且心里很清楚如何照顾自己。她从自己慷慨付出的生活态度中获得了幸福与满足。她喜欢策划聚会，帮助朋友装饰房屋，照顾姐姐的孩子，或者做一个富有同情心的倾听者。最重要的是，苏珊为她养育两个女儿的方式感到自豪。她喜欢做女儿们爱吃的饭菜，做女童子军的领队，帮助她们完成学校的项目与作业。苏珊同时也是一家律师事务所的兼职办公室经理，帮助上司协调快节奏但常常杂乱无章的日程安排。

苏珊和扎克结婚了。扎克是一名才华横溢的医生，他的志向是在他工作的医院里成为首席整形外科医生。虽然他很忙，经常忙于自己的工作，但他也会挤出时间来满足妻女的个人与情感需求。家人觉得扎克给予的关心和爱是足够的。虽然婚姻和家庭生活充满了挑战，但苏珊和扎克对彼此的感情依然坚定。他们支持彼此的职业抱负，拥有相同的个人、家庭和事业目标。

扎克是一个比较健康、平衡的人。他的关系相容值较低（"+2"）。他积极进取，很享受自己的职业状态。他认为自己努力工作是在为婚姻和家庭尽自己的一份力。扎克和苏珊都认为他的事业心会让家庭过上更加舒适与幸福的生活。虽然他不喜欢自己经常在外忙碌，但他知道这是为了他最爱的人好：苏珊和孩子。即使扎克在个人与家庭生活方面的能力有所不足，但他会不遗余力地让苏珊感觉到爱、尊重与关心。如果他因为重要的工作而不能参加家庭活动，家人虽然会很失望，但也会给予他支持。这种关系之所以能成功，是因为扎克和苏珊的零和关系是平衡的，双方都对此感到满意。

不健康、有问题的自我取向

关系相容值为"±5"和"±4"的伴侣组合会建立不健康、有问题的关系。这种关系中的伴侣要么习惯于自我挫败，要么就是无法或不愿意努力改善心理或关系的健康。对于患有人格障碍的自恋者及其严重的依赖共生伴侣来说尤其如此。

对不健康的"±5"或"±4"的个体做伴侣治疗，常常会因为这两个人的病态模式而失败。即使他人关系取向者想要改变或进步，他们在心理治疗中往往也会表现得很消极、焦虑和恐惧。[⊖]病态的自我关系取向者不能或不愿克服自己有意无意的否认、回避或指责模式。通常情况下，他们倾向于控制整个治疗过程，往往会给缺乏经验的心理治疗师制造障碍。通常在这样的伴侣治疗中，心理治疗师要花费大量的时间处理控制欲强的自恋者，或者紧张焦虑、如履薄冰。因此，我不向这些人提供婚姻治疗或伴侣治疗。

值得一提的是，虽然"-4"和"+4"的组合也被认为是有挑战性的、不正常的，但两者都有一定能力（尽管很小）打破他们僵化、对立的关系取向。

有挑战性的关系

"-3"和"+3"的组合算得上困难的关系。对于心理和关系健康处于临界状态的人来说，他们拥有的心理资源往往可以抵消他们的缺陷。这些人既没有两极分化或单一的爱－尊重－关心分配模式，也没有大量互惠的互动。不过，他们的确在一定程度上拥有获得领悟、做出良好判断的能力——这是积极心理健康和关系健康的必要心理素质。

⊖　这是有原因的，因为很多人都说过，在接受伴侣治疗之后，他们会承受严重的后果或惩罚。

健康和不健康的组合之间并不是泾渭分明的。从现代西方文化的角度来看，一对"−3"和"+3"的组合可以说是不健康的，因为爱－尊重－关心的交换存在明显的差异。然而，从其他社会、文化或民族群体的角度来看，它们的文化规范可能倾向于认为，爱－尊重－关心的付出与索取之间如果存在可接受的差异，关系也可以算作健康的。如果恋人对他们的关系感到满意和幸福，并且没有伤害彼此，那么他们有些极端的关系取向也可能形成健康的关系。

即使给予和接受的爱－尊重－关心是不对等的，这样的伴侣依然能够做到些许互惠互利。他人关系取向者可以设置一些边界，也能表达一些爱－尊重－关心需求。与之互补的是，自我关系取向者能够适度表达共情，也有一定的意愿去满足伴侣的爱－尊重－关心需求，同时对于一些建设性反馈能够持开放态度。

不正常的零和关系：桑德拉（"−5"）与保罗（"+5"）

桑德拉是一个有魅力的、身体肥胖的 39 岁女子，她有一个需要特殊照料的孩子，而她的丈夫有着自恋型人格障碍的所有主要症状。她有情绪化进食的问题，常用食物来缓解自己的悲伤、孤独和愤怒。她能作曲，有一副好嗓子，吉他弹得也很棒，她在教堂里担任唱诗班和青少年礼拜团的指导老师。教堂里的信众都很喜爱她，她一直身体力行她所教导的一切。杜曼神父是教堂的负责人和理事会成员，他已经有 15 年没有给桑德拉升职加薪了。桑德拉也从没要求过加薪，她相信如果自己配得上加薪，自然就会加薪的。最近，杜曼神父把她降职为助理音乐指导老师，雇了一位老朋友来担任新设立的协理牧师职位。这一职位把桑德拉的唱诗班和青少年礼拜团的相关职责都收归其下了。她觉得很丢脸，尤其因为她是从另一名工作人员那里得知这一消息的。她向神父表达了自己的感受，而神父表面上很平静，但其实他很生气、很抵触。只要任何人指出他的不对，他总是做出这样的反应：他狡猾地把自己伪装成无法让每个人都开心的受害者。他一边为自己辩解，一边称赞桑德拉的能力，请求她不要生自己的气。桑德拉没有坚守自己的立场，继续与杜曼对质，而是为惹他生气而道了歉。她感到无能为力、害怕，也不想引起冲突，于是她压抑了自己的愤怒和对教堂（尤其是对神父）的怨恨。

桑德拉和保罗的儿子名为泰勒，他被诊断出多种精神障碍，包括广泛性焦虑症与注意缺陷多动障碍。他缺乏自尊，在社交和学业方面也有问题。在人际关系中，桑德拉往往很难坚守自己设置的边界，在面对家人的时候，这个问题尤其明显。因此，她儿子很少听从她的要求，拒绝帮她做家务。桑德拉为儿子面临的困难感到很难过，所以在他行为不当时，也不愿加以惩罚。

桑德拉认识丈夫保罗的时候，两人都是18岁的大学新生。尽管她一直对保罗的自私和不成熟心怀疑虑，但她还是爱上了保罗。他们都很享受性关系中的那种原始的刺激。桑德拉喜欢保罗顽皮、自由自在、叛逆的性格。她甚至喜欢他傲慢但迷人的一面。

在大学三年级的时候，桑德拉和保罗顺理成章地走入了婚姻的殿堂。虽然桑德拉想再等一等，但保罗说结婚会让他在大学里更有学习动力，因此在事业上也会更成功，桑德拉同意了。虽然桑德拉对于嫁给保罗有很多顾虑，但她相信没有别的男人会对她感兴趣，因为她身材肥胖、缺乏自信。她急于结婚生子，于是打消了保罗不是一个适合相伴终生的伴侣的想法。

桑德拉的父亲嗜酒成性，母亲很依赖他人、缺乏安全感。他们一直都是糟糕的模本。由于桑德拉从未接触过健康的、充满爱的关系，所以她相信她对保罗的爱是真心的。婚后不久，保罗就从大学退学了。桑德拉不知道保罗成绩不及格，但保罗却把自己的成绩归咎于教授。他认为教授们都和他有过节。他不能理解的是，他糟糕的学习成绩，再加上他的傲慢无礼，让他成了臭名昭著的问题学生。由于他拒绝留校察看，所以他被迫退学。

保罗陷入了抑郁。除了喝啤酒，他什么都不想做。桑德拉不断地要求他在经济上出力，因此他不得不去找了一份工作。他在一家汽车经销商找了一份清洗二手车的工作，挣的钱只比最低工资多一美元。他们的关系很快就变得紧张起来。结婚一年后，桑德拉怀上了他们唯一的孩子。保罗对照顾孩子不感兴趣，似乎也越来越疏远桑德拉。

儿子出生两个月后，桑德拉发现保罗与同事有染。她害怕遭到抛弃。由于她的低自尊和自我厌恶，她认为没有其他男人会觉得她有魅力，或者值得与她建立长期的恋爱关系。保罗的大部分时间都在一家老式汽车俱乐部里度过。在那里，他的魅力、夸张的故事、笑话以及豪饮总能为他赢得许多听众。桑德拉不再顶撞他，因为他的脾气变得越来越可怕了。她也习惯了在婚姻内外被忽视、不被欣赏的感觉。在桑德拉控诉保罗的不忠时，保罗会含着泪承诺痛改前非，恳求她不要离开自己，桑德拉则常会受他的蒙骗。

渐渐地，桑德拉变得麻木了，除了工资和医疗保险之外，她不再期待保罗为家里做任何贡献。保罗习惯性的欺骗和不忠粉碎了她得到爱、尊重与关心的一切希望。保罗在工作上从没有任何进步，一直做着那份汽车经销商的工作。20 年后，他还是老样子，而且他的第五次婚外情又败露了。

桑德拉的不安全感、低自尊、不敢面对问题，把她与一个自恋、自私、不诚实的丈夫绑在了一起。在她的社区里，人人都知道可以向她求助，她总是帮助那些需要她悉心支持的人。她不会设置边界。当她想要别人为自己做些事情的时候，她会感觉内疚。她快乐、积极的外表下隐藏着愤怒和羞耻。

桑德拉是一个典型的"-5"依赖共生者，她总是把别人的需求放在自己的需求之上。她不知疲倦地照料孩子、丈夫、朋友，还有教堂里的人，却没有得到什么回报。虽然她的丈夫以自我为中心，在情感上虐待她，又喜欢拈花惹草，但是她依然没有离开他。因为她害怕独自一人，也害怕无力维持生活。肥胖强化了她不切实际的信念，让她坚信没有人会爱她，也觉得自己无力改变这种单向的关系。虽然她常常幻想能够勇敢地面对生活中那些自恋又可怕的人，但她最终还是选择向他们屈服。她常常通过暴食来自我安慰，自从嫁给保罗之后，她的体重上涨了 100 磅[⊖]。尽管医生再三警告，但她依然无法改变情绪化进食的习惯。

保罗是一个典型的"+5"自恋者。具体来讲，他应该符合自恋型人格障碍的诊断标准。他的生活态度只聚焦于个人需求和情感需求——完全不顾他人，甚至还损人利己，尤其是他的妻儿深受其苦。尽管他和桑德拉的关系很可悲，但他们却是完美相容的，因为他们的关系相容值结合在一起，创造了一种零和关系。他们俩的关系取向是完全逆向相容的。

⊖ 1 磅≈0.45 千克。

这种完全匹配的、相反的关系可能会保持稳定，因为桑德拉的低自尊和不安全感助长了无力感，阻碍她改变生活环境，包括与保罗离婚。除此以外，她依然有一种扭曲的信念，她相信自己仍然爱着保罗。保罗做梦也不想离开她，因为他有一个"完美"的妻子，她会为他做所有的事情，包括不追究他的自私和自恋的缺陷。他也依赖桑德拉来照顾儿子泰勒，料理家务，支付账单，维持他们的社交圈。他们的婚姻算得上稳定，因为他们都被困在其中，既没有动力，也没有心理能力离开对方。

和我一起做了两年心理治疗之后，桑德拉减掉了 75 磅体重，与保罗离了婚，辞去了教堂的工作，找到了一个能为她赋能并回报她做出的贡献的雇主，与自恋的朋友断绝了关系，与其他朋友和家人建立了更健康的关系。她和儿子的关系也出现了转折，因为她在育儿方式上也变得更自信、更坚定，不那么害怕了。由于她在心理治疗上的进步，她的关系相容值从"–5"变为"–2"，让她处在关系相容性连续体中更健康的位置上。她现在在和比尔约会，比尔的关系相容值是"+2"。他们在一起很快乐，能够给予彼此爱、尊重与关心。

既不固定，也非永久

桑德拉的例子表明，一时的关系相容值并不能永远代表一个人的关系健康和心理健康。除了患有人格障碍的病态自恋者以外，人的关系相容值既不是固定的，也不是永久的。[一]在人的一生中，关系相容值通常是有起有伏的。关系相容值出现波动，也就是关系取向发生转换，可能有几种解释：正常的发展或成熟、接受心理或精神健康服务、生活经历的改变、重大健康问题，或与年龄相关的转变（如中年危机）。某种人格类型或性格特征并不会给我们打上不可磨灭的烙印。我相信，人类的精神和心理有无限的可能性和潜力。一个人是可以从连续体的一端转变到另一端的——尽管这种情况并不常见。我们中的许多人都有能力克服个人的、关系的问题和局限，成为更健康的人。我们都有过挣扎和退步的时候，但我们也可以前进。

例外情况

关系相容性理论假说也存在例外。没有零和关系的恋人也可能关系稳定，不容易分手，因为他们经济上相互依赖，有医疗或保险的需求，或者因为文化上、民族上、宗教上的要求。包办婚姻就是一个这样的例子，这种婚姻在亚洲（如中东）、非洲的一些文化中是很常见的。

包办婚姻中的伴侣也可能拥有健康的、充满爱的关系，因为他们有着共同的价值观、信念和处事方法。这种非零和平衡的包办婚姻之所以能持续下去，是因为夫妻双方都尊重文化规范中的婚姻制

[一] 本书后面会谈到，患有病态的自恋型人格障碍的人拥有心理成长的能力，但这种可能性很低。

度。这样的夫妻也会因为对彼此的、强烈的精神友谊，以及对信仰和家庭的共同承诺而保持长久的关系。然而，如果他们的关系相容值没有达到逆向平衡，他们可能永远不会成为亲密无间的爱人。假如这对关系相容值不平衡的夫妻产生了冲突，或者受到了不可接受的伤害，如果这些问题得不到圆满的解决，那他们的关系结构即便符合文化规范，也可能会出现问题。

"头狼"式关系取向

关系相容性理论也能解释两个拥有相同自我取向的人为什么能够建立关系。这种情况通常发生在纯粹的朋友关系、工作关系和家庭关系中。在这种情况下，关系相容值更接近于"+5"的人会在关系中掌握控制权。相反，关系相容值更接近于"−5"的人会更被动，并放弃控制权。下面的案例研究用自我关系取向与他人关系取向的关系详细探讨了"头狼"式关系取向。

"头狼"式他人关系取向

朱迪是一个被动的、缺乏安全感的、爱道歉的依赖共生者（"−5"）。她在瑜伽课上遇见了亚历克西丝（"−4"）。亚历克西丝很坦率，也喜欢照顾别人，但担心别人利用自己的善良。两人决定一起共进晚餐，再去欣赏现场音乐表演。就在几天之前，亚历克西丝发邮件让朱迪挑选一家餐厅，因为她们听音乐的地点是亚历克西丝选的。朱迪说她不在乎她们在哪里吃饭，让亚历克西丝挑一家餐厅。在第二次尝试让朱迪选择餐厅未果之后，亚历克西丝选了一家墨西哥餐厅。在就餐的那天晚上，亚历克西丝吃完饭后，问朱迪为什么几乎没有动自己的饭菜。朱迪回答说，她不太喜欢墨西哥菜。

"头狼"式自我关系取向

杰克和弗兰克是一对兄弟，他们从很久以前就开始一起去现场观看体育比赛，他们尤其爱看芝加哥小熊队的赛季首场比赛。杰克自大又索求无度，是个典型的病态自恋者（"+5"），而弗兰克是一个自信、迷人，有时有些强势的中度或病态自恋者（"+3"）。虽然弗兰克爱杰克，但他不能忍受长时间和杰克待在一起。在一次看比赛的时候，弗兰克收到了17岁女儿贾妮的短信，问他能否早点回家，因为她需要弗兰克开车送她去图书馆。弗兰克提议他们在比赛结束前离开（这甚至不是一场势均力敌的比赛），杰克却难以置信地看着他，说："没门儿。她在我们去看比赛之前就应该想到这个问题。"在多次为贾妮说话，并试图让杰克提前离场未果之后，弗兰克只好作罢，等到比赛结束。弗兰克再次暗下决心，再也不会和哥哥一起去看比赛了。

自我取向的转变

凭借勇气、勤奋，再加上大量的心理治疗，一个"–5"的依赖共生者可以治愈心理创伤。正是这些创伤导致了他们依赖共生的发展和持续。依赖共生者在情感、心理和社会性健康方面的成长，几乎总会带来相应的自我取向的积极变化。

因此，尝试关系取向较为健康的角色、机会和关系，对于一个依赖共生的人来说是可能的。换言之，我们的人格类型、职业和关系角色可以发生转变，从关注照料他人转变为更加关注自身对于爱、尊重与关心的需求。

马斯洛的"锤子与钉子"理论

尽管我很想用关系相容性理论来界定和量化人类的关系行为，但仅依靠这个理论来解释复杂的人类行为模式是既不可行，也不合适的。对人类的心理持有狭隘的观点有着内在的危险性。亚伯拉罕·马斯洛（Abraham Maslow）是人本主义心理学理论的开创者之一，他认为（1996）："我想，如果你唯一的工具是锤子，那么你可能就会很想把每种问题都当成钉子来处理。"我们需要用许多工具来理解并改变我们不正常的关系，我们要让这柄锤子（关系相容性理论）成为我们的工具之一。

马斯洛的这句话，让我想起了一个传说，这个传说讲的是哥伦布到达人们所认为的新大陆的事情。故事是这样的：当他的船靠近陆地时，印第安人却看不见它们。我认为印第安人不难看见它们，但我相信，像这样巨大的、木材和钢铁制造的船只，印第安人从没见过任何与之相似东西，所以无法理解这些是什么。对于眼前出现的事物，印第安人没有心理表征，所以他们就不可能知道如何应对这些不速之客满怀敌意、索求无度的自恋行为。这个传说反映了在依赖共生康复方面，关系相容性理论的重要性。了解了依赖共生者的障碍的具体细节，就能给予他们必要的"视角"，以便解决困扰他们一生的问题，不再让他们成为自恋者的牺牲品。

相容但相反的关系取向人格类型，只是众多人格分类中的一种，其他的人格特质或构念可能也有自己独特的相互吸引过程。例如，精神疾病患者、经济贫困者、有生理缺陷者，以及其他有缺损、缺陷或受压迫的群体可能有着自身独特的关系吸引力动力。

尽管关系相容性理论试图解释并简化复杂多样的吸引力动力，但它并没有超越其设计的目的，假装得更广泛、更综合。该理论能够衡量个人的关系取向，并解释相反但相容的人格类型之间的吸引力动力。该理论不是一个唯一的、全面的理论解释。然而，作为其他心理学理论的补充，该理论可能是有用的。

我认为关系相容性理论是一种有效可靠的心理学构念。然而，作为一种新的心理学理论，它还没有受到科学严谨的检验。我希望这一理论，连同本书中探讨的其他概念，能增进目前我们对于人类行为的理解，并促进对这一主题的更多思考和讨论。

反思

❖ 你处在关系相容性连续体中的哪个位置？

❖ 一年前和现在，你分别处于哪个位置？你希望在一年后处于哪个位置？

❖ 如果你们让各自的关系相容值接近于 0，你们的关系会发生什么变化？

第 6 章

我们都是行走的"磁石"吗

我一直有一个志向,那就是解释甚至预测导致所有关系建立的心理、关系过程——并不只是研究那些不正常的关系。之前关于"异性相吸"的描述和理论恰好能做到这一点。我的人际磁石综合征理论也是如此,因为它讨论了所有受"化学反应"驱使的关系。

人际磁石故事

下面的小故事是一个大致真实的故事,讲的是我的一个来访者与人际磁石综合征有关的经历。这个故事描绘了一种几乎不为人知,但暗中妨害你的"磁力",这种力量将完全相容的、不正常的、相反的两个人吸引到了一起，跳起了一支不正常的关系之舞。

特里西娅是一个依赖共生者，她与丈夫经历了一次痛苦的离婚。一年之后，她来寻求我的服务。她的前夫叫肯，是一个暴虐的、病态自恋的人。特里西娅在我这里接受依赖共生治疗的 9 个月后，他们的婚姻结束了。特里西娅心理健康的改善，给她那段不正常的婚姻⊖带来了难以忍受的压力。这促使丈夫肯用激烈的、报复性的离婚来惩罚她。

在离婚之后的 6 个月里，特里西娅积极地遵从我的建议，没有和任何人约会，因为这会对她初期的依赖共生康复起到反作用，她对此表示同意。值得注意的是，我将在第 12 章介绍的自爱康复十阶段治疗模型建议在 6~12 个月内中止所有恋爱关系。

6 个月后，特里西娅让我吃了一惊，她宣布自己已经"足够健康"，可以开始约会了。尽管有很多事情让我感觉她的依赖共生成瘾依然很严重，而这种问题很容易让人误以为自己可以控制某些在本质上不可控的东西，但是我无法说服她。她不顾我的警告，注册了一个约会网站。几周后，她给我发来了一封简短的电子邮件，说她想要暂停治疗 6 个月。

8 个月后，我又收到了一封简短的邮件，这一次，特里西娅问我是否可以继续做我们的依赖共生治疗。在第一次回来治疗的时候，她显得疲惫、沮丧、情绪低落。她的眼睛里不仅有一种悲伤的茫然，而且她看起来很沮丧。下面的文字简要叙述了她告诉我的故事，我相信这个故事说明了人际磁石综合征暗藏危机的力量。她讲述了下面的故事：

⊖ 第 5 章关于关系不平衡的探讨，简要地描述了这一过程。

　　我以为自己的依赖共生已经治好了，所以我决定试试我的新技能——发现自恋者、看穿他们的伪装，并且对他们敬而远之。你认为我没有准备好，但你现在已经知道了，我当时并不同意你的观点。我也觉得自己比你想象的更聪明、更坚强。我丝毫不怀疑自己能够识别并远离自恋者。我觉得当时是尝试线上约会的最佳时机。在做了大量研究之后，我使用了一个看上去比其他约会服务更安全的网站。他们的安全保障措施符合我的需求，即远离自恋者，寻找健康、适合的人约会。他们承诺我一定会找到完美的灵魂伴侣，我真不敢相信我竟然信了。

　　说实话，刚上这个网站的前几天，给我的感觉就像去拉斯维加斯一样……你知道的，就是那种很刺激的"我会赢一大笔钱，但我可能会输掉的钱，多得超出了我的承受范围"的感觉。我希望最终能找到一个善良的好男人，他会给我独一无二的爱。这种想法让我打消了顾虑。而且，我已经下定决心不会再让男人伤我的心，或者扰乱我的思绪。事实上，对于任何男人，只要他让我有一丝怀疑他有自恋倾向，我就坚决不跟他说话。我只允许自己跟这样的男人说话——我仔细审查过，符合我的所有"必要条件"，比如之前结过婚、当然还要已经离婚、必须有一个孩子、有工作、不抽烟、不酗酒、不吸毒，而且不是该死的、善于使用"煤气灯"式操纵的自恋者！

　　看到有那么多男人都符合我的搜索标准，我简直震惊了。他们看起来真的很友善、很安全。我还以为我会见到人们常听说的那些恐怖的人呢。我见了五个人,没有一个人让我满意。没有"化学反应",什么都没有!真令人失望。这五个好人里的最后一个,乔纳森,是我最后的一根救命稻草。我曾多么希望他就是我的真命天子:一个让我的心怦怦直跳的人,一个让我想要与他合二为一的人,一个想要与我一起创造幸福生活的人。我以为他肯定就是那个值得托付终身的人。他英俊潇洒、有工作、是个好爸爸、身材很好,赞同我的许多保守价值观。我真的很想爱上他。

出乎意料的是,我们之间根本没有"化学反应"。经过两个小时疲惫的谈话,我们几乎同时说出"天晚了,我第二天还得早起"。临走前,他上前来要给我一个拥抱。我感到我的身体在他的靠近下退缩了,我同时后退了几步,伸出手与他握手。虽然我认为他是个好人,但一想到让他进入我的私人空间,我就感到焦虑。乔纳森忽略了我握手的手势,还是抱了抱我。那个拥抱很奇怪——就像两个恐同的人拥抱一样,几乎都没有碰到对方。实在是太不舒服了!

在开车回家的路上,我一直觉得自己是个疯狂的失败者。我终于遇到了一个完美的男人,但我的心和身体都对他没感觉。这完全没有道理!我感到了熟悉的羞耻、绝望和悲观。就在这时,我脑海里又开始响起了"没有人想要我"和"我是个残次品"的声音。

一回到家,我就像个机器人一样,径直走进卧室,登录了约会网站。这次，我对自己说："筛选功能一无是处，我倒要看看谁才是真正适合我的人。"我任由自己查看了一大堆通常不会出现在我搜索中的帅哥。尽管我知道自己的行为很危险，但我当时的想法是"这是我应得的"，我决定让自己找些乐子。接下来，三个小时过去了，我很高兴地被一群潜在的对象包围了。不仅"我命真苦"的想法消失了，我对于找到一个好男人再次感到了乐观。

此时，我看到了蒂姆·夏特纳的简介。当我看到他照片的那一刻，我的腹部和胸部感到了一阵愉悦的紧张。我对他的身体本能是一种美妙的兴奋与一点点危险的混合。这时我的理性思维基本已经完全消失了。

浏览他的照片15分钟之后，我产生了一种难以言喻的感觉。所有照片上都是他轮廓分明的英俊外表、自信且富有魅力的微笑，以及一种认真而略带悲伤的严肃。他很帅，看上去很完美。他光着上身、微笑着玩飞盘的照片让我起了鸡皮疙瘩。我对他的个人资料并不感兴趣。他资料上写着"正在找工作"，也没有明显的职业抱负，从没结过婚，也没有孩子。然后，我又翻出了他的照片，试图寻找更多线索。这一次，我注意到，在三张照片里，他的手里都拿着一瓶啤酒，在一张照片里，他的衬衣口袋里还有一包烟。这些警告信号并不能抵挡我想见他的欲望。虽然这句话听起来很奇怪，但我感觉电脑屏幕上散发出了一股能量，叫我去见蒂姆——尽快。

　　长话短说，我给他发了一封邮件，我可能在邮件里透露了太多个人信息。奇怪的是，他在五分钟内就回信了。好像他就坐在电脑前，耐心等待我的出现一样。接下来我们就开始通过电子邮件分享自己的生活故事了，然后我们很快就开始煲电话粥，许多次打电话都带有性暗示，每次通话的话题非常私密和令人激动。在一次电话里，我们都不忍心说再见，约好通着电话睡觉。那是一种甜蜜的亲密。

　　在第一次约会之前，我们打了一通电话。在电话中，我与他分享了一些非常私密的、与性有关的信息。该死的，我就是忍不住，因为我们之间的"化学反应"太强烈了。虽然听起来很奇怪，但他对我很有性吸引力。说实话，我的欲望被激起来了。那时我本该尽快逃跑，但已经太晚了。他的"能量"牢牢地抓住了我，把我拉向他身边，我几乎当天晚上就同意见他了。是的，当天晚上。这太疯狂了。

　　我们"决定"（特里西娅举起双手做了个"引号"的手势）第二天晚上去他最喜欢的烤肉餐厅吃饭。他一提出这个建议，我就开始质疑他的选择。他夸夸其谈地说那里有多温暖、多舒服，他很相信我也会喜欢那里。于是我闭嘴了——就像过去一样。我没有把注意力放在他的一意孤行上，而是开始心不在焉地幻想我们的第一次见面。我的激动之情实在是难以言喻。那天我一夜都没合眼。

　　我们见面的时候，就像故事书里的情节一样……你知道的，就像放着烟花，奏着凯旋的乐章一样。我相信他就和我想象的一模一样，甚至更好。我的期待之情十分强烈，以至于没法找到任何能与之相比的体验。把车开进餐厅停车场的时候，我的心好像就要从胸腔里跳出来一样。当我在车窗里瞥见他的时候，激动得连气都喘不上来了。从停车场往外走，我觉得地面好像在向他倾斜，如果我闭上眼睛，就会毫不费力地滑入他的怀抱。在他的怀里，我将永远感到安全和快乐。听起来很不对劲，对吧？真是疯狂！

我一走进门，我们的目光就相遇了，我的胃猛地一抽，我的心就好像要爆裂开似的。虽然我只想礼貌地拥抱他一下，试图让我们之间的关系发展慢下来，但我竟然钻进了他的怀里，热情地吻了他，就好像他是我刚从战场上回来的丈夫一样。这种吸引力强得就像磁力一样。即使我想逃，也逃不出那拥抱。我们的心紧紧地联系在了一起，得用撬棍才能把我们分开。在那一刻，我们紧密相连、亲密无间，就好像我们是一个人一样。

在故事的结尾，特里西娅讲到了难以形容的迷恋体验以及现实的崩塌：蒂姆的自恋和酗酒成了他们关系中最严重的问题。她感受到的吸引力符合我们目前讨论过的多数异性相吸原则，尤其符合人际磁石综合征的描述。因此，特里西娅灰心丧气地回到我的办公室，也就不足为奇了。

人际磁石综合征法则

在全面讨论人际磁石综合征理论之前，我要先对自然界的电磁学现象做一些非常基本的解释。地球是一个巨大的磁体，就和小型的磁铁一样，有两个相反的磁极。每个磁极都带有相反的磁荷，如"正磁荷"和"负磁荷"。指南针上的金属指针对于地球的磁场高度敏感。当指南针朝向某个特定方向时，它的指针转动说明了人所面向的是什么方向，例如东、西、南、北（以及其他更多的方向）。

人际磁石综合征理论认为，每个人就像一块磁石，其极性取决于他的关系取向。他人关系取向者带有"负磁荷"，而自我关系取向者带有"正磁荷"。磁荷的强度与一个人的情感、关系健康程度有关。更高、更强的磁荷（无论是正极还是负极）表明情绪和关系问题更严重。更低、更弱的磁荷（接近中性）的含义恰好相反——更好的整体情绪和关系健康。如果相同的磁极相互接触，就会产生一种相斥的感觉。

可以抗拒与不可抗拒

人际磁力越强（匹配的关系相容值越高），建立一段新关系的速度就越快，伴侣也就越让人感到不可抗拒。这种强大的"磁石"搭配，也会导致更强烈的迷恋体验，让人误以为这就是真正、持久、健康的爱。新恋情与快速发展的关系之所以具有不可抗拒的性质，也与高关系相容值的逆向配对有关。

在"−1"与"+1"的组合中，较低的关系相容值配对带来的人际磁石综合征体验最弱，也最容易抗拒。正如前面所说，尽管"±1"与"±5"的两对伴侣都是在人际磁石综合征的影响下走到一起的，但只有"−5"和"+5"的关系延续深深地依赖于人际磁石综合征。"关系数学"可以恰当地解释这种不正常的关系。"关系数学"举例说明了为什么依赖共生者和病态自恋者需要一段关系才能获得自我价值（尽管是扭曲的）和整体幸福感。

这种不正常的伴侣在人际磁石综合征的影响下，产生了共同的核心羞耻感、孤独感、"化学反应"、迷恋体验，因此对彼此上了瘾，而他们陷入这些体验中难以自拔。这两个人都需要对方消除自己的痛苦，并产生虚假的、虚幻的幸福感。这种"完整"的感觉只不过是一种幻觉。

从"关系数学"的角度来看，"±1"和"±2"的配对是健康的，因为这两个相反、匹配的恋人拥有自爱、自尊，不需要关系本身来让他们对自己的感觉更好。尽管他们有着强大的"磁性联结"，但与人际磁石综合征的联结相比，他们保持和保护自身情绪健康的需要有着更强的影响力和力量。看似不合常理的是，随着健康伴侣的年龄增长、心态成熟，两人之间的磁性联结越弱，就越能长久地保持情感联结。

虽然一个人的极性很少发生变化，但这种极性的吸引力和排斥力可以改变。不健康人群（"+3""+4""+5"）的关系更多地受到人际磁石综合征的特性主导。相反，健康人的磁性较弱（"+1""+2"），从而让他们能够在自己的关系中做出更有意识的选择。

磁斥力

当两个健康、相似的人相遇时，人际磁石综合征的关系逻辑就不起作用了。他们会产生一种独特的关系组合：没有磁引力，而有一些轻微的、难以察觉的磁斥力。尽管他们有相似之处，也都很欣赏对方身上一些外显的特点，例如外貌和举止，但两人都会有轻微的不适和不安。轻微的磁斥力不会让人产生担忧的感觉，也不会导致负面的评判。相反，他们能保持健康的情感和身体边界，也不会有动力去更深地了解彼此。这些拥有中性"化学反应"联结的人，很可能会持有"做朋友"的态度。

根据我的经验来看，自我取向相似的人在一起，其关系相容值越高，关系斥力就越强。这种伴侣之间的负面"化学反应"可能会让人草率地做出严苛的评判，并且感到不适、厌恶和敌意。争吵、分歧或相互的情感封闭是这类伴侣的常态。就像相反但匹配的病态伴侣一样，这种相似伴侣之间的斥力也源自一种双方都没有觉察到的无意识心理过程。

连续体上的人际磁石

一个关系相容值为"负"的依赖共生者，和一个关系相容值为"正"的病态自恋者之间的"磁性关系"遵循关系相容性理论的原则，这不足为奇（见图6-1）。这可以用简单的算式（也就是零和平衡）来解释：对于两个关系取向相反的人，其关系相容性之和为

"0"，他们很可能会因为人际磁石综合征而相互吸引，走到一起。

图 6-1　关系相容性理论示意图

对于相反的关系相容值配对，各自的数值越低，人们在关系选择（吸引力模式）中就会拥有更多的自由意志，做出有意识的选择。不仅"化学反应"能让健康的伴侣走到一起，迷恋体验也会影响他们关系的早期阶段。因此，所有人都会在不知不觉间靠近恋人的相反磁极。只有健康的人才会深受他们的所见、所想、所相信、所渴望的东西影响。

爱情的力量与枷锁

用最简单的话来说，人际磁石综合征是一种无意识的、强大的、像磁力一般的爱情力量，这种力量能把依赖共生者和自恋者吸引到一起。爱情的枷锁则把他们捆在了一起，有时一捆就是一辈子。

人际磁石综合征的力量使依赖共生者与自恋者的关系几乎让人无法抗拒——这是一种最难治疗的成瘾。如果不接受依赖共生治疗，无论怎样努力抗拒，这种关系都牢不可破。要实施这种治疗，就需要对大脑和神经活动有着基本的了解，并且在理论和实践上掌握心理动力学、行为、认知行为、成瘾，以及依恋与创伤理论。

你无法与那种感觉对抗

人际磁石综合征会让一个不幸福、缺乏力量的依赖共生者相信，他无法改变自己的思维模式。这种问题会让依赖共生者的思维与自己作对，让他相信任何逃跑的企图都会以失败告终。每当有人试图抗拒的时候，这种综合征的控制力就会变得更强。这种力量能够解释，为什么依赖共生者尽管一再受到伤害，但依然倾向于待在令人不满的病态关系里。

无论人们做出什么承诺，经历什么样的人生转变，都无法改变人际磁石综合征的影响。这种问题能破坏一个人为坚守其价值观、道德、习俗、宗教和传统所做的努力。它有能力将善于共情的、敏感的、慈爱的成年人转变为忽视孩子的父母，让他们只关注于满足病态自恋伴侣的需求，而忽视孩子的需求。如果做一做"代际间的算数"，考虑一下依赖共生和病态自恋在代际间的成倍增长，你就会发现这种恶性力量对后代的影响非常深刻。

我们是何时产生"磁性"的

要弄清人际磁石综合征何时开始影响我们的亲密关系选择是不可能的。据估计，这种问题最初会表现于成年早期，即23岁左右。

近年来的医学研究表明，人类大脑的洞察力和判断力正是在这个时期发展成熟的。在此之前，人们的选择在很大程度上是由青春期习得的、根深蒂固的经验所决定的。这个时期，大多数人都会在个人生活和社交生活方面做出各种尝试，形成对于关系的有意识偏好。这可能看起来有些矛盾：一个人的关系模板是在童年早期形成的，但实际上，一般的心理社会发展过程的影响更大。

依赖共生者在早期尝试与更健康的人建立关系的情况并不少见。在成年早期，关系的偏好和选择会开始受到根深蒂固的无意识的影响。往往在这个时候，人们开始选择自己的长期（也可能是永久）关系。这时，关系模板既成了关系的看门人，也成了关系警察。年轻的依赖共生者会感到一种虚假的舒适感和安全感。他们在情感上不会把这种明显与现实不符的感觉当作危险，因为这种感觉和童年经历所提供的"爱"十分相似，而那是他们唯一所知的爱。

人际磁石与爱情指南针

与先进的"全球定位系统（GPS，卫星技术）设备"相比，依赖共生者和自恋者更喜欢老式的"爱情指南针"。爱情指南针对于人际磁场的反应，就像真正的指南针对于地球磁场的反应一样。换言之，爱情指南针的功能就是"指向"拥有相反"磁极"的潜在伴侣。

对于任何人来说，无论他们健康与否，只要他们忽视或有意识地选择不用爱情指南针，他们就可能迷路，进入不熟悉的领域。在这种情况下，他们的关系直觉（关系模板）的影响就被消除了。作为踏入陌生国度的陌生人，他们几乎没有与当地居民互动的经验。对于这条"离开水的鱼"而言，他将到达一个新的目的地。

关系引力

"关系引力"比喻的是让我们一直待在恋爱关系中的心理力量。它的垂直拉力牢牢地抓住了我们，让我们待在关系里。它与人际磁石综合征的横向影响力协同作用，将伴侣牢牢地吸引到了一起（见图 6-2）。这两种力量能够解释关系（无论健康与否）的长期性和忠诚的特性。关系引力是一种持续的力量，这种力量会阻碍任何想要结束或离开关系的人。这种维持现状的力量对于健康的关系是有益的，但对于那些因为共同的问题而紧密联结在一起的关系来说是不好的，比如相互匹配的依赖共生者和自恋者的关系。

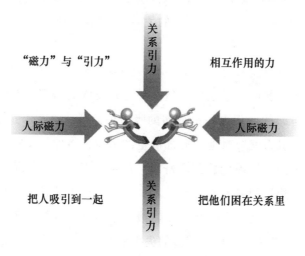

图 6-2 关系引力

　　根据我的假设，关系引力，或者说造成关系引力的真正心理力量，具有演化上的目的。这种力量迫使伴侣对彼此保持忠诚，同时产生舒适感和联结感。这种引力的大小受一个人在关系中的心理健康和随后的情绪状态所影响。例如，对于心理健康的恋人来说，这种引力就不那么强大，因为他们在关系中有安全感和保障感。相反，在不健康的伴侣（如依赖共生者和病态自恋者）组成的关系里，这种引力就更强大，或者说"更严重"。双方都会在关系中体验到恐惧、危险和不安全感。

　　心理健康的伴侣可能也会有问题，但双方不会深陷其中或无力改变。关系引力在这种伴侣看来，是一种帮助他们待在彼此身边的力量。对于自爱的伴侣来说，关系引力和人际磁石综合征合在一起，会给他们带来长久的幸福、意义，以及持续终生的、健康的爱情。具体而言，他们在关系中相互付出和得到的爱、尊重与关心，能增强安全感。心理健康的人也会利用他们的内在心理资源克服关系引力，离开当前的关系——如果他们觉得这样做最好的话。

　　从另一角度来说，两个心理不健康的人也会感受到那种让他们待在一起的关系引力，但这种力量要强大得多。对于依赖共生与自恋的伴侣来说，最初的吸引力阶段（即迷恋）过去之后，关系引力就会对他们施加沉重的力量，将他们困在不正常的关系里。尽管他们感到不舒服、痛苦、不快乐，但依然会留在伴侣身边。如果没有这种关系，他们就会不断地谈一段又一段的恋爱，尤其是在依赖共生者或病态自恋者感到强烈的吸引力（迷恋）消退的时候。当他们失去所谓的"灵魂伴侣"的感觉时，就会发生这样的事情，他们会从愉悦、甜蜜的恋爱天堂跌落到炽热的火山地带，感受到刚刚建立的、不正常的关系所带来的煎熬。

关系引力与人际磁石综合征

关系引力与人际磁石综合征合在一起，可以被理解为一种复合力量。这种力量有助于解释为什么无论关系健康与否，无论某一方心理健康与否，两人都会在一段稳定的关系中保持情感联结。有一个例子能说明关系引力如何在一段健康的关系中发挥作用：一个健康的、关系相容值为"–2"的人决定与一个"+4"的自恋者分手。无论是关系引力还是人际磁石综合征都不足以阻止他结束这段关系，不再回头。换言之，关系引力可能会给健康的、不匹配的伴侣带来压力，但不会阻止他们在需要或必要时选择离开。下面的例子说明了关系引力和人际磁石综合征是如何同时作用于一段关系，使之破裂的。

不匹配的关系：唐纳德与杰森

唐纳德是一个心理健康的男人，他是关系相容值为"–2"的他人关系取向者。他开始与杰森约会。杰森是一个在情绪和关系上都不太健康的人，这体现在了他的关系相容值上（"+4"的自我关系取向者）。他们有很多共同点，都觉得彼此之间很有吸引力。在最近一次约会之后，唐纳德不愿意再和杰森约会了，因为杰森太以自我为中心、太霸道了。杰森对于唐纳德停止约会的决定没有感到任何不安，因为他觉得唐纳德太固执己见，总是提反对意见。[⊖]这次分手干脆利落，不拖泥带水。

零和平衡的缺失给了双方消极"化学反应"的假象，进而产生了人际磁石综合征的互斥体验。不相容和不舒服的感觉体现了人际磁石综合征的横向影响力。这段新关系轻易地结束了，明显地体现了关系引力的影响。没有任何力量迫使他们继续投入这段关系。

关系相容性理论也简要说明了为什么关系引力和人际磁石综合征会共同发挥作用，让两个心理不健康的人一直处在一段关系之中。举例来说，一对"±5"的伴侣几乎不可能跨过他们那不正常的关系所设置的界限。他们的关系看似永远都不会改变。尽管他们感到不开心、不安全，但两人身上好像都背着一个沉重的包袱，让他们无法走出这段关系。关系引力和人际磁石综合征合在一起，让这对伴侣感到寸步难行，这意味着他们想做出任何关系上的改变，都需要付出巨大的努力。因此，关系相容值离"0"越远（无论朝哪个方向），关系引力就越强。关系相容值越接近于"0"，关系引力就越弱。

对于依赖共生与自恋的伴侣来说，这两种力量会成为禁锢他们的枷锁，让他们无法在关系中得到安宁和持久的幸福。

⊖　通常情况下，自恋者会将自己的自恋特质投射到那些不能满足他们情感、关系需求的人身上。

匹配的关系：约瑟夫与弗朗辛

约瑟夫是一个"–5"的、他人关系取向的依赖共生者。由于弗朗辛患有自恋型人格障碍，所以她有"+5"的、病态自恋的关系相容值。不仅他们的关系始于强烈的"化学反应"，迷恋状态也让人兴奋得无以复加。自第一次约会起的 30 天内，他们就决定同居。15天后，弗朗辛的病态自恋特质就开始显现。弗朗辛总是需要证明自己是对的，并且无论有什么分歧，都要由她说了算，这让约瑟夫感到不满。尽管如此，他依然不敢想象没有弗朗辛的生活。对关系的扭曲信念、对独处以及随之而来的孤独感的害怕共同组成了约瑟夫对弗朗辛的忠诚。

在约瑟夫与弗朗辛的案例中，人际磁石综合征的影响力与关系引力密切相关。零和的、依赖共生者与病态自恋者之间的吸引力，是人际磁石综合征的横向影响力的体现，而约瑟夫与弗朗辛不愿意结束病态的关系，则体现了将他们捆绑在一起的纵向力量。

因伤而合

十几年前，在我最初想要写书的时候，我的生活中出现了一个难以忘怀的、仿佛"受神指引"一般的时刻。当时，我的心理治疗师工作进入了创造力旺盛的时期，尤其是在治疗依赖共生的来访者时。很明显，我的心理治疗和依赖共生康复工作有了起色，而且我的个人领悟也有助于我更好地理解来访者。我不想失去这份宝贵的礼物，所以开始写日记。在我特别有灵感的时候，我会把那些新想法写成文章或博客，发到网上。

就在我的文章《依赖共生：不要跳舞！》得到大量积极反馈和关注的时候，我开始偷偷幻想成为一名作家，把我的康复之旅分享给别人。我没有和任何人分享我的想法，因为一篇受欢迎的文章不足以让一个人成为作家。大约在我开始幻想的一个星期之后，我从一个我不认识的人那里收到了一封信。这封信亲切地问我，他想赠给我一本他在 17 年前写的书，不知我是否有兴趣。在信中，他解释说，他在网上搜索为男性创伤幸存者以及患有其他相关障碍的男性提供服务的心理治疗师，因此找到了我。他想与其他男性分享他的个人诗集，希望他们能从中受益。很明显，他肩负着一项使命，既要治愈自己的童年创伤，又要帮助其他男性也做到这一点。这一点和我认识的大多数心理治疗师并没有什么不同，包括我自己。

出于好奇，我开始了我的研究，在网上搜索关于这本诗集的作者里克·贝尔登先生的信息。除了一个地址以外，我几乎什么都找不到。我给他写了一封信介绍我自己，并且问了一大堆问题，比如："你是谁？""你为什么想要给我送那本书？""网上有那么多人，你为什么选择我？"

几周后，我收到了里克的回信，他回答了我的问题，并且兑现了他最初的提议，送我了一本他的书。在他的诗集里，他生动地讲述了一名创伤幸存者走向希望与疗愈的旅途，分享了许多不同视角。他的诗歌描写了痛苦与绝望，也描写了希望、自我接纳与解脱（疗愈）。这本诗集讲述了一个人的痛苦、时常发作的自我伤害，以及他从生活的废墟中爬出来，成为世界上一股治愈力量的能力。他在情感上的脆弱、他的勇气，以及他对童年创伤和随之而来的情感伤痕的诚实，让他的诗歌具有了改变人生的力量。他是我为数不多的榜样之一。了解里克的热情之后，我开始相信我们是在神的旨意下相遇的。

我时常感到，我正在做的事情，或者我已经做过的事情并非偶然或运气使然，而是受到了来自天堂的指引，我相信这种指引就来自我的守护天使。⊖当我决定读里克的作品时，我仿佛感到了一种冥冥之中的指引，就好像我注定要读到这本书一样。我的直觉告诉我，我随手翻到的这首诗，会对我的人生产生深远的影响。不知怎的，我就是知道这一点。这就是我读到《因伤而合》（Fused at the Wound）这首诗时的感觉。这首诗饱含深情地描绘了因为"磁力"而联结在一起的病态恋人，他们追求情绪健康的力量被更深刻、更邪恶的潜在力量压制了。这首诗完美地描写了依赖共生者在面对病态自恋的恋人时麻木而无力的体验。

因伤而合⊖

因伤而合

是爱情难以抵挡，还是成瘾难以抗拒

   难道不是两者共同使然

她知晓泪水，我熟稔愤怒

我们在彼此的陪伴下感到了片刻的完整

因伤而合。

⊖ 也就是我已故的母亲米琪·罗森堡。我认为，在我的生活中，她是最常陪伴在我身边的人。

⊖ 经《铁人的家庭出游：成为意识觉醒的男人》（1990，里克·贝尔登著，http://rickbelden.com）一书作者许可转载。

但我们的蜗居已容不下与日俱增的谎言

她不能保护自己，我不能在同一时刻

　　　既保护我，也保护她

恋爱的跷跷板已残破不堪，而我们却骑虎难下

　　　一只脚想跨上去，一只脚想跨下来

我们在厨房里起舞，就像得不到爱的孩子

　　　等待着过往的痛苦期待得到满足。

离开让我们心焦　　被遗弃也让我们心焦

正确让我们担忧　　受伤也让我们担忧

失望让我们害怕

孤独也让我们害怕。

一切开始的时候

　　　我想要我们不分彼此

　　　我想要我们治愈彼此

　　　我以为那便是世间常理

我不再想要那些

我不再需要那些

　　　但我依然不知

　　　如何爱上一个我不想治愈的人。

反思

❖ 你是否曾有过这样的经历：你很想喜欢一个人，
　 但你们之间相似的"磁斥力"阻碍了你？

❖ 说一说你的关系引力。

第 7 章

新生的"依赖共生"

"依赖共生"这个词是上天赐予的礼物,它确实改变了整个世界。最早与这个概念有关的词是"酗酒纵容"(co-alcoholism)。在这个词出现之前,世界用单一的眼光看待精神健康和成瘾障碍:为这个酗酒者提供良好的治疗,再把他送回家,一切都会好起来的。事实远非如此!依赖共生者和提供治疗的实务工作者都知道,依赖共生就像其他的成瘾一样有着自己的意志。打个比方,依赖共生会伸出"触须",依附或缠绕在其他人和关系上,只为助长和延续这种问题。

看见不可见的东西

治疗若想取得成功,我们就需要摒弃这种短浅的目光,不再把依赖共生及其治疗看作一种个体的问题。相反，这个问题与依赖共生者、他们的关系，以及关系双方的互动有关（一向如此）。家庭系统理论解释了这种相互联系、相互作用的力量如何共同作用，"制造"了依赖共生者、他的依赖共生问题以及驱使他走向自我伤害的力量，从而帮助我们消除了理论与实践的分歧。有一个"雕塑"的比喻阐释了这个"系统"理论，并说明了依赖共生者生活的诸多方面是如何相互联系的。

> 我们可以把家庭系统理论看作一个可活动的、动态的雕塑，有许多可活动的部件悬挂在这个雕塑的杆子上，这些杆子能够保持平衡。如果雕塑中的一个物体移动了，就会影响系统中的其他部分，于是其他部分也会跟着移动。这个系统也会把那个移动的物体拉回原来的状态。这个雕塑中的物体就像家庭成员一样，彼此之间并不是孤立的（Shepherd & Linn, 1014, p. 67）。

下面我会用光波和人类视觉的比喻，来帮助读者更好地理解，我们为什么花了这么长时间才认识并理解依赖共生的真正本质。光是电磁波谱的一部分，而电磁波谱包括了从无线电波到伽马射线的所有电磁波。我们只能感知可见光谱。在电磁学的理论与实践诞生之前，我们错误地以为我们所看见的一切就代表了物质宇宙。随着钱德拉（X射线）、斯皮策（红外线）、费米（伽马射线）以及格林·布兰克（无线电波）等专业望远镜的出现，我们才能够"看到"、理解并欣赏天文奇观壮丽的真面目。

就像现代望远镜让我们看到了星空，本书中的解释和理论也同样让我们用新的、不一样的眼光看待我们之前未得见全貌的问题。

我希望读者能暂时放下你们目前对于依赖共生的信念和看法，走到我的"人际磁石综合征望远镜"前。新的、不一样的"光景"会让你的理解、成长和智识更上一层楼。

依赖共生的演员

依赖共生者都是很有天赋的演员，他们可以轻易地换上经过专业剪裁的、合身的服装。沉浸在角色之中，可以让他们永远在自己生活的戏剧中与他人一起担任主演。如果他们的面具滑落了，或者忘记了"我很幸福"的独白，他们的真面目就有可能被人发现，并且深感耻辱。他们明白，如果这场戏提早结束，他们就会重新扮演类似的角色：一个病态的、孤独的角色，在这个无人看见、无人喜爱他们的世界里随波逐流。因此，他们全身心地投入每一场戏中，因为一旦表演结束，他们虚假的安全感也会随之消失殆尽。

依赖共生者会竭力否认并隐藏他们的悲观与绝望。任何让他们感到快乐的人或情境，都会触发警报，警示潜在的危险。经验告诉我们，该来的总会来的。就像因为没有收到圣诞礼物而否认圣诞老人存在的孩子一样，成年的依赖共生者曾经也是拒绝相信幸福的孩子。随着时间的推移，他们学会了怀疑自己的感觉。在他们看来，一片点缀着鲜花的翠绿草地，实际上是一片布满地雷的战场。在童年，要得到幸福就要忍受痛苦，这使得他们对幸福体验心怀戒备。如果放下戒心，他们就可能遭受失望的沉重打击。对于多数依赖共生者来说，摒弃脆弱、采取谨慎防御的姿态是他们生活的写照。由于拒绝脆弱的感受，他们害怕的情绪崩溃就得到了控制……但他们也付出了极大的代价。

疯狂与过山车遗忘症

如果说"所谓疯狂，就是反复做同一件事，却期待得到不同的结果"，那么我之前依赖共生的自我就相当疯狂。就像其他依赖共生者一样，我错误地认为我可以说服、控制或影响我自恋的爱人来爱我、尊重我、关心我——虽然大量的证据表明这不可能。这种"疯狂"就像一些人对鬼屋和过山车的爱恨交加之情。请听我解释。

对于那些沉迷于鬼屋和过山车的冒险家来说，虽然他们没有意识到，但他们对紧张刺激的情绪循环上了瘾。这个过程始于对从前经历的愉快回忆，不管那经历是好还是坏。然而，这些记忆已经被擦干洗净，没有任何恐惧或创伤的痕迹了。这些记忆已经被分割了，所以他们只能想起那些积极的元素。他们期待再次体验记忆中的积极事件并为之兴奋，这样一来，这种情绪循环就会继续向前发展。到这个时候，记忆中那些可怕的、创伤性的元素就被重塑得其乐无穷，但又可怕至极。

随着这种游玩体验的临近，他们心中会开始浮现出轻微或中度的后悔和焦虑。他们积极的记忆就会越发受到这些情绪的挑战。就在这时，记忆中被清理掉的恐惧情绪开始重新浮现。一旦进入鬼屋，或者坐上过山车，"战或逃"反应就会启动。这是身体对于有害的、威胁生存的事情以及攻击的反应。此时此刻，大难临头、悔恨忧虑的想法就会变得越发偏执。身体和大脑会同时产生惊恐反应，拉响震耳欲聋的警报。

尽管经历了严重的焦虑、惊恐、恶心或过度通气，"疯狂"的依赖共生者还是会走进鬼屋的入口，或者牢牢地将自己绑在过山车的座椅上。当他们进入漆黑、狭窄得让人惊恐的鬼屋，或者被过山车带到最高处的时候，他们会产生"过度唤醒"的体验：被死亡和毁灭的想法压得喘不过气来。这时单一的求生思维过程就会占据主导地位。许多人会向自己保证，如果他们能活下来，就不会再重蹈覆辙，做出如此错误的判断。

游玩结束时，对肾上腺素成瘾的人会为自己没有遭受颅脑损伤、断手断脚，或者被吸血鬼咬伤而庆幸。这时"让我活下去吧，我再也不会这样了，上帝保佑"这样的承诺就变成了"天哪，那可真是我一生中最激动人心的时刻"。此时，他们"与死亡共舞"的记忆就被巧妙地重塑为了兴奋和愉悦。这就是我所说的"过山车遗忘症"，这是多数依赖共生者的最大问题。

过山车遗忘症导致我经历了两次不幸福的病态婚姻。我现在相信我的两个前妻都是病态自恋者。就像吸毒或酗酒成瘾的人一样，我得先跌落谷底，才能完全理解我的依赖共生问题有多严重，才能看清我的心态几乎被这种问题完全摧毁了。在我决定和第二任妻子离婚时，我的生活跌入了谷底。当时，我觉得如果我再爱上一个自恋的"灵魂伴侣"，我的心伤就再也无药可救了。就在那时，我终于决定让自己从这个病态的泥潭中抽身出来。这个泥潭中充斥着羞耻、孤独和自我厌恶。

天才儿童的悲剧

在我依赖共生康复的早期，我不禁注意到，我认识的心理治疗师中，没有一个人能理解我过山车遗忘症的复杂性，也没有一个人能明白我偏好与病态自恋者共舞。我迫切需要一个这样的人：他能理解我为什么总是徒劳无功地追求不健康的恋爱，而且他有一套成熟的治疗方法来解决这个问题。我见过的治疗师都没有治疗依赖共生的专长。他们熟悉的信息都来自过时的心理学书籍与流行心理学资源，例如《今日心理学》(*Psychology Today*)。

由于缺乏具备必要背景知识和技能的心理治疗师，我开始四处寻找信息，以便解释那些我认为与依赖共生有关的问题：痛苦的孤独、难忍的羞耻，以及病态自恋者对我的习惯性的吸引力。在我第一次离婚后不久，我读了一本名叫《天才儿童的悲剧》[⊖](*The Drama of the Gifted Child*, Miller, 1979)的书。这本书给了我一直在寻找的信息。

根据米勒博士的假设，认为自己倾向于照料他人和牺牲自我的成年人曾经都是"天才儿童"。她推测，这些孩子压制了自己对于无条件的抚育的需求，并且学会了控制他们脾气暴躁、喜怒无常、可能惩罚他们的自恋父母来照顾他们，或者至少不要忽视或虐待他们。换言之，这些儿童给予了自己一种"天赋"，能让自己的自恋父母自我感觉良好，从而让自己免于更严重的依恋创伤。由于这些"天才儿童"经受住了磨难，所以他们被赋予了一些有用的能力，这

⊖ 目前最新中译本的书名为《与原生家庭和解》，但出于上下文的考虑，在此处用贴近原文的旧版译名更加合适。——译者注

些能力会演变成一种本能的、善于共情的人格类型。这种人注定要照料他人，却不求回报。

尽管米勒博士从未用过"依赖共生"这个词，但我很清楚，她描述的是依赖共生的一些因素，以及它的起源。我对人际磁石综合征的想法是在读了她的书之后产生的，然后我把我的依赖共生 – 自恋之舞的理论与之结合在了一起。这来之不易的结合标志着我的多维理论框架的诞生。我创造这一理论框架，是为了解释依赖共生的互动动力。一开始，我并不是想用这种顿悟来写一本书。相反，我是在试图解决我的自我伤害的问题，同时也为我的依赖共生来访者解决同样的问题。只有在更充分地发展了我的人际磁石综合征理念之后，我才开始考虑它的潜能，它也许可以帮助更多受苦的人，也可以帮助为他们提供治疗的人。

人不等同于标签

许多医疗和心理健康专业的从业者和其他人都反对用诊断术语来对人进行分类。他们认为，许多人会仅凭自己的诊断对他人形成不准确甚至根深蒂固的看法——这时诊断就成了标签。我同意这种说法。太多的实践工作者更关注正确的诊断，而不太注重了解患者。归根结底，至少确保诊断能够准确解释一个人的问题才是更重要的。

威廉·莎士比亚说过："名字代表什么？"这个嘛，莎士比亚先生，在心理健康领域，代表的东西不少！正确诊断心理健康障碍对于寻求治疗的人以及提供治疗的实践工作者都是至关重要的。如前所述，要有效治疗一种心理健康问题，首先必须了解这种问题。只有这样才能找到有效的诊断描述与治疗方法。然后，人们才可能开发出以结果为导向的治疗方法，从而解决这种问题。

有两个不够准确诊断分类，分别是精神分裂症与边缘型人格障碍。前者是由瑞士精神病学家保罗·欧根·布洛伊勒（Paul Eugen Bleuler）于 1910 年提出的。这个词（从希腊文）直译过来就是"分裂的心灵"。目前我们对于边缘型人格障碍的理解可以说和"分裂的心灵"这样的解释一样离谱。作为一个诊断术语，边缘型人格障碍的历史如下：

> 30 多年来，边缘型人格障碍的诊断一直被用于描述那些绝望的、让心理治疗师烦恼的患者，也是《今日心理学》杂志里出现过的最具争议的诊断之一。"边缘"一词之所以出现，是因为人们认为这样的患者处在精神病与神经症之间的边缘。这个词最早是由阿道夫·斯特恩（Adolph Stern）于 1938 年提出的（Al-Alem & Omar, 2008）。

有太多人喜欢被他人灌输某种对于现实的看法——只要这种看法符合他们被动且无知的生活方式。就像假新闻或被讹传的言论一样，不准确的诊断术语会伤害无数人，因为它带来的结论、刻板印象与迷思往往会与名称（诊断）本身混为一谈。也许最好的例子就是"依赖共生"。尽管这个词不能很好地描述它所代表的问题，但它是从实际的临床观察中得出来的。现在，这个名字本身已经不符合我们对于这个问题的临床理解了。这个词容易导致有害的判断，用刻板的态度看待他人。

即使有误用的可能，但研究者、教育工作者、实践工作者，尤其是患者，都需要这些术语才能理解、识别具体的心理健康相关问题，并寻求帮助。如果不把这种术语看作贬损、轻视的词语，正确的诊断能促使人们寻求专业的帮助。对于一个人的心理来说，这种术语具有治愈、转变，甚至救人于水火的能力。

与其他心理健康术语一样，"依赖共生"一词也被赋予了新的意义，以便符合主流的用法。最初的定义往往会随着时间的推移而逐渐淡化，尤其是在这些定义与新闻媒体的兴趣不相符的情况下。无论是在《周六夜现场》(Saturday Night Live) 的滑稽小品里、《人物》(People) 杂志的专题文章中，还是《60 分钟时事杂志》(60 Minutes) 的严肃讨论中，标签使用得越多，术语原本的意义丢失得也就越多。对于普通大众来说，依赖共生者是软弱、过于依赖他人、黏人，甚至情感不健康的人，他们往往缺乏常识，甚至智力不足。大多数人都不能理解，依赖共生者会为自己以外的其他人做任何事。

"依赖共生"像是有了自己的生命。这个词的滥用导致它越来越没有价值，以至于在多数临床讨论中，它已不再是值得一提的话题。由于"依赖共生"已经演变成了一个流行心理学术语，它也不再像 2000 年前那样，能得到那么多认真的思考了。事实上，包括我在内的许多心理治疗师都不愿使用这个词，因为我们担心听者会认为这是一种过时的、毫无意义的心理评估。

依赖共生的历史

"依赖共生"一词的起源可以追溯到 1936 年比尔·W（Bill W.）

与鲍勃博士（Dr. Bob）发起的"匿名戒酒互助运动"（Alcoholics Anonymous movement）。由于医生是治疗酒精成瘾的先驱者，这种成瘾自然也是从医学模式的角度来理解的。由于采用了医学模式，治疗酒精成瘾的实践工作者、酗酒者和他们的家人、朋友都对这个问题形成了较为现实、较有同情心的看法。

从匿名戒酒互助运动中诞生了许多其他提高生命质量、拯救生命的"12 步骤小组"。嗜酒者家庭互助会（Al-Anon）是一个为酗酒者的家庭成员和其他重要他人设立的康复项目，由路易斯·W（Lois W.，比尔·W 的妻子）与安妮·B（Anne B.）于 1951 年建立。嗜酒者家庭互助会是一个由同辈群体组成的互助小组，小组成员遵循互助会的原则，分享彼此的经历，以便应对生活中的问题酗酒者给他们带来的影响。这不是一种团体治疗，也不是由咨询师或治疗师带领的团体。这是一个为专业治疗提供补充和支持的互助网络。嗜酒者家庭互助会应对了酗酒问题的另一方面——家庭成员的痛苦。这些家人就像酗酒者一样，感到自己的生活失控了，充满了障碍与丧失。

到了 20 世纪 70 年代，治疗提供者开始思考单一的医学治疗模式的局限性——这种模式通常只治疗酗酒者。随着各个治疗中心开始接受新的治疗方法，将酗酒放在社会网络、家庭关系的背景之下，酗酒者的伴侣、酗酒纵容者与其他家庭成员，也都被纳入了治疗过程。这种方法降低了成瘾的复发率，使坚持戒酒的时间增长了。

从 20 世纪 80 年代早期开始，许多药物治疗项目开始使用"化学物质依赖"（chemical dependency）这个词，因为这个词更好地反映了酒精成瘾与药物成瘾之间的诸多相似之处。同样地，"酗酒纵容"

这个词也改为了"化学物质依赖纵容"（co-chemically dependent）。由于太拗口了，所以就简化为"依赖共生"〇。术语的变化引起了一些混淆。许多人误以为这个新术语更多地与依赖的人格类型有关（这种人会和另一个依赖型的人建立关系）——也就是说，有两个依赖者，或者说依赖共生者。实际上，依赖共生原本指的是一个人习惯性地与依赖化学物质的人交往，他们会试图控制这些成瘾者，但最终却无能为力。由于对这一术语本身的混淆，至今仍有许多关于它的错误假设和隐含意义。

　　在20世纪80年代，"依赖共生"只被用于描述这样的人：①与酗酒者恋爱或结婚，②父母或祖父母中有一个或多个酗酒者，或者③在情感压抑的家庭中长大（Wegscheider-Cruse，1984）。化学物质依赖的治疗机构开始定期为成瘾者的家庭成员提供治疗、支持服务。他们主要的关注点是在治疗中为依赖共生者或成瘾者的重要他人提供支持，并且帮助他们了解自己在成瘾问题或疾病中起到的作用。随着时间的推移，"依赖共生"这个术语在成瘾治疗和心理治疗领域得到了越来越广泛的接受。最后，它成了一个标准的诊断术语，用于描述化学物质依赖者的伴侣，或其他纵容化学物质依赖的亲友。

　　到了20世纪80年代中叶，由于化学物质依赖与成瘾治疗领域的许多关键进展，"依赖共生"这个术语具有了更加广泛的含义。这个词逐渐开始描述一个总是受自恋者或成瘾者吸引的人，或者与他们谈恋爱的人。依赖共生者被人看作取悦他人的人，他们总是下意

　　〇　中文译名并没有经历这种发展过程，表达的是这个词后来的意义。——
　　　　译者注

识地牺牲自己、照料他人，而他人却不会关心他们。他们会不由自主地与成瘾的、控制欲强的，或者自恋的人谈恋爱。很明显，依赖共生者各不相同，不一定只会与成瘾的人谈恋爱。

多亏了梅洛迪·贝蒂（Melody Beattie）、克劳迪娅·布莱克（Claudia Black）、约翰·弗里尔（John Friel）、特里·凯洛格（Terry Kellogg）和皮娅·梅洛迪（Pia Melody）等人，依赖共生才具有了新的意义。这个词终于能够以真面目示人，不再被视为无药可救的、可耻的秘密了。这些作者的著作帮助人们改变了对成瘾者或自恋者的伴侣的态度，不再将他们视为软弱无助的受害者，没有能力离开他们有害又病态的关系。

梅洛迪·贝蒂的开创性著作《放手：走出关怀强迫症的迷思》（*Codependent No More*：*How to Stop Controlling Others and Start Caring for Yourself*，1986）促进了人们对于依赖共生这种问题的理解。这一问题现在已经被视为一个普遍存在的问题了。这本书在全球售出了逾 800 万册。销售数据表明，依赖共生是一个超越地区、种族和文化边界的问题。贝蒂和她同时代的作者创作了大量作品，这些作品对于依赖共生的社会意识的诞生起到了很大的作用。这种社会意识也进一步促进了治疗方法的开发。贝蒂能为我的第一本关于人际磁石综合征的书撰写推荐语，对我而言，简直就是梦想成真。我会永远感激和珍视她在过去几年里如此慷慨地给予我的建议。

到 20 世纪 80 年代末，各种依赖共生治疗已经传播得更为广泛了。就在《放手》出版的同一时间，"依赖共生者匿名互助会"（Co-Dependents Anonymous）成立了。这个互助会是一个"12 步骤"组织，旨在帮助人们处理他们的依赖共生倾向，建立健康的、自我赋能的关系。依赖共生者匿名互助会活跃在 40 多个国家，仅在美国就有大约 1200 个活跃的团体。

由于依赖共生与酒精成瘾有许多相似之处，所以依赖共生者匿名互助会有效利用了匿名戒酒互助会的"12 步骤"指南。酗酒者和其他成瘾者无法控制他们的成瘾行为。他们的行为产生了消极的后果，他们的生活也随之失控了。依赖共生者也是如此，因为他们试图控制一些从本质上就无法被控制的人，比如酗酒或对其他事物成瘾的伴侣。他们以为自己可以控制自恋的伴侣，以为这样的伴侣能够让他们幸福。依赖共生者总是习惯性地、强迫性地陷入没有出路的关系里——他们永远无法得到任何结果。

化学物质成瘾与依赖共生都是渐进的过程，其中充满了丧失、消极后果、否认，以及一种控制无法被控制的事物或人的冲动。因此，依赖共生者匿名互助会对于依赖共生者是有好处的。请注意，互助会不能代替治疗，治疗也不能代替"12 步骤"的互助。

界定依赖共生

对于依赖共生的理解与治疗在过去的 30 年里不断发展。我们可以从多个角度来看待这一问题。以下是一些符合我对于依赖共生的经验的定义：

先给出《韦氏在线词典》（Merriam Webster Online Dictionary）对于依赖共生的定义：

> ……一种心理问题或关系，在这种问题或关系里，

一个人被另一个病态的人所控制（例如酗酒者或海洛因成瘾者）；从广义上讲，这个词是指对于他人的需求或者对于控制他人的依赖。

克拉克与斯托费尔（Clark & Stoffel, 1992）的论文《两个健康学生群体的依赖共生行为评估》（Assessment of Codependency Behavior in Two Health Student Groups）将依赖共生描述、界定为：

> 一种为了寻求安全、自我价值和身份认同而痛苦地依赖于强迫行为与他人的认可的模式（p. 822）。
>
> ……一种渐进的过程。在这个过程中，自我否认与对其他家庭成员的照料都建立在这样的假设之上：这样做能在家庭中得到爱、亲密、接纳与安全（p. 822）。
>
> ……一种对于他人的、极端的责任感，不能给予自己恰当的照料，高度关注他人的需求，较少关注自己的需求，对于自我以外的事物反应过度，对于自我内部的事情反应不足，低自尊、低自我概念、高度的外部控制点⊖、否认（p. 822）。
>
> 一种过度自我牺牲的意愿，导致他们为了别人而把自己的身体、情感、心理需求放在一旁。他们的无私对自己有害（p. 823）。

贝蒂（Beattie, 1986）的《放手》一书写道：

> 依赖共生者会让另一个人的行为影响自己，并痴迷

⊖　外部控制点是指，个体在对事件进行归因时，倾向于认为事件是由不受自己控制的外部因素所致的。——译者注

于控制那个人的行为（p. 34）。

依赖共生包括我们对自己和他人的想法、感受和行为，这些想法、感受和行为会给我们带来痛苦。依赖共生的行为或习惯会自我伤害（p. 37）。

我们（依赖共生者）经常会对那些伤害自己的人产生反应，我们的反应就是学着伤害自己。这些习惯会让我们陷入，或者把我们困在破坏性的关系里。这些关系是不成功的。这些行为可能会破坏原本可能成功的关系。这些行为会让我们无法与生活中最重要的人——我们自己和平、快乐地相处。这些行为是我们每个人唯一能控制的人做出的，他也是我们唯一能改变的人，那就是我们自己（p. 37）。

依赖共生有许多含义。这是一种对人的依赖——依赖他们的情绪、行为、疾病、健康，以及他们的爱。这是一种矛盾的依赖。依赖共生者看起来是被人依赖的那一方，但其实他们才是依赖别人的人。他们看上去很坚强，但实际上很无助。他们看起来控制欲很强，但实际上，他们自己是被控制的。有时控制他们的是某种疾病，例如酗酒（pp. 51～52）。

依赖共生的新定义

我非常重视阐明依赖共生的诊断特征，并为这个问题给出一个具有包容性但不失精确的解释。下面是我对依赖共生的基本定义，这个定义适用于依赖共生的所有人格类型及可能的变体。

依赖共生是一种心理问题，表现为在任何关系中付出大量的爱、尊重与关心，并希望得到回报的强迫行为。在人际磁石综合征的作用下，依赖共生者总是与自恋者建立关系，而自恋者在大多数关系中没有互惠互利的意愿、动机和能力。一想到要独处，要体验到病态的孤独，就会让这些人相信，只要付出足够的时间、耐心和牺牲，他们的自恋伴侣就会改变。如果他们或他们的伴侣真的结束了关系，依赖共生者会发现，自己在新关系里也一定是那个付出的人。

控制不可控制的人

依赖共生者无法摆脱这种不切实际的信念：只有在恋爱之中，他们才会有幸福。他们必须从别人那里寻求快乐和满足。他们的关系选择受到了人际磁石综合征的影响，他们"永远幸福地生活下去"的希望在自恋伴侣摘下"灵魂伴侣"面具的那一刻就彻底破灭了。

依赖共生者会在无意识中选择不愿、没有动力或没有能力满足他们个人需求和情感需求的伴侣，所以他们可能会选择用控制的方式来让病态自恋的伴侣给予他们想要和需要的东西。对有些人来说，说依赖共生者会控制他人，是一件不符合直觉的事情。确实有些依赖共生者在病态关系中会放弃控制，扮演被动的受害者角色。然而，由于大多数依赖共生者通常会在关系中承担大部分责任，如照料孩子、打扫房屋、做饭或为关系、家庭提供经济支持，所以他们不能默默顺从，不能放弃对家庭生活的控制。如果不维持一些表面上的控制权，他们和他们的家庭肯定会付出代价。对于大多数依赖共生者来说，不再要求自恋伴侣做出回报或公平负责，就等同于放弃他们的关系，这是依赖共生者最不愿意、最无法做到的事情。

依赖共生者不由自主地想要控制一个不能被控制的人，这使得他们总是处于一个循环之中，始终会回到原点：愤怒、沮丧、怨恨。他们就像追逐自己尾巴的狗一样，不停地绕着圈跑，试图抓住尾巴，但总是一无所获。他们企图寻求无法企及的东西，导致了一系列个人的、关系的失败，这种结果最终会让他们想起面对他人时的无力感。这种模式会自我强化。他们越是不能控制病态自恋者，他们的感觉就越糟糕。随着时间的推移，他们会被失败弄得心灰意懒，不再寄希望于这种单方面的关系会发生改变。

依赖共生的分类

尽管所有依赖共生者都会习惯性地、本能地受严重自恋的伴侣吸引（并且随后与他们建立联结），但依赖共生者可分为两类：被动型和主动型。两种类型的依赖共生者都相信，他们的病态伴侣终有一天会意识到自己的错误，并最终给予他们渴求的爱、尊重与关心。这种事从来不会发生。他们都会试图控制和操纵自恋的伴侣，但他们的做法各不相同。

❖ **被动型依赖共生者** 他们更加害怕冲突，会更努力地回避冲突。出于某些复杂的原因（主要与他们的极低的自尊、对独处的害怕，以及与控制欲强、危险、暴虐的病态自恋者建立关系的倾向有关），被动型依赖共生者会试图通过谨慎甚至小心翼翼的策略来控制或影响伴侣。他们之所以使用这样的策略，大部分情况下是为了不让病态自恋者觉察出来。由于他们采取的策略是秘密的、隐蔽的，所以被动型依赖共生者会给人更多听天由命、坚忍和顺从的感觉。与依恋创伤有关的经验告诉他们，反抗是没有好处的，或者反抗会导致更糟糕的后果。就因为这一点，我推测被动型依赖共生者比主动型遭受的童年创伤更严重，他们更害怕求助。

❖ **主动型依赖共生者**　他们在试图纠正关系中的爱－尊重－关心不平等时，会使用明显的控制策略。主动型依赖共生者不仅没有被动型那么缺乏安全感，他们还会陷入我所说的"依赖共生妄想"的陷阱。妄想是没有现实根据的信念。主动型依赖共生者真心相信他可以控制或减轻病态自恋的爱人所造成的伤害，因此他们是在妄想。

主动型依赖共生者通常并不会害怕他们自恋的爱人。他们认为，他们的抗拒和争吵要么会改变伴侣对待他们的方式，要么会给伴侣一个教训。因此，他们依赖咄咄逼人或针锋相对的态度来保护自己，并得到他们想要的东西。他们的控制、对抗和操纵很少奏效。事实上，这往往会招致病态自恋者的报复，对依赖共生者造成更大的伤害。反抗只是一种让自己在关系中感到有力量、受尊重的无力尝试。

人格类型与关系取向无关

因为主动型依赖共生者有一些消极或不良的人格特质,例如攻击性强、被动攻击、控制欲强、不诚实、善于操纵他人、不忠诚或者反应性过强(愤怒),就断定他们是自恋者,这是一个常见的错误。事实远非如此。一个人的人格类型或特质、物质滥用或成瘾问题,以及心理健康问题往往与关系取向无关。举例来说,依赖共生者和自恋者可能会同时受到成瘾问题的困扰,例如暴食、吸毒、酗酒、性或赌博成瘾,这是很常见的现象。

这一"规律"适用于大多数精神健康问题。在同样严重的精神分裂症患者之中,有些人是罪犯,但有些人不是。患有重性抑郁、双相障碍或创伤后应激障碍的人可能是酗酒者、骗子或者好斗的恶霸,但也可能不是。事实上,一个甜美可爱的人可能正默默承受着严重心理或成瘾问题的困扰。

依赖共生者不可能是自恋者

在过去的十年里,常有人(主要是依赖共生者)问我一个问题,我被问到的次数多得都数不过来了。这个问题就是:"依赖共生者可能是自恋者吗?"由于这两种障碍几乎在所有方面都是相反的,所以一个人不可能同时属于这两种类别。在依赖共生者与自恋者的关系中,复杂的心理动力会使在心理上被操纵的依赖共生者相信,与自恋的重要他人比起来,自己的需求、要求和愿望是不重要的,或者是次要的。更糟糕的是，如果他们要求得到自恋者通常不会给予的东西时，会习惯性地认为自己不够体贴、索求过度，或者自私。有些人之所以认为自己自恋，也可能是因为他们承担了自恋者的投射。有些依赖共生者被不断的投射弄得疲惫不堪，于是开始接受并认同这些投射。因此，这就是为什么那么多明显的依赖共生者自称是自恋者。"投射性认同"这一术语可以解释这一现象。

由于依赖共生者缺乏自信，也缺乏个人的、关系的效能感，所以他们很容易受到各种心理操纵策略的影响。病态自恋者会使用这些策略来攫取权力与控制权。其中一种心理操纵策略就是"煤气灯"式操纵，这个词出自 1944 年的电影《煤气灯下》（*Gaslight*）。我们在第 11 章会讨论这个话题。"煤气灯"式操纵是一种精神虐待，就像洗脑一样，会使受害者怀疑自己的记忆、感知和理智。受害者没有意识到，他们受到了秘密的、全面的操纵，以至于相信自己有问题，让他们需要并且无力对抗制造这种问题的罪魁祸首。

依赖共生者之所以会有自己是自恋者的扭曲信念，其背后的原因是心理操纵与洗脑。依赖共生者内心往往会有一种个人的观念，在他们想要或试图满足自身的需求和愿望时，就会指责自己自恋或自私。这种必输的局面，这种进退两难的处境，迫使他们在维护自己、试图照顾自己或自恋者以外的其他人时都会感到自己是自私的、自恋的。正是因为这种病态观念，所以他们会屈服于这样的信念：如果他们牺牲自我，他们就是好的、有爱心的；如果他们试图满足自己的需求，或者表现出一丁点儿自尊和自爱，他们就是坏的、自私或自恋的。这些扭曲的想法是由他们的经历造成的：他们一生都在为病态自恋伴侣的自恋问题而受到指责。

对于这些困惑的依赖共生者，我能给出的最简单的证据就是，大多数自恋者都会否认自己是自恋的，也不会在情感上投入任何精力去为此感到难过。自恋者通常会把自己的问题归咎于他人，而对于给其他人造成的伤害，却几乎不会体验到内心冲突。相反，无论是不是依赖共生者的过错，他们都很容易为一些错误和问题责备自己。他们还容易陷入复杂的思维模式里，不断思考自己可能做错了什么，哪些事情可以做得更好，以及如何让那些对他们不满的人高兴。依赖共生者相信任何严重的问题可能都是他们自己的错。简而言之，依赖共生者很可能认为自己是自恋者，而自恋者绝不会认为自己可能有自恋的问题。

依赖共生者的模式与特征

依赖共生者匿名互助会把依赖共生的特征分解为五种模式：否认、低自尊、顺从、控制、回避。[⊖]

否认模式

❖ 我会淡化、改变或否认我的真实感受。
❖ 我觉得自己是完全无私的，并致力于他人的幸福。

低自尊模式

❖ 我很难做决定。

㊀ 版权所有 ©1998，依赖共生者匿名互助会。经依赖共生者匿名互助会许可转载。

❖ 我对自己所想、所说、所做的一切都有严苛的评判——认为一切都不够好。

❖ 要我接受认可、赞扬或礼物，我会感到尴尬。

❖ 我不会要求他人来满足我的需求或愿望。

❖ 与我自己的认可相比，我更重视别人对我的想法、感受和行为的认可。

❖ 我不觉得自己是可爱或者有价值的人。

顺从模式

❖ 我会在自己的价值观和真实想法上做出妥协，以避免招致他人的拒绝或愤怒。

❖ 我对别人的感受非常敏感，也会产生同样的感受。

❖ 我极度忠诚，以至于在有害的环境中待得太久。

❖ 我更重视别人的意见和感受，害怕表达自己的不同意见与感受。

❖ 我会把自己的兴趣爱好放在一边，去做别人想让我做的事情。

❖ 在我想得到爱的时候，我就会接受性的要求。

控制模式

❖ 我相信大多数其他人都没有能力照顾好自己。

❖ 我会试图说服别人他们应该怎么想，他们的真实感受是什么。

❖ 如果别人不让我帮助他们，我就会埋怨他们。

❖ 我会主动为别人提供建议和指引。

❖ 我会给我在乎的人慷慨地送礼。

❖ 我用性来获得认可和接纳。

❖ 我必须被人需要，这样我才能与他人建立关系。

回避模式

❖ 我的行为方式常会招致别人的拒绝、羞辱或愤怒。

❖ 我会严苛地评判他人的想法、言论和行为。

❖ 为了与他人保持距离，我会回避情感、身体或性方面的亲密。

❖ 我会对人、地方和事物成瘾，并且任由这些成瘾问题妨碍我
在关系中获得亲密。

❖ 我会用间接的、模棱两可的方式沟通，以避免冲突或对抗。

❖ 我拒绝利用所有利于康复的资源，从而削弱了自己拥有健康
关系的能力。

❖ 我会通过压抑自己的感受或需求来避免自己感到脆弱。

❖ 我会设法让人们靠近我，但当他们靠近我时，我又会把他们
赶走。

❖ 我不愿放弃自我意志，以避免屈服于比我更强大的人。

❖ 我相信表露情绪是软弱的表现。

❖ 我不愿意表达感谢。

依赖共生典型特质

❖ 低自尊。

❖ 是否被他人需要，以及自己需求的多少，决定了其自我价值、
自尊。

❖ 过度遵从他人的建议、要求或不恰当的命令。

❖ 关注他人的问题、困境与需求，而忽视自己的这些东西。

❖ 试图满足别人的一切需求，失去了照顾自身需求的能力。

❖ 维护和热心支持他人的需求、目标和梦想，却忽视或贬低自
己的这些东西。

❖ 永远试图取悦他人，总是寻找帮忙的机会。

❖ 难以拒绝他人的求助，可能会因拒绝而感到内疚或者觉得自
己的需求有些过分。

❖ 在许多重要的关系中做出超出自己能力范围的承诺。

❖ 承担过多的、办不到的任务，制订不切实际的个人时间安排。

❖ 感觉无法索取想要或需要的东西。

❖ 在求助时感觉自私或索求过度。

❖ 难以觉察和表达情绪。

❖ 自愿服从不切实际和不合理的关系期待。

❖ 害怕和回避分歧与冲突。

❖ 感觉无力保护自己免受伤害，容易被自私自利的人操纵、
利用。

❖ 在受到糟糕对待和虐待时，不能设置坚定的边界（让对方承
担后果）。

❖ 试图控制或操纵那些经常忽视自己的人。

❖ 为了做一个乐于助人的人，常强迫他人接受自己的"帮助"。

❖ 混淆工作关系和私人关系。

依赖共生厌食症：爱的饥馑

如果依赖共生者屈服于他与破坏性的、病态自恋者的终生关系模式，就会产生"依赖共生厌食症"。当依赖共生者到达极限，无法再承受自恋者带来的痛苦和伤害时，往往就会产生依赖共生厌食症。然而，这种现象会带来醒悟，依赖共生者会逐渐意识到，他们无力对抗对于这种人的好感：在一开始，这些人给他们的感觉很对，但不久之后就会伤害他们。这些"灵魂伴侣"会意外地成为"狱友"。为了保护自己免受这些人的伤害，依赖共生者会拒绝再让自己感到脆弱。这会导致他们所有的情感、关系和性的机能都停止运转。

尽管依赖共生者的目的是避免再次受到自恋者的打击，但他们在无意间让自己彻底远离了亲密的爱情。这种防御机制的目的是保护依赖共生者免受糟糕的爱情选择所带来的一连串后果。在某种意义上，他们通过否认自己对于联结与激情的本能需求，人为地消除了人际磁石综合征。换言之，他们让自己远离所有亲密的爱情，无论健康与否。

为了维持"厌食症"，依赖共生者最终只能远离他们在情感与性方面的自我。其结果是，他们剥夺了自己建立浪漫、亲密与性关系的人性需求。这种剥夺往往会导致长期的心理和关系健康问题。

在这种"厌食症"的状态下，依赖共生者对于可能让他们陷入有害、危险的亲密关系中的人或者情境都会保持过度的警惕。在社交场合中，他们往往会过度补偿，避免对某人表现出兴趣，或者避免对他人的追求做出反应。为此，他们避免参与日常社交活动，以免意外遇到脆弱的或危险的情境或人。如果有任何事物威胁到了依赖共生者的"厌食症"屏障，焦虑会让他们回到剥夺自身需求，但绝对安全的道路上。

"厌食"的依赖共生者意识不到他们切断与自身脆弱的、关系和性的联结的做法是有害的，甚至会让他们失去能量。归根结底，他们成功实现的目标只是避免再受到病态自恋者的伤害。然而，他们也因此生活在了孤独与恐惧的荒芜沙漠里。

"厌食"的依赖共生者可能会以不恰当的方式依赖他们的孩子，以弥补他们缺失的亲密成人关系。这种有害的亲子关系常被称为"情感乱伦"，对孩子的心理发展有害。

珍妮丝："厌食"的依赖共生者

珍妮丝是一名45岁的单亲妈妈，也是一名心理治疗师。由于工作压力，她向我寻求依赖共生的治疗。和其他依赖共生的来访者一样，她的童年也充满了创伤，因为她的父亲是一个病态自恋者，而母亲是一个依赖共生者。她所有的恋人都是病态自恋者，总是那种英俊、迷人、自信、大胆的人。尽管她知道自己选择男人的偏好会带来什么后果，但她就是忍不住与那些极其危险的坏男人坠入爱河。事实上，她之前三个重要的恋爱对象（两任丈夫和一个男朋友）都是会对他人施以心理虐待的病态自恋者。

在我们开始治疗的13年前，珍妮丝刚怀上她唯一的孩子时，她的男朋友，她的灵魂伴侣杰瑞却突然变得邪恶起来。她后来得知，杰瑞发现他们有孩子的那天晚上，去了一家脱衣舞俱乐部。经历了一连串失望的恋情后，珍妮丝发誓不再与男人交往，不再谈恋爱。她对此很认真。她变得非常独立，竭尽全力成为一名执业心理治疗师。

当被问及她为何决定不再约会或建立任何形式的恋爱关系时，她耸了耸肩，说她这么做是为了让自己免受更多的痛苦。她不动声色地解释说，杰瑞对她和孩子造成的创伤，任何人都不应该经历第二次。被抛弃之后，她就没有什么东西可以再给另外一个男人了。她淡淡地说："这样更好，我有很多朋友。"我永远不会忘记她说这话时毫无表情的脸。我坚持询问她为什么放弃体验爱情的机会，她用更加冷淡的语气坚持说，她不想念男人，她很感激这样平静而不折腾的生活。就在这时，作为一个经验丰富的心理治疗师，她掌握了谈话的主动权，把谈话转移到不那么具有挑战性的话题上了。

她又花了一年时间接受每周一次的治疗，重新考虑自己放弃恋爱与亲密的决定。两年后，我收到了一张明信片，得知她终于遇到了自己的梦中情人。这是她有生以来第一次找到她从来没有理解过的东西：一个善待她的好男人。

依赖共生的"殉道者综合征"

有些依赖共生者会把他们的依赖共生特质合理化，或者重新包装为某些自认为是积极行为的东西。这样一来，他们的依赖共生就成了某种"荣誉勋章"，被他们骄傲地佩戴在胸前，并常常拿出来炫耀。这些人的问题就是我所说的依赖共生的"殉道者综合征"。依赖共生的"殉道者"对于他们在关系中的无私、牺牲以及长期忍受痛苦的行为方式感到非常自豪。他们的身份认同和自尊与他们的依赖共生融合在了一起。对于自己为他人做了多少事情，以及在生活中做出了多少牺牲，这些"殉道者"感到很自豪，甚至还会有些自夸。这些信念通常来自代代相传的家庭价值观。这种代际模式往往会受到地区、种族、文化、宗教信仰和习惯的影响。

"殉道者"的自尊，也就是我说的"伪自尊"，建立在赞美的基础之上。换言之，他们的无私得到了积极关注、认可甚至奖励，因此他们的依赖共生就被强化了。他们也可能会被人称作"圣人"或"栋梁"。如果问他们为什么没有太多的要求，他们可能会说自己其实不需要太多东西，为别人付出让他们感到快乐和满足。许多人甚至认为他们无私、付出和慷慨的天性是合理的，认为这是宗教救赎或死后永生的保证。有些依赖共生的"殉道者"待人慷慨至极，用老练的方式让他人落入内疚的陷阱，让他们不要忘记自己的牺牲。

伪自恋："糖果店里的孩子"现象

人类的精神和心理是可塑的，依赖共生的康复可以让一个人的生活变得更好。因此，从不健康的他人关系取向者转变为健康的自我关系取向者是可能的。在关系相容性连续体中，这样的转变会体现为：关系相容值为" −5"的依赖共生者不仅会朝着连续体的"0"点移动，还有可能跨越"0"点，用健康的、自我取向的视角去感受世界。

对于一些人来说（包括我在内），这种体验十分令人兴奋，以至于他们可能会暂时转变为关系相容值更高的自我关系取向者。他们可能会觉得自己成了自恋者（别人可能也会有这种感觉），我将此时的他们称为"依赖共生康复诱发的自恋者"。"糖果店里的孩子"可以很好地比喻这一过程。这种自尊、自爱、自信的新体验让这类人感到世界焕然一新，让他们可以表现出潜在的、埋藏已久的、最好的自己。就像寻找潜在身份认同的青少年一样，这类兴奋异常的人可能会犯错，因为他们要学的东西还有很多。尽管他们总是梦想着能够自爱，摆脱依赖共生，但过度兴奋可能会让他们在无意中对他人造成伤害。因为他们还没有学会一套保持谦虚的技能，所以他们在表达自尊和自爱时可能会走向极端。尽管康复中的依赖共生者并非自恋者，但他们的关系相容值可能会飙升至"+3"或"+4"，让他们暂时看起来就像自恋者一样。

与病态自恋者不同，这些康复的人虽然有时会令人恼火，但他们拥有自省和觉察的能力，能够为自己造成的伤害负责。对于一个兴奋过头的、从他人关系取向转变为自我关系取向的人来说，如果他们意识到自己伤害了别人，他们会感觉很糟糕，为自己的行为负责，并做出适当的补偿或调整。

健康的关系致力于平衡分配爱－尊重－关心，因此刚刚学会自爱的人需要陶醉于他们刚刚获得的心理健康，但也务必注意自己可能会如何影响他人。要降低自己对于新生活的兴奋之情，而不体验到核心羞耻感、病态孤独以及对自恋者的迷恋，可能并不容易，但为了能与同样自爱的人建立关系，在"糖果店"里成为一个自律、审慎的孩子，付出这种努力是值得的。

依赖共生的父母也会伤害自己的孩子

尽管成年的依赖共生父母会受到自恋伴侣的伤害，但他们的依赖共生不是对孩子疏于照料和保护的正当理由。不幸的现实是，当依赖共生者成为父母时，他们往往会选择维持与自恋者的关系，专注于自恋者的需求，忽视孩子的需求。

大多数依赖共生的父母都不希望孩子受到任何伤害。事实上，他们中的多数人都会想方设法地防止或减轻自恋者对孩子的伤害或虐待。他们无法保护家庭中每个人（当然，自恋者除外）都免受忽视或虐待。依赖共生者无法保护孩子，与自恋者共同创造了有害的家庭环境，让孩子受到伤害，让他们未来的心理健康受到损害。

对于满足自恋者的需求，依赖共生者有一种强迫性的渴望，但他们也会努力控制自恋者的行为。因此，原本能够给予孩子的精力、时间、关注和情感资源都受到了削减。依赖共生者会疲惫不堪，他们往往会陷入麻木，不再履行保护孩子（和自己）的责任。

虽然我认为所有的依赖共生者在孩子受到伤害这件事上同样负有责任，但在追究责任的时候必须保持谨慎。依赖共生的父母同样成长于糟糕的家庭：依赖共生与病态自恋的父母会忽视或虐待孩子。他们显然也是童年环境的受害者。如果没有他们努力保护孩子，提供一些基本的爱和抚育，那么孩子遭受的心理伤害会比只由一个病态自恋者抚养要严重得多。

我的许多依赖共生的来访者都表达了自己对于父母的愤怒、怨恨甚至厌恶，因为这些依赖共生的父母不愿意保护他们，离开自恋的伴侣。这些来访者回忆起了许多这样的时刻：父母本可以保护他们，但要么选择忽视，要么寻找貌似合理的借口。这种对自恋者扭曲的忠诚，牺牲了孩子未来的心理健康和关系健康。可悲的是，依赖共生的父母对于安全感的需求、避免孤独的终生需求（尽管这些需求有时是无意识的）最终比他们的孩子更重要。

在依赖共生治疗的开始阶段，我的来访者通常不能理解，他们慈爱的、依赖共生的父母为他们在童年时期遭受的忽视或虐待负有责任。在依赖共生治疗中付出大量努力之后，来访者会迎来一个这样的时刻：他们的心理足够健康，能够放下"依赖共生的父母是好父母"的幻想，采取现实的态度，承认这个人对自己的童年创伤负有部分责任。虽然在这个过程开始的时候，来访者往往会有愤怒和问责的需要，但最终会愿意接纳、原谅依赖共生的父母，并与之共情。在坦诚面对父母究竟是谁、对自己的伤害究竟有多深的过程中，来访者能够承认自己的依赖共生，并更好地理解这种问题现在和过去对于自己的影响。

决定彻底远离病态自恋者的依赖共生父母既伤害了自己，也伤害了孩子。尽管依赖共生厌食症能保护依赖共生者和他们的孩子免受自恋者的虐待，但这样做是有害的。实际上，这样做最终会剥夺孩子拥有另一个父母——一个爱孩子、尊重孩子、关心孩子、无条件地为孩子的幸福而努力的成年人——的机会。既要养育儿女，又要刻意远离恋爱或亲密伴侣，会给孩子传递这样的信息：这样的成人关系可能是危险和有害的，从而为孩子成为下一代麻木的、缺乏情感依恋的成年人埋下了种子。

反思

❖ 在你成长的过程中，你的父母中有一方是依赖
  共生者吗？如果是的话，对你有什么影响？
❖ 你更像主动型还是被动型依赖共生者？为什么？

第 8 章

依赖共生的起源

20世纪80年代初，我正在攻读心理学本科学位，关于后天与先天的争论似乎就要结束了。在那之前，两边都在试图说服对方。对于人类心理，一方认为环境和学习现象可以更好地予以解释，另一方则认为我们可以通过更好地理解我们的生物、基因遗传来加以说明。

后天与先天的问题可能永远也得不到解决，因为对于人类的发展而言，这个问题的答案暗指存在一个不合逻辑、人为规定的出发点，人们错误地认为这样的出发点就是发展的主要过程。环境与生物遗传之间的相互交流才是儿童发展的心理基础。简而言之，这两种因素的相互作用影响了儿童未来的心理健康。下面的小故事说明了后天与先天的协作关系：杰瑞·后天与汤姆·先天都是摔跤的好手，但他们还不够好。只有后天与先天组队之后，他们才赢得了大部分比赛，成为联赛中的佼佼者。杰瑞和汤姆在擂台赛上竭尽全力，互相弥补对方的短板，才轻而易举地击败了大多数对手。因此，关于后天与先天的问题其实是"先有鸡还是先有蛋"的问题，根本不应该被提出来。

大脑发展等于人的发展

早期的神经发育及其促进和抑制因素对于理解依赖共生是至关重要的。想想看，到四岁时，儿童大脑的重量将达到成年人大脑的80%（Prabhakar，2006）。在这四年里，孩子的性格逐渐形成，身体、认知和情绪的成长速度最快。孩子就像海绵一样，不能区分好坏，他们会自动吸收周围环境的一切。任何有孩子的人都能证明，孩子吸收和学习新事物的速度有多快。这些小家伙就像吸尘器一样！

我们对大脑正在进行如火如荼的研究。这些研究极大增进了我们对于儿童、青少年和成人发展心理学的理解。研究者正在以空前的速度揭晓谜题的答案，所以我们才能理解环境、心理与身体之间的协同关系。我们现在知道，除了孩子自身的内部反馈回路以外，他们所处的客观环境、情感环境也会对他们的神经系统发育产生很大的影响。对大脑来说尤其如此。这三种因素对于孩子成年后的心理健康有着深远的影响。

我们有超过200年的例子来证明环境对儿童身体发育的影响。1780～1800年，在伦敦流浪的男孩身高在短短30年里就增长了3英寸⊖——同一时期，穷人的生活条件有了改善（Dougherty，2017）。

⊖　1英寸≈2.54厘米。

关于大脑发育和环境之间的互动关系，还有一个更基本的阐释，这个阐释来自人类演化的研究。数百万年前，世界上有 15 种甚至更多的古人类共存。然而，只有我们智人幸存下来，其他的都灭绝了。古生物学家认为，这是因为我们有能力适应不断变化的环境。最重要的适应是我们饮食的变化——从植食到肉食。额外的蛋白质和脂肪给了我们更多的能量，促使大脑发育得更大、更复杂。更大、更复杂的大脑使存活率更高。更大的大脑让我们有能力理解复杂的计划和语言，允许我们将新想法从一个人传播给另一个人。计划、沟通甚至贸易带来了许多结果，其中就包括促进了更好的工具与武器在种群之中的发展（Mosley，2011）。

只要有证据表明我们的环境能促进或加速我们的身心成长，就有更多的证据能证明其相反的作用。尼姆·托特纳姆（Nim Tottenham，2011）对罗马尼亚孤儿的研究就很好地说明了这种相反的现象。托特纳姆发现，童年早期的情感剥夺和个人需求剥夺，与异常小的、结构畸形的大脑之间存在因果联系。研究表明，在婴儿期和幼儿期，如果孩子几乎没有得到抚育、关注或刺激，那么他们的大脑就不会得到充分的发展，无法获得基因所决定的能力。

孤儿的大脑畸形导致了语言、智力和认知上的损害。这些孤儿中有相当多的人患上了品行障碍或反社会型人格障碍。这使得托特纳姆（2011）得出结论，童年时期的个人需求与情感方面的抚育（积极依恋）不足或缺乏，与成年时期不可逆转的心理健康问题之间存在联系。

其他研究（Johnson，2012）表明神经与环境的循环互动会影响人的心理功能。该研究将由非自恋者抚养长大的对照组和自恋者抚养长大的实验组进行了对比。核磁共振扫描显示，与前者相比，后者脑岛（大脑皮质的一部分）的灰质更少。这项研究的结论是，不利的环境因素（如消极的依恋体验）抑制了负责同情与共情的大脑结构的正常发育。莎伦·L.约翰逊（Sharon L. Johnson，2012）简明地解释了环境因素对大脑发育的影响：

> 依恋，即婴儿与主要照料者之间的情感联结，深刻地影响了婴儿发育中的大脑的结构与功能。无论是由于虐待、忽视还是照料者的情感缺位，失败的依恋都会对大脑的结构和功能产生消极影响，导致发展性创伤或关系创伤。早年的创伤会影响一个人未来的自尊、社会性意识、学习能力与身体健康。

维生素 L 缺乏症

我提出的维生素 L（"love"的首字母，指"爱"）缺乏症进一步说明了忽视与剥夺（即依恋创伤）对一个成年人未来的心理健康和身体健康的影响。这一概念代表了儿童在成长过程中从健康父母那里得到的抚育（爱、尊重与关心）总和。如果父母能无条件地给予维生素 L，孩子就会成长为关系取向健康的成年人，也就是他成年后的情绪和关系健康状况良好。与儿童缺乏维生素 C、D 等重要维生素类似，维生素 L 的缺乏会阻碍并有损于他们未来的发展。这种缺乏进而会对他们成年后正常生活的能力产生有害的影响。更具体地说，成年期心理健康的基础——儿童脆弱而迅速发育的大脑会受到伤害。

在成年期，维生素 L 缺乏症会表现为心理健康障碍或情绪与关系方面的缺陷。此外，这种问题还会损害成年人"代谢"或"吸收"维生素 L"补充剂"的能力。成年人内心深处的心理过程会削弱从他人那里发现并接受爱、尊重与关心的意图。这就解释了为什么依赖共生者对于心理健康（关系相容值低）的潜在恋人会产生怀疑和焦虑的反应。他们的身心系统不仅会排斥维生素 L，还会将其视为有毒物质或危险的过敏原。唯一可行的解决办法就是全面清除创伤的"瘢痕组织"，因为这些"瘢痕"阻碍了维生素 L"补充剂"的吸收。去除瘢痕组织后，就应该开始"服用"维生素 L，从低剂量开始，逐渐增加到这个人可以承受的最大限度。维生素 L 治疗结束之后，人就可以产生自己的维生素 L，不再需要外部来源。

依恋理论

依恋的定义是：不论在何时何地，将一个人与另一个人联系在一起的深刻而持久的情感联结（Ainsworth，1973；Bowlby，1969）。这个概念是由鲍尔比（Bowlby，1958）提出的，他证明了亲子情感联结的重要性。人类需要积极的依恋，才能让婴儿先天的社会、情绪和认知技能得到发展。依恋过程也为孩子提供了第一个应对系统。依恋创造了关于照料者的心理表征，这种表征能随时伴随孩子，孩子在艰难时刻可以想起这个心理形象以安慰自己。由于依恋使婴儿得以同照料者分离，而不感到痛苦，并开始探索身边的世界，所以依恋中包含了孩子独立生存的平台。

鲍尔比（1969）假设，婴儿与照料者的情感联结（即依恋）

质量与成年后的关系依恋相关，甚至前者能够预测后者。他的研究表明，积极的依恋体验能够为孩子灌输一些基本的信念和思维模式，让他们感到，哪怕这个世界常常不可预测、令人恐惧、难以承受，自己在这个世界上也是被重视、被保护的。与父母建立良好联结的孩子想要探索世界，他们在探索过程中会感到安全，并且最终能够成功脱离父母，形成自己的个性。积极的依恋体验还能为未来稳定而令人满意的关系奠定基础。鲍尔比（1969）还指出，缺乏依恋或消极的依恋会导致孩子产生长期的被背叛感，并认为自己在这个充满恐怖和危险障碍的世界上是孤独、脆弱的。这个不幸的孩子长大成人后，不安全感和恐惧会阻碍其健康关系的发展。

哈洛（Harlow，1963）对恒河猴母婴分离与隔离的研究支持了鲍尔比的依恋理论。哈洛的研究表明，恒河猴会通过模仿将自己原始、先天的育儿和建立关系的经验传递给自己的幼崽。他观察到，幼猴对情感安慰的需求比其他需求更重要，包括对食物和水的需求。幼时得到过良好抚育的母猴，会让自己的孩子同样感受到这种体验。没能与照料者建立联结的猴子（因而缺乏得到抚育的经历），与自己的孩子建立情感联结或照料孩子的兴趣和动机都很低。"种瓜得瓜"这句老话印证了鲍尔比的依恋研究。

早期依恋体验会刺激大脑发育，塑造新的神经通路。这些体验促使婴儿大脑内部产生的神经通路，很可能会塑造他们对许多事物的终生反应模式。神经科学家认为，依恋是一种非常原始的需求，大脑中有些神经元网络是专门负责依恋的，还有一种激素能够促进依恋过程：催产素。研究者哈赞和谢弗的研究表明（Hazan & Shaver，1987），婴儿与成年照料者的依恋体验，会在他们的成人恋爱关系中得到复制，这进一步拓展了鲍尔比（1969）的假设。这些成年人之间的关系，就像婴儿与照料者之间的关系一样，是深刻的情感联结，与童年早期的依恋体验有着不可分割的关系。鲍尔比的依恋理论给了心理健康从业者分辨异常和病态心理行为或障碍的能力，以便开发可行的治疗方法。依恋理论给全世界敲响了警钟，有力地证明了童年抚育是至关重要的。

埃里克森的发展理论

埃里克·埃里克森（Erik Erikson）是一位著名的发展心理学家和人格理论学家，也是我心目中和职业生涯中的英雄——他创造了一个基于心理社会性发展八阶段的巧妙理论。这八阶段始于出生，终于死亡，包括了特定年龄阶段的发展挑战。如果人能够成功应对这些挑战，就具备了在下一阶段取得成功的经验与能力。如果没能成功度过某一阶段，心理社会性发展就会停滞，这对他们成年后的情绪、关系健康会产生有害的影响。每个阶段的名称说明了成功或失败的结果。心理社会性发育不良有很多方面，包括依赖共生和病态自恋，以及其他病理性问题和障碍。

埃里克森心理社会性发展的八阶段

（1）信任对不信任：出生至 12 ～ 18 个月

（2）自主对羞怯、怀疑：18个月～3岁

（3）主动对愧疚：3～6岁

（4）勤奋对自卑：6～12岁

（5）自我同一性对角色混乱：12～18岁

（6）亲密对孤独：18～40岁

（7）生育对停滞：40～65岁

（8）自我完整对绝望：65岁至死亡

要在前三阶段取得成功，就需要充满无条件的爱、尊重与关心的依恋体验。父母的忽视、需求剥夺、虐待、维生素L缺乏症等因素会导致孩子无法获得度过埃里克森所说的各阶段所必需的心理社会能力。不能成功度过某一阶段、进入下一阶段的孩子，以后会产生情绪上、关系上的问题，比如依赖共生或病态自恋。

儿童的维生素L缺乏症就像女性怀孕期间的叶酸水平低或缺乏。美国疾病控制与预防中心（2017）表示，饮食（或补充剂）中叶酸含量不足的女性，可能会生下有大脑或脊柱缺陷的孩子。下面的内容说明了叶酸水平低或缺乏对于孩子长期发育的影响。

> 神经管缺陷是神经管的严重先天畸形，是世界范围内婴儿死亡和终身残疾的一个重要原因。最常见的两种神经管畸形是脊柱裂和无脑畸形。脊柱裂是指保护脊髓的脊柱没有形成或者按正常情况闭合。无脑畸形是一种致命的先天畸形，即神经管的上部没有完全闭合。无脑畸形的婴儿通常在出生时没有部分颅骨和大脑，在出生后不久就会死亡（Elwood, Little & Elwood, 1992）。

其他研究者佐证了埃里克森的发展论断：

> 发展有点儿像玫瑰花蕾的绽放，每一片花瓣都在特定时间按照特定的顺序展开，这是大自然通过基因决定的。如果我们过早地打开花瓣，打乱花瓣的展开顺序，从而干扰花瓣的自然发育，就会破坏整朵花的发育（Boeree，2006）。

> 儿童的发展会遵循一个可预测、有组织的过程，从掌握生理规律（吃饭、睡觉）开始，然后继续发展到高级技能的出现，如问题解决和同伴关系。然而，在异常和少见的情况下（特别是虐待和忽视），发展的可预测性和组织性遭到了破坏和干扰，导致发展的失败和适应不良（Boeree，Marsh & Wolfe，2008，p. 35）。

依恋和心理社会性发展理论阐明了依恋与成人情绪健康、关系健康之间的关系。如果一切顺利，孩子获得了充足的维生素L，他们就会为成为快乐、健康、满足的成年人打下良好的心理、神经基础，并逐渐拥有"自爱丰盈"的感觉。如果孩子没有这么幸运，忍受了需求的剥夺、忽视或虐待（尤其是在性格形成的时期），那么他们获得积极心理健康、关系健康的潜力就会严重受损，甚至彻底失去。其结果是不幸产生"自爱缺陷障碍"，也就是依赖共生。[⊖]

⊖ "自爱丰盈"与"自爱缺陷障碍"主要是我"依赖共生治愈"与"自爱康复"工作中的概念。

天才儿童的悲剧

　　十多年前，我是一个心理崩溃的男人，试图结束一段苦不堪言的婚姻。我一心想要争取到我三岁儿子本杰明的单独监护权，这可不是轻而易举的事情。此时我向伊利诺伊州迪尔菲尔德市的心理治疗师吉尔·梅林（Jill Maling）求助。吉尔不仅帮助我看到，与前妻享有共同监护权可能并不糟糕，她还帮助我弄清、理解了我经历过的创伤，并且使我在一定程度上从中恢复过来。我不但需要关怀与共情，我还需要一个人来见证我可怕的创伤故事。

　　吉尔帮助我在理智上和情感上认识了我在离婚后深刻而隐蔽的情绪痛苦。她没有只关注我的经历及其对我的影响，而是帮助我从更广泛的角度觉察到，我目前的痛苦状况其实是我痛苦童年的产物。在她的帮助下，我将我成年后和女性的关系，与我童年及后来与父母相处的经历联系在了一起。为了更好地指明这一点，她让我阅读了爱丽丝·米勒（Alice Miller）博士的著作《天才儿童的悲剧》（1979），也就是我在第 7 章提到过的书。

　　米勒博士的敏锐分析和心理学结论不仅改变了我的生活，还让我耳目一新。她的书帮助我理解了依恋创伤在依赖共生发展过程中的重要作用。她解释道，由于病态自恋的父母不可能无条件地爱任何人，所以他们的孩子会遭受创伤性的依恋体验，而我将这种体验称为依恋创伤。根据米勒博士的假设，孩子独特的应对策略，或者对依恋创伤的适应，会极大地影响他们的人格发展与成人关系模式。

　　对于一个孩子来说，要避免严重的依恋创伤，就需要擅长某种心理技巧。这种技巧需要抑制本能的、反射性的情绪反应，如沮丧、愤怒和失望，并且做出让父母自我感觉良好的反应。如果一个孩子能够成功地改变自己对于忽视、需求剥夺或虐待的情绪反应，那么他就会在家中获得自己渴望的地位——成为自恋父母的"宠儿"。这样的孩子是父母长久以来梦寐以求的"天才儿童"，安抚了他们无意识里自己不够好的感觉与核心羞耻感。这种"天才儿童"得到了大量有条件的爱、尊重与关心，家庭中的其他人则成了自恋父母的暴虐念头与反应的牺牲品。

自恋的父母与"天才儿童"之间的关系，在心理上和情感上是倒错的，因为孩子为成年人提供了情感上的安慰，但实际上这种关系本应反过来。让自恋的父母自我感觉良好，孩子就能得到大量的情感认可、赞扬与关注。如果这个孩子能维持自己"小王子"或"小公主"的身份，那么他就能稳坐家庭中的特殊位置。他决不能失宠。每天都会有人提醒他，不能完成"任务"会带来高昂而痛苦的代价。

亲子依恋过程产生的异常或创伤，不光是由于父母对孩子、为孩子做了什么或没做什么造成的，还会由替代性经验（观察学习）造成。目睹你爱的人（如兄弟姐妹或父母）遭受严重的虐待、忽视或需求剥夺，就如同自己也遭受这样的伤害一样可怕和有害。这种替代性经验会不断地提醒孩子，在"天才儿童"角色上犯错会付出什么代价。这种生存压力迫使孩子产生了高度精确的、习得的情感"触须"或"雷达"，不断地检查身边的客观环境和情感环境，以寻找可能存在的危险。

病态自恋者的核心羞耻感和令人寸步难行的依恋创伤使他们需要这些儿童的"天才"。这种"天才"于他们而言，拥有恢复精神甚至治疗疾病的功效。通过从"天才儿童"身上吸取让自己好起来的"精华"，他们可以维持不堪一击的伪自尊以及薄如蝉翼的自负。对于自恋者而言，在家中始终拥有至少一个"天才儿童"是至关重要的。如果没有，他们的核心羞耻感就会重新出现，导致难以估量的存在性危机。

根据我的关系相容性理论，米勒博士的"童年悲剧"相当于关系模板——建立零和病态关系的无意识指南。因此，自恋者带来的矛盾的舒适感和熟悉感，也能够解释依赖共生者与病态自恋者的关系。为了说明这一点，米勒用她的发展与依恋理论阐明了为什么这些"天才儿童"会在成年后选择特定职业——这些职业需要并重视他们天生的关怀、共情与牺牲能力。

"好父母"幻想与"煤气灯"式操纵

对于孩子的心理生存而言，最重要的因素莫过于像自恋者一样识别并配合某种单向的"好父母"幻想的能力。自恋者构建了一种生活的幻想，替代了自己的创伤与羞耻的记忆、感受和想法。每一个"好父母"幻想都包含了一个扭曲而不真实的生活故事，这个故事把自恋者重新塑造成了受害者或英雄的角色。这样的故事让他们成为"好父母"，从而让他们体验到爱、欣赏和认可——这些都是他们一生所缺失的东西。这种故事也让自恋者在心理上进一步远离了他们极其糟糕、无可救药的可怕感受。

为了让"好父母"幻想达到预期的效果，这个故事需要"天才儿童"放弃自身真实的生活故事，选择在自恋父母的生活故事中扮演自己的角色。这种心理操纵算是"煤气灯"式操纵，我们会在第 11 章详细讨论。如果父母强迫孩子戴上自己的"虚拟现实眼镜",强迫和控制孩子放弃自身真实、准确的感知,接受父母的扭曲观点,就会发生这样的操纵。我在"煤气灯无处不在!"(Gaslighting Is Everywhere!)研讨会上为"煤气灯"式操纵给出了如下定义:

> "煤气灯"式操纵是一种洗脑策略,使用这种策略的人是工于心计的、彻底(或不彻底)的社会性病态的自恋者。他们隐秘地生活在我们的社会里,不为人所知。"煤气灯"式操纵者就像猥亵儿童的罪犯一样,能够"闻到"受害者的气味,而受害者很容易就会相信他们虚假的利他行为、感情和提供保护的承诺。"煤气灯"式操纵者全面控制了环境,让受害者对人为制造的困境感到痛苦,但这种困境原本只是一种轻微的问题,或者根本不存在。受害者被洗脑之后,就会相信这个可怕的、不可抗拒的问题没有解决的希望,进而变得无助,向操纵者寻求保护。由于受害者被迫相信他们被灌输的问题是真实的,所以他们会表现出这种问题的症状。由此产生的无力感、不安全感和偏执,会让受害者越发感到无助和绝望,使他们进一步远离任何可能揭开操纵者的反社会面具的人。

如果孩子真实的生活故事与父母的谎言融为一体,"煤气灯"式操纵就完成了。用父母自私的故事来控制孩子,不仅是一种"煤气灯"式操纵,也是阻止孩子体验自爱的一个原因——自爱正是依赖共生的对立面。

"好父母"的故事

赋予你生命的上帝

自恋者会戴上一种像上帝一样的人格面具，用冠冕堂皇的"赋予孩子生命"的故事来强化这样的面具。他们满脑子都是不切实际的念头，沉浸在他们夸大的、赋予他们特殊权利的"创造生命"的幻想里。这种幻想强化了他们的这种需求：不断地需要孩子和他人把他们视为上帝一样的形象。

相反的父母

相反的父母会给孩子灌输一种不真实的、不合逻辑的观点，即他们给孩子的爱、尊重与关心，是他们的父母从未给予过他们的。他们把养育孩子这种相当复杂的任务简化成一种简单的信念：只要用与自己父母完全相反的方式养育孩子，他们就会成为好父母。换言之，这种"相反的父母"相信他们很清楚好父母应该是什么样的，应该有什么行为，只要把自己遭受虐待、忽视、需求剥夺的童年经历反过来就好了。

因此，这些自恋者产生了不合理的信念：只要一切与自身童年的依恋创伤相反，他们就能获得健康育儿的必要信息与指引。可想而知，以他们的依恋创伤为指导的育儿方式，会导致挫败、愤怒和更深的羞耻感。想成为自己从未得到过的父母，这样的愿望成了一种不可持续、无法实现的空谈。

辩解：所有人都误解了我

有些成年人曾被大多数人（尤其是他们的父母和兄弟姐妹）看作害群之马或问题儿童。这些人常会被自己的愤怒、憎恨、攻击性、自私和冲动所带来的后果所阻碍。虽然他们觉得自己对他人的伤害是合理的，但私下里，他们会为自己失去的接纳与关系感到后悔和羞愧。这些都是由他们的不良行为导致的。

作为"好父母"，他们的目标是向那些认为他们不好、不可爱的人证明，这些人错了。这些自恋者错误地相信，只要他们努力向其他那些自恋者证明自己的清白，那些人就会为他们错误而严苛的评判感到懊悔、内疚和羞愧。好父母希望这样的"辩解"会减轻他们无处不在的、有害的核心羞耻感，但这从人的心理上讲是不可能的。因此，他们的努力适得其反，为他们灌输了一种更深刻的评判：与成为父母之前相比，他们觉得自己更没价值、更不被人欣赏。

看看我现在的样子：我一直是好的

持有这种想法的自恋者是或曾是害羞、内向的儿童，他们通过不引人注意来适应严重的依恋创伤。曾经经历情感忽视或需求剥夺的孩子也会有这样的想法。虽然不引人注意使他们感到安全，但没有人会注意或欣赏他们真正的优秀或才华，这让他们感到崩溃。这个版本的"好父母"幻想让他们终于能够把自己放在他人生活的中心。他们一直渴望获得他人的关注、欣赏和爱，但从来没能如愿。通过把他人的关注焦点吸引到自己身上，他们可以展示自己"良好的育儿能力"，最终得到始终应得的来自他人的赞扬与认可。

这样会治愈我的创伤

通过做他们想象中的"完美父母"，养育一个"完美的孩子"，他们感觉到的依恋创伤就会得到奇迹般的治愈。[○]这种期待不但是不切实际的、几乎不可能实现的，而且一旦自恋者的希望落空（这几乎是必然的），孩子反而会遭受怨恨或被追究责任。一旦孩子暂时消除了父母的核心羞耻感，满足了他们对于认可和认同的深刻渴望，孩子就会被视为"奇迹"。闪亮的奖杯终会失去光泽，所以随着时间的推移，孩子的治愈能力也会逐渐消失。

让你看看我有多完美

这种父母的自恋非常严重，以至于他们根本没有意识到自己的核心羞耻感。就像大多数自恋型人格障碍患者一样，他们只关注自己，不重视别人的贡献。所谓的"职业父母"常会采用这样的做法，他们做的每一件事几乎都要确保让别人知道。他们天生擅长营销和推广自己的完美育儿方法。在他们精心编写、自我感觉良好的剧本里，孩子扮演了主角。幕后孤独的、被忽视的孩子从来不会被人看见。

终于有人需要我了

有些病态自恋者能意识到自己非常自卑和孤独，他们幻想孩子能给他们带来幸福。在不知不觉间，他们开始依赖孩子对他们

○　这是一个例外情况，因为许多病态自恋者不记得或不愿记得他们的依恋创伤。

的依赖。每一次牺牲或善举都会让他们感到自己有价值。就像药物成瘾的人一样，他们渴望宠溺和照料孩子，因为这会让他们感到自己的存在是有价值的，自己是有希望的、满足的。被人认为是完美的父母，是他们的善良、关爱和抚育的主要动机。如果孩子试图形成独立于父母的个性，自恋者脆弱的幻想就会崩塌，此时他们的核心羞耻感就会再度出现。这种想法也导致了过度纠缠的、有害的亲子关系。

孩子会让我永生

有严重自恋倾向和潜在反社会倾向的父母，在情感上更重视他们的家族血脉，他们十分看重孩子在传宗接代过程中的作用，而不看重孩子本身。孩子让他们的生活变得有意义，确保他们想象中的传承能够延续下去。孩子比他们活得长这一事实，让他们心怀这样的希望：世界永远不会忘记他们，以及他们所认为的贡献。

讨好父母的模范孩子

要成为自恋者珍视的宝贝，"天才儿童"必须维持他们宝贵的、令人羡慕的客体地位。父母一声令下，他们就要为渴求赞美的父母发出惊叹的声音。这样的父母最高兴的事，就是夸耀孩子的任何成就或突出的优点。训练有素的专业人士能够看出，孩子对于这类父母并没有什么内在的价值。相反，这类父母对孩子满满的自豪感不过是一种策略，以便源源不断地为自己带来自尊。

可悲的是，无论孩子有多完美，父母对他的爱都不会比对一个闪闪发光的奖杯更多。

除了在任何真实或想象的竞争中保持领先，孩子还必须塑造自己，有时还得扭曲自己，让自己变成一个下意识讨好父母的人。他们行动迅速，心思敏捷，永远承担着让父母高兴的责任。为了完成这一"壮举"，孩子必须分辨什么能做，什么不能做，以便维持他们在"好父母"幻想中的位置。他们必须对任何可能伤害父母脆弱自尊的意外保持警惕。就像小狗天生拥有无辜的眼神一样，孩子学会了一些技巧和策略，让自己在恰当的时刻变得可爱讨喜。

这类"模范孩子"必须小心，不要过分夸耀自己。如果他们无意中把众人的关注从父母那里夺走，就可能在无意中引起父母的怨恨、尴尬或羞耻，招致自恋暴怒的可怕惩罚。这样一来，孩子的价值就会直线下降，然后他们将不得不付出努力，才能回到父母的"展示柜"里。随着孩子的年龄增长，他们的"好孩子"天性会形成身份认同和不稳定的伪自尊。这种身份认同和自尊要求他们在未来的所有关系中都要一直扮演讨好者的角色。

儿童的生存角色

管理、控制自恋父母的情绪波动，并为之负责，并不是一件容易的事。因此，"天才儿童"会竭尽全力、完美地适应照料者的角色要求。他们在自恋父母为他们改编的生活戏剧中成了出色的演员。他们将自己的感受和自我表达重塑成了扭曲但可以接受的样子，从而避免更糟糕的命运：日后成为病态自恋者。

下面是讨好父母的儿童角色，这些角色说明了"天才儿童"必须采用的虚假人格和面具，以便在自恋父母那充斥着羞耻和孤独的世界中找到持久的目标与身份。

讨好的儿童角色

伪装大师

要维持"幻想中的孩子"这一身份认同，就需要孩子压抑自身对于无条件的爱的自然渴望。想哭的时候微笑，害怕的时候故作镇定，服从而不反抗，在愤怒和怨恨时要表现得亲切，这些都是司空见惯的事情。通过控制内在的情绪卷入和外在的躯体表现，他们就能避免遭受虐待，或者减轻虐待对自己的影响。他们就像专业演员一样，能假装出快乐、理解和共情的表情。这种表情能告诉自恋者，这个小人儿不仅了解他们的内在和外在，而且完全地、无条件地爱着他们，不像其他会触发他们自恋暴怒的人。

控制面部表情是成年依赖共生者使用的一种保护技巧。他们不知道的是，这往往是他们有依赖共生问题的明显迹象。在焦虑、悲伤甚至愤怒的时候，依赖共生者常会微笑或大笑。例如，我的许多来访者在讲述他们童年受到的虐待或忽视时，常会面带微笑，声音里有一丝笑意。如果指出他们面部表情与描述内容的不一致，他们往往表示没有意识到这种情况，也无法停止这样的行为。我至少能想起两个来访者在啜泣或哭泣时、脸上还带着扭曲的笑容。对于这两个人，当我观察到这种与内心感受不一致的笑脸时，我都能将其与更深层的、通常是无意识的童年依恋创伤经历联系起来。

危机下的平静：人质谈判专家

这是一个平静如水、与情绪解离的孩子的脸。他可以让一个可能造成危险的人冷静下来，以确保没有人受伤。这个孩子就像真正的人质谈判专家一样，在以下技能方面具有不自然的才能。

- ❖ **共情**　表达理解、同情、对他人情绪状态的现实理解，尤其是在对方有消极情绪的情况下。
- ❖ **主动倾听**　让对方说话，让他们相信自己得到了充分的理解和欣赏。
- ❖ **充分利用时间**　让事情的发展速度慢下来，而不会草率地解决问题，这样会产生一种舒缓平和的效果。
- ❖ **冷静技巧**　让焦躁、愤怒的人感到被理解、被保护、有希望，减轻他们的愤怒，从而让他们冷静下来。
- ❖ **建立融洽的关系**　表达对对方由内而外的了解，能够让对方冷静下来，并且感到自信与信任。
- ❖ **促进自我控制**　帮助处于危机中的、失去了自我控制的人缓解情绪崩溃，并帮助他重新考虑自己伤害他人的打算。让自恋者参与情绪控制过程，而不是向他提出要求或与他争论，这样自恋者就会变得更愿意接受反馈或建议。

无法理解语言

多数依赖共生者都难以理解情绪的语言。他们不仅不知道如何在特定时刻识别自己的感受，也不擅长分辨各种感受之间的区别。我在研讨会上给听众讲过一个笑话，这个笑话很好地描述了这个讨好他人的孩子：

> 两个依赖共生者发生了性关系。事后，一个人问另一个人："我知道你的感觉不错，我感觉如何？"（来源不详。）

依赖共生者常常不知道表达感受的词语，或者觉得表达这些感受是不安全的。在小的时候，这些人很害怕自恋父母的愤怒，因此他们从小就学会了小心谨慎地表达自己的感受，或者完全压抑自己的情绪。这样一来，成年之后，他们就只会使用过于简单的、描述性差的词语来表达自己的感受，比如"好""坏""一般"。此外，他们常常错把想法、行为或情况当作感受。当被问及"你有什么感受"时，一个很明显在生气的依赖共生者会答道："又忙又累。"如果要求他给出更详细的描述，他会变得抵触、抗拒，甚至可能会在情绪上变得麻木。缺乏"感受词汇"的依赖共生者可以分为两大类：一类对于表达情绪怀有非理性的焦虑和害怕，另一类不知道自己的真实感受。

清洁能手

作为"情绪海绵"的孩子能够传达自己的同情，愿意牺牲自己的心理健康，以清理父母时常泼洒出来的"情绪污渍"。矛盾的是，自恋的父母重视这些孩子坚韧的品质，但又欣赏和需要他们柔软和敏感的一面。他们能够消化父母的问题，但不会情绪崩溃，并确保自己是父母最宠爱的孩子。宝洁公司的"邦蒂"（Bounty）纸巾的广告语概括了这种孩子的"清洁用途"。这句广告语是："身边有了邦蒂，再大的麻烦也不必担心。因为邦蒂是清洁能手。"

这个吸收能力强、坚韧不拔的孩子，在长大成人后会拥有极强的共情能力和敏感性，每当有人心烦意乱、需要建议或支持的时候，他们都能够提供帮助。这些成年人会选择"读心"这个词来描述他们对别人情绪能量的高度敏感性。读心者能感受他人身体、心理、情绪上的痛苦，据说还能将这些痛苦吸收到自己身上。许多这样的成年人不会认同自己是依赖共生者，但会采用更温和、更善良、污名化更少的"共情"一词。需要注意的是，虽然依赖共生者基本上都是读心者，但读心者不一定是依赖共生者。

老成

老成的孩子比他们的同龄人更有智慧、更宽容，也更有耐心。这些看似世故的孩子拥有成年人一样的兴趣、关注点，甚至担忧。他们拥有非凡的共情与关怀能力，并且对复杂的社会、心理概念有着深入的理解。他们也能理解哀伤、悲伤和心碎的感觉，并能给出建议。这些孩子清楚地知道他们长大后想做什么，并为之做好了计划。有时他们不能融入社交群体（但并不总是如此），少年老成的形象使他们和同龄人有些疏远。如果要他们选择和一群孩子还是成年人待在一起，他们几乎总会选择成年人。

病态自恋的父母会骄傲地夸耀这些小大人。这些孩子的成熟、冷静和善于反思的人格会给父母带来自豪感和成就感。这些孩子的"老成"，是由情感乱伦、倒错的亲子关系造成的。在这样的关系中，父母需要孩子，孩子也同样需要被父母需要。

直到我儿子告诉我，我们的一个亲戚说他"少年老成"，我才把这种现象与他的依恋创伤联系起来。在离婚后做全职父亲的第一年里，我发现本杰明是一个十分平和、冷静、讲理的孩子。无论向他解释什么事情，他都能理解得很好。在理解成年人的关系问题上，他似乎有一种不可思议的能力。比起孩子，他更喜欢大人的陪伴。不但如此，他似乎没有什么结交新朋友的动力。本杰明的早熟是由深刻纠缠的母子关系导致的，这样的关系鼓励他成为母亲的、像成年人一样的同伴。因为他的耐心、同情心和体贴，他得到了母亲的积极关注。然而，他付出的代价是，不能成为一个正常、健康、不理智、不成熟、以自我为中心的孩子。在和我一起生活了一年以后，本杰明终于能够拥抱自己的童年了，这让当爸爸也变得十分有趣！他正常的幼稚让我有机会也对他表现出同样的幼稚！

道歉的孩子

注定要成为依赖共生者的孩子在很小的时候就明白，下意识的懊悔与道歉是有价值的。他们这种道歉的反射，不仅能帮助他们避免承受自恋父母的愤怒和报复，也能帮助他们消除或化解这些情绪。道歉反射会触发自恋父母的有条件的宽容与原谅。反过来，自恋父母就会觉得自己是仁慈宽容的父母。这种反射把依赖共生问题体现得淋漓尽致。这些孩子不仅无法控制道歉反射，而且在没有做错任何事情的时候，他们也会忍不住道歉。更糟的是，他们甚至会为别人的错误道歉。

雷达操作员

为了避免引起父母的自恋受损，以及随后的自恋暴怒，善于讨好的孩子（或"天才儿童"）会发展出一种"雷达"，能够迅速准确地发现可能引起危险情绪的情况。这不是一个普通的跟踪系统，因为它极其精确，能够检测到病态自恋者最细微的情绪、心境变化——包括难以觉察或伪装起来的情绪，以及让人无力面对的愤怒。孩子只有预测父母的情绪，发现引起他们消极情绪的诱因，低调行事，才能避免招致羞辱、需求剥夺和潜在的伤害。他们知道，自己的需求永远不如病态自恋父母和生活中其他自恋者的需求那样重要。

为了管理这种"情绪雷达系统"，应对自恋的父母，孩子必须学会分裂他们的感受。如果不能分裂自己的感受，他们就会意识到自己不配获得无条件的爱，生来就不重要、没价值。对于他们年幼脆弱的心灵来说，体验自己全部的感受是一种难以承受的打击。因此，通过将这些感受、想法和记忆压抑到无意识之中，或排斥唤起这些情绪的事件，他们的心理可以保护自己免受无法控制和处理的事物的伤害。压抑是一种无意识的保护策略，即防御机制，能保护人类大脑免受创伤的破坏性影响。

出于生存的需要，这些"天才儿童"对自恋父母的任何微小、微妙的情绪变化都异常敏感。此外，他们还能准确预测父母即将发生的情绪崩溃或自恋暴怒。打个比方，孩子高度精确的"情绪雷达系统"以及对家庭"天气"状况的判断能力,可以为自己和他人发出预警,提醒他们在暴风雨来临时把窗户封起来。这些高度警觉的孩子有一种明显的严肃、焦虑的表情,因为不能发现明显的线索可能导致灾难性的后果。

面无表情

这是一个处于解离状态的依赖共生者的面孔,他在早年间就知道了表达或敢于感受自己的消极情绪状态的危险。患有边缘型人格障碍的父母养育的"天才儿童"常常缺乏面部表情。有一方极度敏感、情绪失调的父母,最细微的情绪"失误"都可能引起一连串破坏性的、惩罚性的自恋暴怒。通过消除面部表情,孩子学会了避免被父母那不可预测、像闪电般迅速的情绪崩溃所伤害。

把柠檬做成柠檬水

就像把酸柠檬做成甜甜的柠檬水一样,未来的依赖共生者在面对自私、自我关注、挑剔、暴虐的父母(病态自恋者)时,会让自己相信父母是慈爱的。这种巧妙的生存策略能确保他们获得比其他人更多的保护。"天才儿童"和健康父母养育的孩子没什么不同,因为所有的孩子都希望对自己感觉良好。这样的孩子对自己的无私、牺牲和谦逊的个性感到非常自豪。得到的积极关注、表扬和赞美会使他们产生一种虚假的自尊和扭曲的自信。在巧妙的胁迫之下,这些孩子相信他们的牺牲是高尚的,是为了更大的利益。为了保证自恋父母青睐自己，避免遭受父母的拒绝或愤怒，这些孩子很好地学会了承担像成年人一样的责任。

通过成为兄弟姐妹的照料者，成为家里的厨师或清洁工，或者做兼职工作来补贴家用，这种讨好父母的孩子会把他们的牺牲看作某种值得骄傲的事情。这种虚假的自尊让他们对自己的生活感觉更好，而这样的生活一直都在自恋者的阴影笼罩之下。这些"天才的"、讨好父母的孩子可能永远都不会知道他们失去了什么。他们牺牲了自己的童年来让病态自恋的父母感到快乐。

身份融合

为了能够一直得到父母的关注和慈爱，"天才儿童"必须适应自恋者反复无常的自私和以自我为中心的脾气，同时让自己的身份认同与父母的身份认同融为一体。病态自恋者需要让别人关注自己，他们的这种需求永远不会满足，孩子的个性就被这样的需求所淹没了。最后，孩子就被吸纳入了父母的自我，他们所做的一切都会在父母身上有所反映。他们不再是纯真可爱的孩子（这些孩子的可爱仅仅是因为展现了真实的自我），而是变成了一种有价值的资产。

依赖共生的孩子成了为自恋父母感觉良好而服务的附属物。因此，对于自恋者来说，对孩子的赞美与他们直接受到赞美没有什么不同。更糟糕的是，"附属物"身份认同会让孩子沦为一种财物或有价值的客体，就像珠宝或新车一样。

情感乱伦与性乱伦？

在一些"好父母"幻想里，孩子会被迫放弃正常、健康的边界，以补偿父母的空虚和渴望。这样的孩子背负着极度不切实际的期望，认为自己是父母获得幸福和希望的唯一途径。作为父母情感上的照料者，他们不得不做出心理健康上的牺牲和让步。这种创伤性的、对发展有害的关系通常被称为情感乱伦。

如果父母要求孩子参与非常私人、亲密、隐秘的互动（通常只有配偶或成年伴侣会参与这种互动），从而破坏孩子的智力和情绪发展，这就属于情感乱伦。向孩子吐露个人、职业、财务或性方面的问题，会给那些在情感上没有能力处理这些问题的孩子带来破坏性的负担（Kelley & Kelley，2006）。由于害怕遭受报复，或者引起不良的后果，情感乱伦的受害者会屈服于自己被迫扮演的角色，比如父母最好的朋友、知己和顾问。他们给了父母一种情感上的安慰，而这种安慰本应是由成年的父母给予他们的。

为了更好地理解情感乱伦的长期影响，弄清其极具创伤性的本质，了解关于性乱伦的基本信息是必要的。自恋者的性欲或性需求通常由成年伴侣满足，而"天才儿童"会自然而然地被选为成年伴侣的替身。这个"特别"的孩子是完美的人选，他的信念系统已经倾向于牺牲与无私了。尽管自恋父母还是需要费一番功夫，让孩子做好心理准备，不要抗拒即将到来的性侵犯，但孩子还是会在一系列的操纵影响下，相信这些侵犯是亲子之爱的正常表达。只要孩子在操纵下相信，好孩子就应该让父母开心，也就是要满足父母的性需求，那么孩子天生的心理、生理边界就被打破了。

在通常情况下，心理或生理创伤（疼痛和痛苦）会受到有意无意的隔离，往往不会被孩子记住，所以这些创伤不会影响他们的求生欲望：一直扮演父母最喜欢的孩子。这样的心理技巧也会让受害的儿童欣赏、享受甚至渴望乱伦。尽管性对孩子的身体和心理造成了创伤，但孩子能够学会适应，将这种创伤经历与自我价值、爱和关心融为一体。这种"天才儿童"的早期性化，会对他们的心理产生深远的破坏性影响，这种影响会一直持续到成年。他们会觉得亲密关系令人困惑、尴尬、害怕，并因此回避亲密。还有一些其他可能的消极影响。最常见的是孩子过早地与其他孩子产生性行为。另一种后果是，这样的孩子可能会成为性欲失控的成年人，而自恋者可以满足他们强迫性的性需求——这样的自恋者在无意识中代表了虐待他们的父母。

除了身体、性方面的创伤性侵犯以外，情感乱伦就相当于性乱伦。其影响几乎同样严重，在某些方面甚至更加糟糕。情感乱伦的受害者可能会继续维持这种有害的、不正常的关系，有时一直会持续到成年。

再论关系模板

随着时间的推移，那些帮助这些未来的依赖共生者克服情绪困境的应对策略会凝结成一种关系模板。作为不被注意、不需要过多关注的孩子，早期的依恋创伤让他们学会了如何在缺乏爱、尊重与关心的情况下生存下来。虽然从表面上看，依赖共生者的关系模板已经千疮百孔，但人类的精神具有非凡的转变能力，就像肌肉记忆一样。我们并非注定要延续父母的痼疾。我们都有从错误中成长和学习的能力。有了知识、努力以及恰当的专业服务，我们中的许多人都有机会扭转看似无望的局面，改变不正常的关系。这就是身为依赖共生者的美妙之处，因为希望的确存在。只是这个目标很难实现。

代代相传的依恋创伤

不正常的家庭模式是代代相传的。多数人对这种代际作用都不陌生。常识告诉我们，成年人的心理健康通常取决于他们成长的环境以及父母成长的环境。尽管有很多例外情况，但我们大多数人都能准确地将自己的一些最好和最坏的特质归因于父母在我们年幼、易受影响的时期做过或没做过的事情。虽然我不提倡你为自己的依赖共生（或自恋）责备父母，但理解这种问题的代际传递是至关重要的。

家庭系统理论可以解释依赖共生的起因，以及它为什么难以改变。这一理论模型建立在下面这种理念之上：所有的家庭，尤其是不正常的家庭，都不愿意改变，因为改变很不舒服，甚至极度痛苦。如果公开或隐含的规则或角色期望受到挑战，或者被打破，健康或不健康的家庭都会感到不舒服。在健康的家庭里，如果一个成员不能扮演他的角色或承担他的责任，其他成员就会感受到威胁、害怕、不适。这个家庭会尽一切努力来解决问题，包括照顾这个成员，帮助他恢复健康，同时给予他关怀、共情和支持。当这个人恢复正常，能够回到他"正常""健康"的家庭角色中时，全家人就会松一口气。

不正常的家庭不喜欢好的改变

滋生依赖共生和病态自恋的不正常家庭与健康家庭并没有太大的区别。如果某个家庭角色发生了重大的改变，他们就会努力重建失去的平衡。下面的故事说明了为什么不正常的家庭拒绝改变，包括那些他们以为他们一直想要的改变。

约翰是玛丽的丈夫，山姆的父亲。他成功结束了为期90天的住院酗酒治疗项目，但没有任何家庭成员参与他的治疗。玛丽没法从工作中抽出时间来参加夫妻关系工作坊与治疗，她是家里的主要经济来源，而且他们负债累累。16岁的山姆满腹怨气，总是理直气壮地提出自己的要求，他公开拒绝参与家庭治疗。他不愿意违背自己的诺言。自从父亲在上次撒酒疯的时候把母亲的胳膊打断了之后，他就发誓不再跟父亲讲话。在考虑再次信任父亲之前，山姆要求父亲拿出已经改过自新的证据。

约翰一回家，就走进了一个充满紧张、焦虑的家庭。迎接他的不是赞赏与希望，他反而感到如履薄冰。玛丽和山姆都怀疑他坚持戒酒的决心，都害怕再次受到他的伤害。两人都不想听他分享自己改变人生的康复经历。紧张、愤怒和不信任的家庭环境迅速侵蚀了约翰刚刚建立起来的自尊和乐观。

回家的第三天，绝望、不安全感和消极的想法开始回到约翰的脑海。为了践行他在康复中心学到的东西，他决定去参加匿名戒酒互助会的活动。由于曾经酒后驾驶，他的驾照被吊销了，所以他不得不依靠玛丽或山姆开车送他去参加活动。玛丽因为工作繁忙而不能送他去。山姆无意帮助他的父亲，父亲多次打来电话，都被转接到了语音信箱。约翰既孤独又绝望，冲出家门前往最近的酒吧，那是他以前常去的地方，他知道自己在那儿会受到欢迎。那天晚上，他醉醺醺地回到家里。

与健康的家庭一样，不正常的家庭也会主动抵制和制止别人给他们贴上坏的、有害的或不正常的标签。他们会竭尽全力地捍卫他们的"好家庭"假象。任何质疑这一点的人，都会成为这家人的头号敌人，最终招致他们的愤怒。这些不正常的家庭与正常家庭一样，与他们的先辈和后人都有着看似无法切断的关联。

就像恶性的依赖共生"病毒"一样，个人的问题和家庭整体的问题都会从一个宿主扩散到另一个宿主。为了阻止这种"疾病"的传播，阻止依赖共生的代代相传，每个人都必须勇敢地与心魔做斗争，同时积蓄力量、增强能力，以抵消外部的病态力量。请务必小心：要阻止这趟失控的列车到达后代的车站似乎是不可能的，但如果你付出努力，就总有下车的希望。请记住这一点。

反思

❖ 如果你的父母中有一方是病态自恋者，他有哪种"好父母"幻想？

❖ 在小时候，你有没有扮演过讨好父母的孩子？如果有，你扮演的是哪一种？为什么？

第 9 章

病态自恋的起源

俗话说："有其父必有其子。"这句话既说明了病态自恋父母所生的孩子会背负上一代的负担，也为孩子的发展给出了启示。也许更好的问题应该是："孩子应该从父辈那里学到什么？"这个问题本身及其答案，就说明了遭受依恋创伤的孩子会走上的不同道路。"天才儿童"会得到一份通行证，这份通行证会指引他们走向依赖共生的成年生活。与之相反，"令人失望"的孩子的命运更加凄凉、令人不安，他儿时的受害者自我会被赋予"成年自恋者"的身份认同。可悲的是，对于未来的病态自恋的成年人来说，他们的发展道路与"天才儿童"相比，有更严重的创伤，对心理的破坏性也更大。

"坏的是那个孩子，不是我"幻想

儿童的秉性在很大程度上会受到不可控的环境因素与基因的影

响。因此，父母永远不可能知道孩子的人格或秉性会如何发展。对于病态自恋的父母而言，"好父母"幻想是一个冒险选择。这名赌徒愿意以 3∶1 的赔率打赌，任何一个孩子都能满足父母的不合理期望。由于赢得一手好牌的机会要比拥有一个符合父母严苛幻想的孩子更大，大多数自恋父母都不得不采信另一种幻想："坏的是那个孩子，不是我。"

不幸的是，具有难养型性格的正常、健康儿童会导致自恋父母的自恋受损，进而引发对于孩子的愤怒和怨恨。有可能出现这样令人失望的情况："她不会像广告里的婴儿那样咿呀学语和微笑。""他长得和他的混蛋老爸一样，跟我一点儿都不像。""她太黏人了，我一离开房间她就会哭泣或恳求我抱她。"自恋者的亲子幻想的破灭，可能仅仅因为孩子的性别、肤色不符合预期，或者因为孩子迫使他们放弃了求学或职业抱负。

如前所述，病态自恋者在无意识中认为孩子是自己的延伸。

> 从某种意义上讲，自恋者将身边的他人和世界都看作自我的延伸，可能就像你看待自己的四肢一样。他在无意识中希望你顺从他的意志，就像他的四肢一样。如果你的行为不符合他的预期，他往往会生你的气，就好像他的四肢不再受他的控制一样（Payson，2002，p. 22）。

病态自恋的父母对"坏孩子"的反应，就好像是有人在他们身上开了一个糟糕的玩笑，让他们感到像是上当受骗了一样。他们生的不是梦寐以求的孩子，不是他们曾无比确信会拥有的完美孩子，而是一个看似不健全的、忘恩负义的、难以照料的、任性的孩子——这个孩子似乎执意要阻止他们实现自己长久以来对于为人父母的幻想。他们希望有一个讨人喜欢的小家伙能将他们从自己的苦难和充满创伤的过往中解救出来，但这种希望必定会落空。如果孩子不能为自恋父母提供满足"好父母"幻想所需的一切，就会给自己带来情感的劫难：他们会被囚禁在依恋创伤的地牢里，没有假释的希望。

永远都是"坏"孩子

病态自恋的父母会对受伤的、不完美的孩子怀恨在心。正是因为有了这样的孩子，他们才会永远地感到尴尬和失望。因为孩子在自恋父母眼中的种种不完美，他们对于认可、承认和赞扬的自私需求永远得不到满足。

由于无法满足父母的幻想，这些孩子会被不公平地贴上"令人失望""难以教育"的标签。这种极具破坏性的评判为孩子的自我轻视和深刻的自尊受损埋下了祸根。随着时间的推移，孩子会将父母的虐待内化，开始认同病态自恋父母的看法——他们确实不够好。这样的标签很可能会伴随他们一生。

对于（他们眼中的）孩子的消极特质和缺陷，病态自恋的父母非常严厉，常常做出激烈的反应。这并不是说他们恨这个孩子；更重要的是，孩子的不足让他们痛苦地想起了自己身上的问题。这些父母在不知不觉间将自己的羞耻感和失望投射到了孩子身上。作为心理受损、无意识中充满了羞耻感的人，他们很容易在别人（尤其是那个让他们失望的孩子）身上，而不是在自己身上看到这样的特质。

这些令人失望的孩子处在进退两难的境地里，因为他们背负着一种期待，即他们不能因为自己经受的虐待而感到难过。自恋的父母永远不会为他们造成的伤害负责，这样会唤起被压抑的、被深埋的愤怒和自我厌恶，因为他们小时候也是被以同样的方式抚养长大的。因此，通过外化这种情绪，指责孩子表面上的"坏"，能够保护他们免于经历自己的噩梦——他们已经成为下一代虐待或忽视孩子的父母，也给自己的孩子造成了创伤和伤害。

如果病态自恋者无法忍受孩子的行为表现，就会诉诸惩罚或虐待。由于这名父亲或母亲将孩子的消极行为视为针对自己的，因此会体验到自恋受损，所以他觉得报复是理所应当的。比忽视和需求剥夺更糟糕的是，自恋的父母可能会在言语、情感或身体上伤害孩子。

事实上，这些孩子受到惩罚，只不过是因为他们做了任何一个由同样充满敌意、不安全、没有爱心的父母抚养长大的孩子都会做的事情。他们没有得到生来应得的无条件的爱与善意，反而遭受了严重的虐待和忽视，成了自恋父母和其他兄弟姐妹的"出气筒"。

这个"让人不快"的孩子不仅无法满足父母的幻想，他自己心中积累的苦涩也会表现为越来越严重的愤怒和敌对行为。长期的虐待或忽视会使孩子的消极行为变得更加频繁和严重。这种行为表现与惩罚的循环导致了一种持久的困境，即孩子的行为会证明父母对孩子持续的需求剥夺、忽视和虐待是合理的，也强化了他们对孩子的扭曲看法。孩子并不是在反抗，而是试图在一个混乱的世界里生存，这个世界充斥着矛盾的信息、被打破的承诺以及失望。随着时间的推移，孩子内化并认同了自己身上标签。最后，孩子会选择放弃，并屈服于不可避免的后果：他们永远无法将父母的愤怒、失望和怨恨转化为某种形式的欣赏、认可，以及最重要的爱。

　　即使孩子能够让自恋的父母感到惊喜，开始表现得像是父母幻想中（讨好父母）的孩子，也永远改变不了父母对他们先入为主的看法。矛盾的是，他们会在无意间质疑父母惩罚他们的理由和借口。如果质疑病态父母的需求剥夺、忽视或虐待，就会导致他们产生防御性的、报复性的反应。父母会愤怒地为自己的行为辩解，把孩子的问题归咎于他人（包括孩子自己），并且变本加厉地惩罚孩子。

　　《自恋者的真面目》（*Narcissists Exposed*，2012）一书的作者德鲁·基斯（Drew Keys）描写过一个让父母厌恶和失望的孩子，他认同了自己遭受的虐待。基斯将这个孩子称为"替罪羊"。

> 　　由于自恋的父母无法承认自己的错误，他们会花费大量时间说服自己，他们做的每件事都是完美的。如果这些父母的人格给家人带来了痛苦，而孩子的问题也开始反映这一点，那他们就不得不做出选择。他们要么必须承认，他们犯的错误对孩子产生了消极影响，要么必须说服自己和他人，问题不是由他们造成的，而是另有原因……在他们看来，通过指责别人，他们可以使自己摆脱罪责，而他们也可以继续相信并努力说服别人：他们的确是完美的。但是，他们首先必须找一个人来承担责任……
>
> 　　……那些担任替罪羊的孩子毫无抵抗能力。对他们来说，无论做什么都会被贴上"坏"的标签。这种标签十分沉重。替罪羊很快就会发现自己绝无赢得抗争的可能。努力改善家人对他们的看法毫无意义，因为这根本不可能……为了减少父母对他们的主动压迫和嘲弄，替罪羊

会不顾一切，屈服于"没出息""有问题""失败者""败家子"或"惹是生非"等角色标签。这样一来，父母就有了一个可以指责的外部客体——他们的精神障碍要求必须有这样一个客体。这样他们就可以继续心安理得地幻想：他们自己和家庭在总体上都没有问题。

为了在一定程度上减轻自恋母亲的愤怒带来的痛苦，替罪羊最终屈服了，并认同了家人对她的评价，即她不好，应该受到指责。她内化了这样一种信念：她生来就是坏的、没有价值、有缺陷。她相信自己接触的每个人都能看到这一点，并且会像她的家人一样彻底地排斥她（Keys，2012）。

如果没有无条件的爱，这样的孩子最终会觉得，自己在本质上是不可爱、没价值的，世界是一个不安全的地方。随着他们意识到虐待和忽视可能永远都不会停止，他们永远也得不到无条件的爱，羞耻和愤怒的感觉就会日积月累。为了缓解绝望与丧失希望的感觉，在噩梦一般的现实中生存下来，他们需要一种心理策略来保护自己免受严酷的现实生活的伤害。他们可以通过一系列防御机制来获得这种保护。遭受过强奸或战争等可怕创伤的人也会使用同样的防御机制。

压抑与解离：大脑的断路器

人类大脑能够处理的创伤是很有限的。大脑有一些特性，就像电路的断路器一样，可以保护自己免受过于痛苦和危险的体验的影响。这些特性就像开关一样，能保护人们免受无法处理、无法存储到短时记忆中的信息的伤害。压抑与解离是帮助一个人应对难以忍受的创伤的主要防御机制。压抑的定义是：在无意识中将痛苦的冲动、欲望或恐惧从意识思维中排除出去。如果创伤事件受到了压抑，这个人就会忘记这件事情的发生。解离则是一种心理体验，能让人与自己的感觉体验、自我意识或者个人的过去分离开来。解离有好几种形式，其中之一就是你觉得自己脱离了现实情境，就好像你在虐待的过程中在一旁看着自己一样。

对于大多数创伤受害者（尤其是饱受病态自恋父母忽视和虐待的孩子）的心理生存来说，压抑与解离是至关重要的。没有这些防御，那些孩子（以及他们会成为的成年人）不仅会记住创伤，还会在情绪上重新体验虐待过程中的羞耻感、愤怒和绝望。由此产生的自我厌恶、渴求和不断增长的愤怒是难以忍受的。为了避免这种情况，孩子把这些情绪置于无意识的黑暗里，锁在否认的高墙之后，抵制任何表达或使之复原的企图。只有通过抑郁发作、自恋暴怒或者经验丰富的心理治疗师的治疗，这些被压抑的感受和记忆才能重见天日。

由于孩子的这些创伤经历以及由此而来的心理伤害，他们长大成人后无法建立并维持健康的恋爱关系。更具体地讲，他们在童年遭受的虐待和忽视会表现为心理健康障碍，尤其是三种自恋型人格障碍。作为病态自恋者，他们会自然而然地高度专注于优先满足自己的需求，或者熟练地让别人满足他们的需求，而不觉得有必要予以回报。作为自恋者，他们对于自己给他人造成的伤害视而不见。

　　这些病态自恋者的童年经历告诉他们，只有通过自私、任性的方式对待他人（和关系），他们才会对自己感觉良好。操纵或剥削他人的能力，以及对自身重要性的不切实际的夸大，帮助他们度过了伤痕累累的童年。他们不太可能建立健康的、互惠的依恋关系，因为这些未来的病态自恋者会在不知不觉间走上那些"造就"他们的人所走的病态道路。

创伤的主观性质

　　为了解释为什么一些患有自恋型人格障碍的人从小没有受过严苛的对待或虐待，我有必要澄清创伤具有主观的性质。我经常向来访者以及接受我临床督导的人解释，创伤不是由一个人经历的事情决定的，而是由他们对于事情的体验决定的。例如，如果孩子因为缺乏病态自恋父母的身心陪伴而迷失自我，他们的命运就很可能与遭受虐待的孩子一样。这些需求被剥夺、遭到忽视的孩子也会度过一个缺乏爱护、情感荒芜的童年。在这段岁月里，他们把自己不好、不重要、没价值的感受和信念内化于心了。

　　自恋型人格障碍与依赖共生都可能是由缺乏关爱、关注或不安全的童年环境造成的。产生这种环境的原因可能是缺位的父母、令人无力的身心疾病、贫穷或者犯罪猖獗的社区。生活在孤儿院、寄养家庭、寄宿制学校或者其他类似的、会给情感造成创伤的环境里，也可能会导致自恋型人格障碍的发展。

　　虽然我已经为依赖共生和病态自恋的起源提出了可能的解释，但不可能详细阐述导致这些障碍的每一种条件或因素。此外，病态自恋者并不总是会抚养出心理不健康的孩子。可能有些起反作用的环境因素，能抵消孩子早期的创伤经历。例如，如果病态自恋的父母依靠另一个成年照料者去照顾孩子，而这个照料者能给予孩子始终如一的爱和抚育，那么孩子的早期生活经历就可能得到足够的补偿。这样的替代性父母可能是亲戚、保姆或者长期帮助父母照看孩子的人。甚至一个关心孩子的教练或老师也能充分缓解病态自恋父母造成的伤害。

反思

❖ 如果你有一个兄弟姐妹是病态自恋者，本章的内容能够如何解释他的人格发展？

❖ 这一章的信息能否让你更加理解某个病态自恋者？请阐释一下你的答案。

第 10 章

病态自恋：自恋型、边缘型、反社会型人格障碍

本章及本书的目的，不是诋毁或妖魔化自恋者，并把依赖共生者视为遭受他们伤害的无辜受害者。这一切的前提是（且一直是），需要两个人才能跳起自恋与依赖共生之舞。这段关系对于依赖共生者和自恋者同等重要，因为他们需要对方才能感到完整无缺。

自恋的人越来越多吗

经常有人问我，病态自恋的人是否越来越多。简单的回答是，不是。这是由西方社会、文化和政治的重大变化所造成的幻觉。这些变化合在一起，让病态自恋者更容易走到有影响力和权力的位置上。媒体对于这一话题的报道，将"自恋"和"自恋者"的术语和

问题带入了我们生活的中心。

经历了几十年的社会冲突与分裂之后，我们每个人持有的立场最终分裂了，在有些情况下，甚至分崩离析了。由此造成的社会变化导致了裂痕与鸿沟。这进一步导致了贫富之间的分裂，由此产生的一系列后果导致了我所说的"病态自恋的十年"。这一时期始于2007年，并将继续持续下去。

引发这"病态自恋的十年"的"大地震"，是2007年的金融危机。对美国来说，这是自大萧条以来最严重的一次金融危机。由于美国政府及其监管部门、银行业的不负责任、懒惰和腐败，世界的金融基础崩溃了。由此产生的影响波及了世界各地。正是在这个动荡的社会政治时期，病态自恋者抓住了以前不太容易获得的机会。他们的影响力上升了，甚至在道德上也占据了更权威的地位。这一结果的直接原因就是一系列小的，但破坏性同样很强的社会性"地震"。

向自恋的领袖致敬：十大名单

埃默里大学有一篇论文，题为《夸大型自恋的双刃剑：美国总统领导成败的启示》（The Double-Edged Sword of Grandiose Narcissism：Implications for Successful and Unsuccessful Leadership Among U.S. Presidents，Watts，2013）。这篇论文指出，通常情况下，美国总统比一般的美国人更自恋。这项研究根据美国总统的夸大型自恋（自恋型人格障碍的一个亚型）程度对他们进行了排名。夸大型自恋者很浮夸、自信，在人际关系中很强势，自我意识膨胀，在做决定时过度自信，似乎无法从错误中吸取教训（Riggio，2015）。要理解这个自恋的亚型，我们应该理解"夸大"的定义。

朗宁厄姆（Ronningham，2005）将"夸大"称为"一种不切实际的优越感（自恋者总认为自己比别人好，导致自恋者总是鄙视别人或者认为别人低自己一等）和独特感（相信很少有人与自己有共同之处，自己只能被少数人或非常特别的人理解）"。

上述研究表明，近几十年来，美国总统的夸大型自恋程度有所增长。这个自恋型人格障碍的亚型与美国总统的成功（或者失败，尤其是在道德方面的失败）是相关的。因此，夸大型自恋是一把双刃剑。考虑到这些自恋的总统是和"卓越伟大"联系在一起的，这其中的矛盾十分值得注意。总统的成功是由历史学家根据总统的地位排名来衡量的，与"公众说服力、危机管理、目标设置、盟友行为等方面呈正相关"（Ronningham，2005）。此外，与那些不那么自恋的总统相比，自恋的总统赢得了更多的选票，发起了更多的立法。然而，这些人更有可能遭到弹劾，做出不道德的行为。

该研究表明，自恋型总统的当选，与政治人物需要在公众面前具有魅力的高要求有关，因为媒体对他们的报道越来越多。此外，该研究还表明，总统自恋程度的显著增加可能与美国民众中自恋者人数增多有关。鉴于该研究年份较早，贝拉克·奥巴马（Barack Obama）与唐纳德·特朗普（Donald Trump）没有被包含在研究结果之中。按照夸大型自恋程度从高到低的顺序，林登·约翰逊（Lyndon Johnson）位居榜首。紧随其后的是：西奥多·罗斯福（Theodore Roosevelt）、安德鲁·杰克逊（Andrew Jackson）、富兰克林·德拉诺·罗斯福（Franklin Delano Roosevelt）、约翰·F. 肯尼迪（John F. Kennedy）、理查德·尼克松（Richard Nixon）、比尔·克林顿（Bill Clinton）、切斯特·亚瑟（Chester Arthur）、安德鲁·约翰逊（Andrew Johnson）以及伍德罗·威尔逊（Woodrow Wilson）。这说明民主党和共和党都曾产生过夸大型自恋的总统。

沃尔文（Wolven，2015）的研究进一步阐明了"夸大型自恋"及其对于美国政治的影响：

> 如果夸大型自恋者感觉到自己的成就受到了潜在的威胁，他们很可能采用外化的行为做出反应，比如贬损、贬低他人，或者对他人进行身体攻击。无论他们膨胀的自我认知拥有任何感知到的漏洞，或者遭受了任何否定，这些高度夸大型自恋的人都能通过要求他人承认自己的权利，并使用攻击性策略等外化行为予以驳斥。此外，这些人也可能为了获得他们"应得"的认可而采取内化的行为。

> 夸大型自恋者可能对他人表现出共情和支持，但同时对这些脆弱的人怀有厌恶和鄙视。通过提供这种有目的的支持，夸大型自恋者会利用这些事件来强化他们"我很特殊"的自我认知……此外，如果夸大型自恋者没有取得成功，他们就会做出对抗性的反应，采用外化行为将自己的缺点归咎于他人，以转嫁自己失败的责任（pp. 21 ~ 22）。

人格障碍患者的"天赋"

我不仅支持关于夸大型自恋的美国总统的研究发现，而且我还相信，与那些不自恋的对手相比，某些患有自恋型人格障碍的美国政客拥有明显的优势。说来有些造化弄人，那些导致他们患上自恋型人格障碍的病态力量也让他们形成了某些人格特质，这些特质使他们能够在竞争激烈而排他的政治舞台上取得成功。换言之，从严重的童年依恋创伤中幸存下来，使他们发展出了某些性格和"能力"，这些性格和"能力"对于他们未来政治上的成功至关重要。

通过形成一种像面具一样的人格类型来迎合他人的需求，这些人能够从竞争对手那里夺来他们从未拥有过，却坚信是自己与生俱来的权利的东西。他们的病态自恋转变成了一种矛盾的天赋。这种天赋会操纵大众，让大众误以为他们的魅力、勇气和领袖气质是真实的。病态自恋的美国政客最"糟糕"的特点，也是他们最"优秀"的能力，就是隐藏自己真实、恶毒而自私的意图，把自己国民代表的形象宣传得极具说服力。

除了有各种各样的人格面具之外，他们还缺乏共情能力和负罪感，这些能力为他们踩着别人爬上职业巅峰提供了便利。然而，相互矛盾的自恋目标会持续产生冲突，又造成了他们原本承诺要改变的困境。这就像强迫一群固执己见的自恋者同处一室、一同协作一样，几乎不能做成什么事情。妥协和交易是美国政治机器运转的动力，他们履行国民义务的承诺也比不过利己的、相互矛盾的野心之间的冲突。

重新定义自恋

当然，自恋有其黑暗的、涉及心理病理学的一面，那就是病态自恋。关于自恋，我最喜欢的简要定义来自一名国际专家，她的一本著作是我在自恋方面最喜欢的书。《奥芝国的巫师以及其他自恋者》（*The Wizard of Oz and Other Narcissists*，2002）的作者埃莉诺·佩森（Eleanor Payson）解释说，从最基本的意义上讲，自恋是指自我崇拜的倾向。

自恋是一个无处不在的流行心理学术语，就像过去的依赖共生一样。对于不同的人来说，这个词有许多不同的意义。正因为如此，也出于其他原因，我提出了关系相容性理论以及关系相容性连续体。对于那些自我关系取向的、被认为是"自恋"的人来说，这些理论和概念提供了一个具体的定义，那就是关系相容值处于"+3"与"+5"之间。为了简单起见，下面的一段话为自恋给出了定义，并且将其与关系相容性理论的解释联系在了一起。

"自恋"一词只能用来描述这样一个人：由于他的自恋人格特质，给另一个人造成了某种形式的伤害。这种伤害的严重程度不一，从自私或自我关注开始，严重程度上升到我所说的病态自恋，都属于这个范畴。

自恋与关系相容性连续体

自我关系取向的人不会被人自然而然地视为自恋者，也不会被视为对人有害的、心理有问题的人。关系相容值为"+1"或"+2"的自我关系取向者并不像"自恋"这个词所指的那样。然而，关系相容值为"+3""+4"或"+5"的人肯定是自恋者。"+3"算是中等自恋，而"+4"和"+5"算是不正常的自恋。如果一个人是病态自恋者，他的关系相容值肯定是"+5"，符合自恋型、边缘型以及反社会型人格障碍的诊断标准，并且可能是一个自私的、伤害他人的成瘾症患者。

我们都认识一些这样的人，可能是朋友、兄弟姐妹、同事或是熟人，他们是聚会的主角、万事通，为人幽默风趣，善于即兴表演。这样的人重视并渴望得到认可、赞扬与肯定，同时散发着自信以及追求成功和他人赏识的健康驱动力。这个人可能是你最喜欢的运动员、音乐家，甚至作家，他热心地追求名利，陶醉于舞台上的时刻，享受成为众人关注的焦点。这个人可能会特别积极地追求远大的个人和职业目标。这些目标能激发他的专注力和决心，他可能会为此花费大量的时间。

在关系中，健康的自我关系取向者更倾向于从他人那里获取爱 – 尊重 – 关心，而不那么关注给予相同的回报。虽然他们给予的爱 – 尊重 – 关心在量上并不总能与伴侣（或其他人）的付出对等，但由于他们的关系相容值为"+1"或"+2"，与"0"更接近，他们可能有能力和意愿给予他人足够的爱 – 尊重 – 关心（有时甚至相当慷慨）。这一范围内的自我关系取向者不仅有共情能力，而且对于爱 – 尊重 – 关心的不平等，他们也能接受具有建设性的反馈，并乐意做出适当的调整。这样的人不是自恋者，而是健康的、适应能力良好的人。

真有健康的自恋者吗

健康的自恋是不存在的，因为根据我的定义，自恋始终衡量的是对于他人的、由轻至重伤害。然而，健康的自爱是存在的，这种自爱绝不存在任何形式的功能障碍或心理病理现象。请想一想我的依赖共生治疗目标——我将其称为"依赖共生治愈"以及"自爱康复"。治疗的目标是消除导致一个人产生"自爱缺陷障碍"的原因，达到"自爱丰盈"。因此，爱自己的能力绝对是一种积极的特质，绝不应该被视为病态。自恋不应与自爱混淆。也就是说，迷恋自己的人会忘记，别人对于关注和肯定的需求也是重要的。这个人不是一个有自爱问题的人，而是一个自恋者。我拒绝任何使用"自爱"一词，或者将自恋解释为"自爱过多"的自恋定义。

中度自恋者是普通的"自恋者"吗

根据关系相容性理论的定义，中度自恋者的关系相容值为"+3"。我认为这些人是非病态的自恋者。这些自恋者倾向于以自我为中心、关注自我，他们可能会让他人感到轻度或中度的恼火。对赞美、肯定和认可需求往往是他们关系的核心。这会导致他人感觉被忽视，或者自己不重要。尽管这些自恋者自我陶醉、过度自信，还有些认为自己应该得到特殊待遇的倾向，但他们仍然能够在需要的时候关注他人。

这些中度的自恋者有自我觉察的可能，而且他们可以成功地控制或减少对自己的放纵。如果他们的自恋惹恼或冒犯了他人，或者他们因为自恋而受到批评，他们会感到羞耻，并且对他人产生共情，这两种情绪会促使他们做出弥补，减少伤害他人的行为。虽然中度自恋者会不时地表现出以自我为中心的、自私的怪癖以及自恋的人格特质，但他们能意识到这一点，并且能够成功地调节这种行为。这些自恋者在追求认可与赞美的过程中，通常没有恶意也没有故意伤害他人。与更严重的自恋者不同，中度自恋者能够积极回应建设性的批评，而不会因为自恋受损而下意识地反击或者伤害给予他们反馈的人。

中度自恋可能是不成熟的产物，因为这是青年人的正常人格类型。他们还在学习社会规范和与自身年龄相称的行为，他们只是缺乏足够的生活阅历来理解自恋倾向的消极方面或后果。

我们很多人都认识这些自恋者，甚至还挺喜欢他们。他们是我们的亲朋好友，总是花费大量的精力来确保我们知道他们的价值、重要性和独特性。他们对于任何积极的关注或认可都非常重视，因此会过度热心地寻求赞美、地位、理解和支持。他们常常因为友善、迷人、幽默和自信的天性受到人们的喜爱。他们有些稍稍令人不快的愿望，还有些寻求关注的倾向，这些特点可能会让他们显得讨人喜欢。毕竟，在美国文化中，自信是受人尊重的人格特质。

他们并非不重视分享与付出的价值。尽管他们在调节自己的自恋特质上存在困难，但他们可以成为忠诚的朋友——只不过他们在对话中更倾向于聊"我"而不是"你"。在一段关系中，这些自恋者可能会让人疲惫，因为他们常常需要认可与肯定。然而，与那些可以被诊断为自恋型人格障碍患者的人不同，他们能够理解并控制自己的自恋特质。

这些人与不正常的病态自恋者不同，他们对他人的共情能力有限，但依然有时能够无条件地付出。他们也有能力投入并维持较低水平的互惠关系。中度自恋者能够满足他们所爱的人的一些情感与个人需求，但不是全部。在有必要或被要求的情况下，他们会暂停他们以自我为中心、自我关注和自私的行为方式。他们可以从心理治疗中获益，因为他们能够对自己的行为和对待伴侣的方式承担些许责任。

这些自恋者在事业上很成功，因为他们可以获得众人的关注、表现出色，并公开展示自己的才华与成就。事实上，追求成功的倾向会让他们的职业成就更上一层楼，并确保每个人都知道这一点。音乐、表演、学术、商业管理与政治等需要公开展示自身能力的职业不仅对他们很有吸引力，而且很适合他们的人格特点。尽管如此，中度自恋者仍处在自尊自信、傲慢、妄自尊大、自我主义，以及更病态、更有害的自恋形式（自恋型人格障碍）之间的临界点上。

不正常的病态自恋

根据关系相容性理论，不正常的或病态的自恋者的关系相容值为"+4"或"+5"，他们会伤害他人，既没有能力也没有意愿停止这种伤害行为，或者干脆拒绝停止。这样的自恋者通常不知道自己的自恋和自私会如何伤害那些他们声称自己爱的人。在他们的关系中，互惠互利是不存在的。唯一的例外情况是，满足他人的需求能给他们带来个人的、关系的或策略性的好处。

人格障碍

人格障碍是一类病态人格类型，在《精神障碍诊断与统计手册》（第5版）（DSM-5，2013）中被归类为精神健康障碍。所有人格障碍都有一些内在的、根深蒂固的、适应性不良的行为、情绪和思维模式。这些模式可能在青春期就会表现出来，往往会持续一生。如果一个人在自我和人际功能上有明显缺陷，并伴有一种或多种病态人格特征，就可以被诊断为人格障碍患者。此外，这些特点还必须：

❖ 在一定时间内保持相对稳定，在多种场合下保持一致。
❖ 不能理解为个体发展阶段或社会文化环境中的正常现象。
❖ 不完全是由物质滥用或一般疾病直接导致的（DSM-5，2013）。

病态自恋者通常不会意识到或承认自己有这种障碍。如果他们的确承认自己有问题，或者人格中有些有问题的因素，那通常是因为他们在说谎时，或者在试图用操纵他人的方式逃避伤害行为的责任时被当场揭穿。

病态自恋的障碍

在我的病态人格诊断分类中，包含了四种人格障碍——自恋型、边缘型、反社会型与成瘾型人格障碍。尽管这些人有着明显的差异，但他们都有病态自恋的核心人格特质。这并不是说其他心理障碍或问题不包含病态自恋的特征。如果不能看到病态自恋障碍在关系中的表现，我们就无法理解这些障碍。请想想这一点：如果你要了解酒精成瘾的问题，就必须审视酗酒者与伴侣（酗酒纵容者，或依赖共生者）的关系。在处理成瘾问题时，关系问题是至关重要的。这一道理也适用于病态自恋者与他们的依赖共生伴侣。正如《依赖共生：不要跳舞！》一文指出，病态的双方都需要彼此，才能满足自己病态的关系取向。以下的自恋分类会帮助我们更好地理解我用于界定自恋的细微差异，以及我认为会让一个人伤害他人的人格特质。

自恋型人格障碍

《临床精神病学杂志》（*Journal of Clinical Psychiatry*）2008 年的一项全美国流行病学研究表明，符合自恋型人格障碍诊断标准的人数略高于总人口的 6%。这个数据里包括 7.7% 的男性和 4.8% 的女性。和其他人格障碍一样，自恋型人格障碍患者通常对自己的心理问题一无所知。在他人眼中，这些人病态自私、只关注自身利益、浮夸、自负。他们对于赞美、表扬和肯定有着长期且无法满足的渴望，因此他们的伴侣常常感到疲惫不堪，因为伴侣永远无法提供足够的赞美和肯定来满足他们。

自夸的心理模式

自恋型人格障碍患者真诚地相信自己有一种夸大的重要性，这种重要性往往并没有现实或事实依据。除此之外，他们还要让他人为自己的重要性负责。他们希望别人也像他们一样，对他们有着夸大且不切实际的欣赏。自恋者的夸大幻想往往会导致他们将其他人视为弱小的竞争对手——这些人天生就不如自己。自恋者被自己的特殊身份、独特地位和天才蒙蔽了双眼，他们认为这些优势让他们在自己所生活的世界里高人一等。由于自负，他们容易夸大自己的成就和才能。尽管他们没有必要的经验或贡献，但他们希望人们认为他们很优秀，能够得到特殊对待。他们幻想自己拥有不可限量的前途、权力、才华或理想的爱情，认为只有其他杰出人士或组织才能理解自己，配得上与自己交往。

权利幻觉

自恋型人格障碍的另一个主要特征是他们的权利幻觉，也就是一种由夸大的优越感所导致的人格特征。拥有权利幻觉的自恋者相信他们应该得到特殊待遇，尽管没有付出努力，但依然希望能拥有特权。在他人眼中，自恋者的脾气往往很暴躁，而且认为自己应该像其他成功人士一样成功，尽管他们缺乏同样的经历与成就。

深刻的羞耻感

自恋型人格障碍患者在无意识中背负着沉重的羞耻感和强烈的、自己不够好的感受。他们过度地炫耀并执着于自己的成就与外貌，痴迷于权力与地位，以此来弥补内心的消极感受。无论是对于身体外貌还是对于人格特点，他们的虚荣心往往会上升到痴迷的程度。由于自我评价过高，因此他们需要向他人展示自己的积极品质和贡献，人们通常觉得他们既傲慢又自负。

这些自恋者无法维持互惠互利的关系。他们对他人的共情与敏感是有限的，尤其是在他们感到威胁时。此外，自恋型人格障碍患者只有在能够得到个人利益的时候才会慷慨待人。他们在关系中的待人方式总是有附加条件，这说明了他们的自私本性。对于这种单向的关系，任何人都会感到恼怒和反感，除了严重的依赖共生者。

自恋型人格障碍患者的性格很不稳定，自尊很低。直接的后果就是，他们常常对自己的错误或感觉到的缺陷做出过度的反应。他们对于犯错或者被批评、被评判的可能性非常敏感。他们会将建设性的批评内化于心，就好像批评者心怀恶意、故意想让他们难堪一样。脆弱的自尊让他们无法忍受这样的羞辱。他们会立刻对这个"指手画脚"的人感到愤怒和蔑视。他们不会考虑批评反馈的价值，而是自以为是、愤愤不平，有时甚至会有攻击性的反应。或者，他们可能不会表露情绪，而是闷闷不乐，或者被动攻击。

病态自恋者对于自恋受损的攻击性反应叫作"自恋暴怒"。一旦被激怒，他们通常无法停止或控制自己的破坏性反应。他们不能意识到自己的有害反应，也不愿为此承担责任，所以他们会不假思索地把责任推卸给别人。这些人很少为自己的错误道歉，只有在走投无路或忏悔能带来积极结果的时候才会道歉。

由于不合理期望，以及过度膨胀的自我，自恋型人格障碍患者认为他们应当得到优待，他们的任何要求或愿望也应该一律得到满足。从他们的角度来看，他们理应事事优先。这些有权利幻觉的自恋型人格障碍患者会在排长队时插队，或者全然不顾别人也在等位，坚持在到餐厅时必须立即得到座位。这样的人可能会不知羞耻地拿残疾父母的残疾人停车许可证为自己所用，以获得方便的停车位。

自恋型人格障碍的亚型

自恋型人格障碍可以进一步分为四种亚型：隐性自恋（covert narcissism）、建设性自恋（productive narcissism）、恶性自恋（malignant narcissism），以及成瘾诱导型自恋（addiction-induced narcissism）。

自恋型人格障碍亚型：隐性自恋

隐性自恋者是伪装大师，他们是成功的演员、人道主义者、政治家、神职人员，甚至是心理治疗师，他们受人爱戴和欣赏，私下里却自私自利、精于算计、控制欲强、易怒、报复心强。他们制造了一种无私的假象，从地位提升中获益。尽管他们与显性自恋者有着共同的基本特征（需要关注、肯定、认可、承认），但他们会更小心地隐藏以自我为中心的动机。显性自恋者会向所有人炫耀自己的自恋，而隐性自恋者却不同，他们会暗暗隐藏自己的真实目的和身份认同。这些自恋者能够欺骗别人，让别人相信他们是诚实的、无私的、有同理心的。他们能将自己伪装成更可爱的样子。他们知道，如果真实性格暴露出来，就无法继续获得他们极度渴望的尊重、地位和威望。

有一种常见的隐性自恋者，那就是花费过多时间和精力照顾孩子生活方方面面的父母。他们看似付出了不懈的努力，做出了无私的奉献，只为成为最好的父母，因此得到了人们的钦佩和高度的尊重。他们经常抱怨他们的牺牲给自己带来了许多个人的、情感的代价。这是一种用于获得关注和赞扬的操纵性策略。在外界看来，他们似乎是无条件付出的慷慨父母，但实际上，他们的所有举动都是经过深思熟虑的，为的是满足他们永远无法满足的对认可与尊重的需求。孩子的情感需求始终比不过他们自己对于认可、肯定和关注的需求。不幸的是，唯一能真正看清隐性自恋者真实意图的人是他们的孩子。对于所有隐性自恋者都是如此，只有亲密的朋友和家人才知道他们可耻的、隐藏的目的。

与显性自恋者相比，隐性自恋者更内敛、更稳重。他们不宣扬自己内心深处的自恋价值观与动机，他们既实现了自己的目标，也保护了内心最深处的不安全感。与显性自恋者不同，他们会花费大量的心理能量隐藏冷酷而善于操纵他人的内在自我。隐性自恋者会抑制他们的人格障碍，因为他们在一定程度上能够意识到，自己的幻想是令人尴尬和不可接受的。

由于隐性自恋者制造并维持了一种利他的、给予他人无条件积极关注的伪装，所以他们通常在对自恋者没有吸引力的工作中也能做得很好。尽管他们能够表现出这些职位通常需要的品质，但他们往往感到很不安全，会对自己缺乏相关知识或无法完成最重要的任务的事实守口如瓶。

例如，如果一个隐性自恋者是心理治疗师，他就会掌握这个职业典型的、独有的行为模式，例如反映式倾听、支持、接受反馈，做出一些模仿无条件接纳的姿态。尽管他们会用诚实、同情、共情的样子对待来访者，但最终还是力不能及。他们在这种工作的关键领域有所欠缺，因为他们根本无法掌握这种工作的关键要素。通常，在受到挑战或质问时，他们会对来访者表现出焦躁的一面。

自恋型人格障碍亚型：建设性自恋

著名人类学家、精神分析师迈克尔·麦科比（Michael Maccoby，2004）提出了"建设性自恋者"这个概念。麦科比认为，建设性自恋者对社会非常有用，甚至是自恋型人格障碍的一种必要的表现形式。虽然建设性自恋者与显性自恋者相似，但社会上最大的进步往往都是由他们推动的。由于他们强烈渴望把世界变得更美好，于是承担起了做出重大发明、取得重要成就、为人类做贡献的责任。他们是极具天赋和创造力的知识分子、发明家、商业领袖和政治家。改善世界、造福后世对他们而言有着重大的意义。安德鲁·卡内基（Andrew Carnegie）、约翰·D.洛克菲勒（John D. Rockefeller）、托马斯·爱迪生（Thomas Edison）以及亨利·福特（Henry Ford）都是这种自恋亚型的例子。建设性自恋者心中有一种坚定不移的激情。这种激情推动着他们去成就伟业，不是为他们自己，而是为了人类的福祉。

与显性和隐性自恋者一样，建设性自恋者对批评极度敏感，有过于争强好胜、夸大与自负的倾向。由于他们出众的智力和创造性成就获得了认可与赞扬，他们几乎实现了自己的宏大理想与幻想。成功让他们避开了许多自恋者的局限。他们完全沉浸在自己对于改变世界的追求之中。他们对于做贡献的执着依然是一种自恋的过程，因为这一过程的动力终究是他们渴望通过不懈的努力让自己相信自己的伟大。

虽然建设性自恋者才华出众，但他们也容易自我伤害。由于取得了成功，他们会开始相信自己复杂的幻想，感到自己不可战胜。由于他们沉浸在自己的成就之中，坚信自己无所不能，所以很少接受建议。随着时间的推移，不断增强的内心动力会使他们冒不必要的风险，变得越来越粗心大意。他们会忽视自己生而为人所具有的局限性，开始认同自己的远大抱负，表现得自己好像无可指摘，对自己犯下的错误不负责任。他们的权利幻觉以及对规则、法律的公然无视，最终会给他们带来灾难。陷入困境的建设性自恋者往往能成功得到救赎，因为让他们的创造力和建设性达到顶峰的才能，也能够让他们重回正轨，继续追逐他们想象中的伟大。

自恋型人格障碍亚型：恶性自恋

1984 年，康奈尔大学的精神分析师奥托·科恩伯格（Otto Kernberg）提出了"恶性自恋"这个诊断术语。科恩伯格认为，在一个自恋的评定量表上，自恋型人格障碍在低分段，而带有精神病态特征的恶性自恋在高分段。恶性自恋似乎是一种混合形态的自恋型人格障碍，因为它是四种极端病理现象的结合：自恋、精神病态、虐待狂、偏执狂。即使存在其他形式的心理病理现象，这种人依然是明显的自恋者，因为他们表现出的自恋特质或症状最多。不同的是，恶性自恋者会将自己的复杂幻想强加于他人。

虽然恶性自恋者也有权利幻觉和夸大倾向，但他们的这些问题发展到了极端的程度，因为他们相信自己在生活中有一种特殊的命运。这种念头强化了他们支配他人的危险意识，让他们在关系中的模式更加根深蒂固。他们看上去非常自私、毫无歉意，同时也觉得必须控制身边的一切。他们经常怀疑别人，尤其是那些能够动摇他们地位的人。他们既好斗又诡诈，同时还会巧妙地把自己塑造成受害者。他们往往声称自己是受压迫的受害者，从而获得影响力。他们有魅力、受欢迎，且天生精于算计，所以总能得到同情并为自己的目标赢得支持。有了大批忠诚的追随者后，他们会带头反抗权威，而这种反抗又会巩固他们的领导地位和权威。

恶性自恋者在关系中有极强的不安全感和偏执，所以他们会依靠对他人的彻底控制来对抗这种感受。一旦获得了控制权，他们就会不惜做任何事情来维护这种控制权，包括强奸、谋杀，甚至种族灭绝。由于偏执和精神病态倾向，他们会挑战、藐视和贬低任何权威人士或有能力伤害他们的人。恶性自恋者的例子包括阿道夫·希特勒（Adolf Hitler）、穆阿迈尔·卡扎菲（Muammar Gaddafi）以及萨达姆·侯赛因（Saddam Hussein）。由于需要维护自己的权力、统治权和优越感，他们会变本加厉地残忍迫害他人。虽然他们与精神病态者相似，但不同之处在于，他们能够内化对错之分，能够建立有意义的个人和社会关系，能够为自己的行为找到合理的动机。他们可能会在关系中保持忠诚，但由于他们的偏执，可能会伤害那些忠诚于他们的人。

自恋型人格障碍亚型：成瘾诱导型自恋

对药物或行为成瘾的人往往会表现出自恋和自私的行为方式，就像自恋型人格障碍患者一样。一旦成瘾者成功戒瘾并坚持数月，成瘾与自恋型人格障碍之间的区别就会变得很明显。此时成瘾者的关系相容值反映的是他们的关系取向，而不是他们的成瘾。被诊断出自恋型人格障碍的人与一个伤害他人、攻击性强的成瘾患者有着相似的自恋倾向。病态自恋者的自恋反映了他们的基本人格，而成瘾者的自恋反映了他们为寻求成瘾药物不惜伤害他人的自私欲望。如果康复或戒瘾之后的成瘾患者依然有自恋症状，他们就可能同时患有自恋型人格障碍——既是自恋型人格障碍患者也是成瘾患者。

边缘型人格障碍

据估计，1.6% 的美国成年人患有边缘型人格障碍（Lenzenweger et al.，2007）。根据美国精神疾病联盟（National Alliance on Mental Illness）的调查，这一数字可能高达 5.9%（NAMI.org，2017）。边缘型人格障碍比许多其他公认的精神疾病，如精神分裂症和双相障碍更常见（Nordqvist，2012）。边缘型人格障碍在青少年和青年人中很常见，18 ～ 35 岁患病率最高（Oliver，2012）。人们一度认为，这种障碍在女性中更为普遍。然而，美国精神卫生研究所的研究表明，边缘型人格障碍在两种性别的人之间的分布是均等的（Grant et al.，2008）。

根据相关的统计手册，边缘型人格障碍是唯一在诊断标准中包含自杀或自伤行为的人格障碍。这种障碍的自伤行为症状可能早在 10 ～ 12 岁的时候就会出现（SAMHSA，2011）。一项前瞻性研究表明，该障碍患者的自杀完成率为 3.8%——比之前研究中的 8% ～ 10% 有了显著下降。尽管如此，这个数字依然是普通人群的 50 倍。格罗让和沃尼克（Grosjean & Warnick，2009）的研究驳斥了这一观念：边缘型人格障碍患者的自杀行为只是为了吸引关注，而不是为了结束自己的生命。他们的研究表明，边缘型人格障碍患者与非边缘型人格障碍患者的自杀行为在致命性和死亡意图方面并不存在明显的差异。他们还破除了这一迷思：与有自杀倾向的边缘型人格障碍患者相比，重性抑郁患者的死亡动机更强。

因泽尔（Insel，2010）的调查发现，85% 的边缘型人格障碍患者患有共病的精神健康障碍，比如：

❖ 61% 的人至少患有一种焦虑障碍，最常见的是特定恐怖症或社交恐怖症。
❖ 49% 的人患有冲动控制障碍，最常见的是间歇性暴怒障碍⊖。
❖ 38% 的人患有物质滥用或依赖障碍，最常见的是酗酒或药物依赖。
❖ 34% 的人患有心境障碍，最常见的是心境恶劣（轻度、慢性抑郁）或重性抑郁。

边缘型人格障碍可能是遭到污名化最严重的精神障碍之一。目前，心理健康领域对于这个词本身的消极含义有不少异议，许多人

⊖ 这是一种行为障碍，主要特征是爆发性的愤怒和暴力，通常会达到暴怒的程度，而且这种情绪与当下的情况并不相称。

认为这个术语有误导性，容易让人产生消极联想。这些患者常常未经诊断、遭到误诊，或者接受了不当的治疗（Porr，2001）。临床工作者可能会限制他们工作中接诊边缘型人格障碍患者的数量，也可能完全不接诊这类患者，因为这类患者对治疗有阻抗。如果患者屡次做出自我伤害的行为，家人、朋友和健康专业人士的失望情绪就会增长，可能会减少对这类患者的照料（Kulkarni，2015）。

边缘型人格障碍的特征是，患者的情绪、自我意象、思维过程与人际关系都很不稳定。如果无法调节自己的情绪，边缘型人格障碍患者往往会做出任性、鲁莽和失控的行为，比如危险的性行为、药物滥用、赌博、疯狂消费或暴食。边缘型人格障碍有一个突出的特征，那就是无法调节心境，这种问题往往被称为心境失调。其症状包括迅速的情绪波动，并伴有强烈的绝望、烦躁或恐惧，可持续数小时至数天。边缘型人格障碍患者会因为强烈的情绪而感到不堪重负、丧失行动能力。无论是喜悦、高兴，还是抑郁、焦虑或愤怒都可以导致这样的情况。他们无法控制这些强烈的情绪。他们不高兴时，会体验到一连串的情绪，产生扭曲而危险的思维过程，以及破坏性的情绪波动，进而威胁他人和自己的安全。

他们对于关系的爱、恨态度完全是一种自恋的过程，因为关系的性质始终是由边缘型人格障碍患者在某一时刻的感受决定的。与自恋型人格障碍患者不同，他们在真诚共情、敏感、慷慨和牺牲等方面的能力与意愿是很有限的。不过，他们给予这些积极的东西并非没有附带条件。如果边缘型人格障碍患者产生报复性的暴怒，那么他们对所爱之人说过的话、给予的东西，都会在刹那之间的怒火中一笔勾销。

极端的生活：爱与恨

边缘型人格障碍患者眼中的世界是极端的：黑或白，全或无。如果他们感到快乐，世界就是美好、完美的地方。他们体验到的快乐相当完美。然而，当他们感到自己被拒绝或被抛弃时，就会下意识地产生鲁莽的愤怒、偏执和绝望。他们会立即陷入强烈的、失控的怒火中，很容易伤害自己或他人。在抑郁、烦躁或暴怒的极端情况下，边缘型人格障碍患者可能会不自觉地对自己或他人做出暴力或致命的行为。

边缘型人格障碍患者通常不会故意伤害任何人，包括他们自己，但他们反射性的情绪爆发导致了暂时的精神错乱。在情绪完全崩溃的时候，他们的思维过程、对情绪状态的理解，以及做出合理、理性决定的能力都会受到严重的损害。由于非理性的、无法控制的憎恨、暴怒和偏执，他们会把自己和所爱之人置于危险的境地。这不是因为他们缺少爱，而是因为他们在那一刻被唤起的愤怒，与他们被压抑的童年记忆有关。他们的那些童年记忆里充满了被虐待、被忽视的创伤经历。

边缘型人格障碍患者很少能维持稳定的长期关系。他们的恋爱关系通常开始得很快、很激烈，并且伴随着大量的兴奋、欣喜之情，以及性的"化学反应"。他们不稳定的情绪可能会朝两个方向发展：爱与崇拜，或者恨与毁灭。因为这样的人几乎没有健康的恋爱经历，所以恋爱初期令人愉悦的"完美爱情"的感觉既不现实，也不持久。他们愉悦的爱情体验是短暂的，因为他们的心理非常脆弱，这导致他们最终会情绪崩溃，感到愤怒。这种非黑即白的恋爱方式让他们的行为总是在两种极端之间来回摇摆，他们要么用大量爱与善意对待伴侣，要么用厌恶、暴力与愤怒的态度对待他们。这种爱恨交织的恋爱过程给伴侣带来了无法承受的负担。

抛弃：核心问题

被诊断出边缘型人格障碍的人，通常会为真实的或想象的抛弃所困扰，而他们会不顾一切地避免这种情况。如果他们感到他人即将离开或排斥他们，他们对自己和他人的想法会产生巨大的变化，他们的情绪稳定性和行为也是如此。无论是真实的还是想象的，任何让他们想起分离与排斥的事物都会让他们用愤怒与充满攻击性的敌意报复他们的恋人。一句错误的评论、一个无关痛痒的分歧，或者一个让边缘型人格障碍患者失望的表情，都能迅速将他们对"灵魂伴侣"的爱转变为对敌人的愤怒和仇恨。长久以来，边缘型人格障碍患者对自己的生活感到不确定，无论是家庭、人际关系、工作还是未来的抱负。他们还对自己的自我意象、长期目标、友谊和价值观有着持续不断的不确定与不安全的想法与感受。他们会一直感到无聊或空虚。

世界上最杰出的边缘型人格障碍专家之一玛莎·莱恩汉（Marsha Linehan，1993）指出："……边缘型的个体在心理上相当于三级烧伤患者。可以说，他们缺乏情感的皮肤。即使最轻微的触碰或活动都能造成巨大的痛苦。"《既爱又恨：走近边缘型人格障碍》（*I Hate You，Don't Leave Me：Understanding the Borderline Personality*）一书的作者克雷斯曼和斯特劳斯（Kreisman & Straus，2010）认为："边缘型的患者患有一种'情绪血友病'，他们缺乏调节情绪冲动所需的凝血机制。刺破边缘型患者的脆弱'皮肤'，他们就会在情绪上流血而死（p. 12）。"

边缘型人格障碍患者对抛弃或排斥的恐惧成了一种自我实现的预言。自我实现的预言是指"对于环境、事件或人的积极、消极期待，这种期待可能影响一个人对这些人或事物的行为，从而促使这些期待得以实现"。为了获得安全感、保障感，边缘型人格障碍患者会迅速建立轰轰烈烈的恋爱关系。迅速形成的情感和性的结合可以暂时保护他们免于可怕的孤独感和无价值感。这些依恋关系只能暂时缓解或减少他们对抛弃的焦虑和恐惧，因为他们有严重的心理缺陷。

在关系中，边缘型人格障碍患者通常很黏人、没有安全感、渴求关注，他们会不断要求别人向他们保证，他们是有价值的。如果他们做出伤害他人的、破坏性的报复反应（尤其是在他们的伴侣不是依赖共生者的情况下），就会导致关系破裂，制造出他们最害怕的情况：抛弃。如果他们的伴侣恰好是依赖共生者，那么爱、破坏与和解的循环就会不断重复。

反社会型人格障碍

根据 DSM-5（2013），反社会型人格障碍患者会习惯性地、一贯地侵犯他人的权利，漠视他人的注意事项，而且毫无悔意。他们可能是惯犯，常做出足以受到拘捕或起诉的行为（或接近于这个程度），以非犯罪的方式操纵和伤害他人，这些伤害行为通常被认为是不道德的、不负责任的，或者钻了社会规范和期望的空子。

反社会型人格障碍患者具有漠视或侵犯他人权利的普遍心理行

为模式，这种模式始于童年或青春期早期，一直持续到成年（DSM-5，2013）。反社会型人格障碍患者在思维、感知和人际交往方面有着扭曲的、破坏性的模式。他们的道德准则往往是有问题的，只根据自己的欲望来做决定，而不考虑其他人的需求或者对他人的消极影响。他们缺乏共情能力，很少表现出内疚或悔恨，会不择手段地满足自私的欲望。他们通常很不诚实、精于算计、自私自利。冲动和不可预测也是他们常有的特点。

据 DSM-5（2013）估计，反社会型人格障碍的患病率为 3.3%。在北美的两项研究中，男性的终生患病率为 4.5%，女性为 0.8%（Robins et al.，1991）。不足为奇的是，该障碍在监狱中很常见：47% 的男性与 21% 的女性患有该障碍（Fazel & Danesh，2002）。在英国，患有反社会型人格障碍的囚犯中，有 63% 是在押候审的男性犯罪嫌疑人，49% 是已宣判的男性囚犯，31% 是女性囚犯（Singleton，Meltzer & Gatward，1998）。据估计，美国有 50% ～ 75% 的囚犯符合反社会型人格障碍的诊断标准，只有 15% ～ 25% 的囚犯达到了精神病态的标准（Hare，2008）。

在所有的病态自恋者中，反社会型人格障碍患者是最狡猾、最善于操纵、对人伤害最大的一类。就这一点而言，他们是病态自恋障碍患者中最自恋的。请注意：尽管所有的反社会型人格障碍患者都是自恋者，但并非所有的自恋型人格障碍患者都是反社会者。

无论与谁交往，反社会型人格障碍患者都对对方的需求漠不关心。作为病态的骗子和狡猾的操纵者，他们通常很不忠诚，喜欢剥削他人。他们不顾及他人，在多数关系中都不负责任。他们还可能会有长期的就业问题，要么是被开除、主动辞职，要么就是在无聊或厌烦的时候无故旷工。反社会型人格障碍患者通常会有法律问题，而且好勇斗狠、侵犯性强、有暴力倾向。

与反社会型人格障碍相关的其他诊断术语有"社会性病态"（社会性病态者）或"精神病态"（精神病态者）。DSM-5（2013）用"反社会型人格障碍"取代了"社会性病态"与"精神病态"的诊断。心理学和精神病学界认为这样的改变是必要的，因为社会性病态的主要诊断特征、症状是"违反社会规则"。研究者认为这一标准是主观的、不断变化的。更新后的反社会型人格障碍诊断有更多具有行为特异性的诊断标准。

精神病态者与反社会型人格障碍患者

1980 年以前，精神病态与社会性病态这两个词是可以互换使用的。尽管两者在行为上有相似之处，比如不诚实、善于操纵、缺乏共情和懊悔的能力，但人们认为它们是不同的诊断。虽然大多数精神病态者都符合反社会型人格障碍的诊断，但并非所有的反社会型人格障碍患者都是精神病态者。人们通常认为精神病态者是危险的、有暴力倾向、控制欲强。他们依靠暴力和恐吓来控制他人，满足自己的私欲。他们不会对自己的行为感到任何内疚、懊悔或焦虑。此外，反社会型人格障碍患者与精神病态者对病理性行为的内化与外化都有所不同。例如，"在许多人看来，他们（反社会型人格障碍患者）缺乏条理，行事鲁莽，会对正常的情境做出极端反应。他们缺乏控制冲动的能力。相比之下，精神病态者很有条理，在采取行动之前，他们往往会秘密计划并详细地幻想自己的行为，有时还会操纵身边的人"。

克里斯·韦勒（Chris Weller）在一篇文章里区分了这两种类型的

反社会型人格障碍：

> 精神病态者很危险。他们有暴力倾向、性情残忍，常常还很阴险。他们对自己的行为毫无悔意。这通常是因为他们大脑中负责恐惧和判断的部分（即杏仁核）受损了。他们会犯下冷酷的罪行。他们控制欲极强，行事冲动，有一种掠夺的本能，会主动发起攻击，而不是在对对抗做出反应时才会攻击。2002年的一项研究发现，93.3%的精神病态谋杀案本质上是工具性作案（也就是有计划的），相比之下，只有48.8%的谋杀案不是由精神病态者犯下的。

> 社会性病态者是另一种类型。他们可能也因为某些大脑区域受损而患有精神疾病。与那些被诊断为精神病态者的孩子不同，成长经历可能也在孩子成为社会性病态者的过程中发挥作用，他们也可能朝精神障碍谱系的另一端发展，更倾向于痴呆。社会性病态的行为会表现为表面真诚、值得信赖，但实际上阳奉阴违、弄虚作假。社会性病态者往往是病态的骗子。他们善于操纵他人，缺乏道德判断能力，但这并不是因为他们缺乏道德准则，而是因为他们的道德准则严重扭曲了（但不一定是危险的）。

虽然精神病态与品行问题、犯罪和暴力有关，但许多精神病态者并没有暴力倾向。虽然这个诊断有"精神病"这个词根，但精神病态者很少患有精神病。在本书中，我将精神病态、社会性病态的诊断都视为同一种障碍——反社会型人格障碍。

遵循快乐原则

反社会型人格障碍患者的生活遵循快乐原则。一件事如果让他们感觉良好，且不必承担不良后果，他们就会去做。他们在生活中总是那么亢奋、追求享乐、走极端，在任何情况下都要寻求刺激和兴奋。每天都有新的机会让自己感觉良好。无论是沉迷于性、毒品、酒精还是消费，他们总是过着不考虑明天的生活。反社会型人格障碍再加上成瘾障碍，就好像火上浇油一样。因此，反社会型人格障碍患者常常也滥用酒精与药物，也就不足为奇了（Lewis，Cloninger & Pace，1983）。大约 15%～20% 的男性酗酒者和 10% 的女性酗酒者符合反社会型人格障碍的诊断标准。相比之下，在美国一般人群中，只有 4% 的男性和大约 8% 的女性符合该标准（Cadoret，Troughton & Widmer，1984；Anthenelli et al.，1994）。

与其他病态自恋障碍患者相比，反社会型人格障碍患者更加缺乏建立互惠关系的意愿与能力。他们是病态的、强迫性的骗子，很容易向别人隐瞒真相。他们依靠骗术和欺诈来维持自己讨人喜欢的面具，让他人放下戒备。对于有些反社会型人格障碍患者来说，欺骗他人就是一种娱乐。他们不仅通过剥削他人获益，还享受这种"狩猎"的乐趣，并且经常用化名来掩盖自己的秘密，他们也可能有多重身份和不为人知的生活。

有些反社会型人格障碍患者会把他们肤浅的机智和魅力磨炼成一套精巧的技能，如果运用得当，就几乎可以愚弄任何人，包括那些与他们相识一生的人。他们的受害者，或者那些将他们讨人喜欢的魅力信以为真的人，往往对他们隐藏的目的一无所知。这些编排、表演大师表演得惟妙惟肖，简直可以赢得奥斯卡奖。非凡的魅力是反社会型人格障碍患者的面具，帮助他们融入社会，达成他们虚伪、社会性病态的目标。如果他们的秘密计划被发现（通常是由于意外或错误），他们的受害者会因为自己如此轻信这种人而感到羞愧和震惊。

在旁人的口中，泰德·邦迪（Ted Bundy，精神病态的连环杀人犯）曾是一个英俊潇洒、能言善辩、非常讨人喜欢的人。他会说一些受害者想听的话，从而利用他们。他凭借自己的魅力接近那些他最终会杀害的人。他在七个州被判犯有 30 起杀人罪，但真正的犯罪总数仍然不为人知。

伯尼·麦道夫（Bernie Madoff）是另一个迷人、聪明、极其擅长利用他人的反社会型人格障碍患者。作为一名商人，他从毫无防备的投资者手中偷走了 500 亿美元，这些投资者包括朋友、家人、慈善机构、老年人等。许多受害者失去了他们所有的个人储蓄，有些受害者连养老储蓄都被洗劫一空。亲朋得知麦道夫的罪行后都非常震惊。据报道，几乎不曾有人怀疑他会犯下这样恶劣的罪行，因为大家都知道他是个善良、敏感、慷慨和值得信赖的人。

反社会型人格障碍患者能够利用他人作为掩护或伪装。通过建立一段虚假的"正常"关系，他们能让自己显得像正人君子一般——完美地隐藏自己不为人知的一面。他们会做出慈爱与关心他人的样子，尤其是在能帮助他们获得自己最重视的东西（性、经济保障、关心他们的人，或者是一段关系中的地位）时。这样的两面派作风使他们能够自由地行鬼鬼祟祟、卑鄙之事而不被发现。这就是为什么那么多人在听说隔壁的邻居是社会性病态者时会感到十分震惊。

操纵大师

反社会型人格障碍患者很善于利用伴侣来获得经济或个人利益，而且他们不会感到内疚或羞耻。他们经常用一套扭曲、怪异的信念来为自己的不诚实和操纵、伤害他人的行为辩解，例如"想要什么就要尽快下手，否则别人会抢先一步""这个世界是残酷无情的……你应该在有能力的时候尽可能多地为自己牟利"或者"有时你是刀俎，有时你是鱼肉"。

在面对受害者甚至法律的质问时，他们通常会言辞激烈地否认自己有任何不当行为，而且相当令人信服。反社会型人格障碍患者会把人们关注的焦点从自己身上转移开，并且常常把自己的反社会行为归咎于受害者的无知或轻信。他们无法容忍任何人试图阻止他们攫取自己想要的（或认为自己需要的）东西。对于任何试图阻止他们的人，他们可能会变得非常可怕，并丧心病狂地攻击和侮辱这些人。在被质问或被激惹的时候，他们很容易暴怒，甚至诉诸暴力。他们会用这种方式，在身体、言语、心理或性等方面虐待他人，因为他们觉得自己有权利这样做，而且他们无法控制自己的攻击性或暴力冲动。显然，依赖共生者很容易受反社会型人格障碍患者的魅力的影响，受到诱惑和操纵。由于依赖共生者具有"他人取向"的心理模式，所以他们很容易遭受反社会型人格障碍患者的家庭暴力。反社会型人格障碍患者会采用一系列策略，全面地削弱、侵蚀，进而剥夺依赖共生者真实的、感知到的个人效能感与力量感。

成瘾障碍

成瘾障碍是一个笼统的术语，指的是对某种成瘾性物质或行为的持续性、强迫性依赖。对某种药物或行为（如性或赌博）成瘾的人，只有同时表现出上述三种病态自恋型人格障碍中的一些显著病态特征，才符合病态自恋的诊断。如果他们不符合任何其他的诊断标准，那么导致他们出现心理病态或不正常行为的原因则是成瘾，而不是内在的心理紊乱。尽管会带来消极后果，但成瘾障碍患者依然不得不继续使用某种改变心境的物质，或表现出具有破坏性、重复性的行为模式。这是一种逐渐发展的障碍，其病因在于大脑。

反思

❖ 在你认识的人中，有隐性自恋者吗？如果摘下面具，他们会做什么？

❖ 你曾遇到过反社会型人格障碍患者吗？如果遇到过，你怎么知道对方是这种人？

❖ 对你来说，和边缘型人格障碍患者相处最难的一点是什么？

第 11 章

"煤气灯"式操纵与自恋虐待综合征

自恋虐待综合征

近年来，越来越多的书、文章、博客、视频和社交网站都开始关注自恋虐待综合征（Narcissistic Abuse Syndrome），也就是自恋受害者综合征（Narcissistic Victim Syndrome）。就像大多数被发现、被理解的新型心理、关系现象一样，研究者必须收集描述性的、诊断性的数据，这种心理现象才能被更广泛的临床、心理健康领域接受。关于这种现象的研究与文献越多，人们就越有可能开发出有效的治疗和支持服务。虽然自恋虐待综合征在本书中只有几段的篇幅，但其对于人际磁石综合征的内容却有着极大的重要性和意义。

自恋虐待综合征与人际磁石综合征是不相关的，彼此之间也几乎没有相似之处。前者主要是指自恋者对依赖共生受害者实施虐待的模式。用最简单的话讲，人际磁石综合征解释了相反人格类型者相互吸引的原因，以及尽管一方或双方都不开心，而这种关系却能持续下去的原因。抛开这些差异不谈，我估计至少75%的依赖共生者都在关系中遇到过某种形式的自恋虐待综合征。

自恋虐待综合征是一种由病态自恋者对软弱、脆弱的个体实施的身体、情感、性虐待模式。由于自恋虐待综合征的受害者通常缺乏自信、自尊和社会支持，他们很容易被施虐者"困住"。"被困住"的体验可能是一种准确的判断，也可能是被人精心灌输的"被困住的感觉"，后面这种行为也就是所谓的"煤气灯"式操纵。各式各样的人都可能成为自恋虐待综合征的受害者。然而，无论是那些感觉被困住、相信自己能够控制或减轻自身所受虐待的人，还是那些相信自己被虐待是活该的人，他们都是依赖共生者，或者患有"自爱缺陷障碍"。

自恋虐待综合征是一种慢性障碍，这是由人际磁石综合征导致的。人际磁石综合征有着复杂的心理动力和关系动力，这些动力促成并维持了施虐者与受害者的关系，并导致他们都无法结束这样的关系。自恋虐待综合征的受害者，即依赖共生者，无法（或相信自己无法）制止虐待、结束关系，是因为：

❖ 不确定施虐者到底有多危险
❖ 害怕承担真实的后果
❖ 害怕对方的威胁，或遭受报复
❖ 害怕遭受社会与家庭的排斥与孤立（害怕他人站在施虐者那一边）

❖ 人身限制

❖ 经济限制

❖ 各种形式的主动、被动、隐性的胁迫与操纵

❖ 成功的"煤气灯"式操纵

❖ 依赖共生成瘾戒断反应，尤其是病态孤独

　　作为病态自恋者，自恋虐待综合征的施虐者要么是自恋型、边缘型人格障碍患者，要么是反社会型人格障碍、成瘾障碍患者。施虐者的共情能力越差，就越能够控制和支配依赖共生受害者。他们通过挫败或削弱受害者维护自己、寻求保护或帮助的决心对受害者施加控制，维护自己的权力。他们利用各种形式的主动、被动和隐性的操纵与攻击，确保依赖共生的受害者待在关系里，既不反抗也不揭露他们。

　　自恋虐待综合征中最有效的控制手段，是病态自恋者不断施加的洗脑与"煤气灯"式操纵。使用这些手段的病态自恋者要么是社会性病态者（反社会型人格障碍患者），要么具有社会性病态的特质。

与恋童癖的相似之处

　　与恋童癖患者（对儿童进行性虐待的人）一样，自恋虐待综合征的施虐者能"嗅出"依赖共生的受害者。这些受害者天生无法识别施虐者的诡计和精心设计的操纵手段。就像在操场上徘徊的恋童癖患者一样，这些施虐者好像有着激光制导的视觉一样，能

够发现并锁定那些对他们的邪恶意图全无察觉、毫无防备的人。这些施虐者还有一种不可思议的能力，可以分辨潜在受害者是否怀有病态的孤独感，或者是否为根深蒂固的、真实或感知到的无力感、脆弱感所困扰。他们会从人群中捕捉到任何一个看起来格格不入、与所爱之人有隔阂的人，尽管他们声称会保护和爱这些受害者，但他们对受害者既不感兴趣，也不会陪伴他们。自恋虐待综合征的完美受害者早已学到，反抗是徒劳的，往往会让事情变得更糟。

这些狡猾的施虐者往往是社会性病态者，他们故意玩弄受害者的人际磁石综合征体验，让受害者无可救药地爱上他们。一旦进入"灵魂伴侣"的迷雾，依赖共生者就会邀请这些心怀不轨的人进入他们的（身体与情感的）脆弱领域，而诡计多端的病态自恋者就会在这里"永久定居"。

洗脑

洗脑与"煤气灯"式操纵只是施虐者采用的许多精神控制策略中的一小部分。这两者的主要区别是，洗脑依赖于强制性的、明显的精神控制策略，而"煤气灯"式操纵则会秘密行事。剑桥、牛津与韦氏字典对"煤气灯"式操纵的定义分别如下：

❖ 不断地告诉他人某件事情是真的，不让他们获取任何其他信息，从而让他们只相信操纵者想让他们相信的东西。

❖ 通过系统性的（往往是强制性的）手段，迫使某人接受某些完全不同的信念。

❖ 用宣传或推销的手段说服他人。

精神控制中的洗脑

洗脑是为了改变他人的信念体系、感知、态度与分析能力而采用的强制性的心理策略。通过重复、刻意混淆、恐吓与一系列精心设计的宣传攻势，受害者在无意识中放弃了自己对现实的看法（感知与分析），接受了对方灌输给他们的现实。

这是一种有条不紊、循序渐进的"教导体系"，会将一套在洗脑之前不属于受害者的信念灌输给他们。凭借系统性地运用隔离、言语及身体虐待，以及睡眠剥夺、营养不良等思维蒙蔽手段，洗脑降低了受害者的舒适度与希望感。洗脑还把残酷的行为转变成了看似无私的关心，从而为受害者制造了心理上的不稳定，增加了他们的不确定性与绝望。这些行为最终导致受害者接受了一套具有强制性的观念、看法与信念。洗脑通常出现在孤立的环境里，也就是说，这个环境里没有"正常"的社会参照。在这个环境里，受害者经常遭受身体伤害，或经常受到这样的威胁，这也增加了他们进行批判性、独立思考的难度（Leighton，2017）。

何谓"煤气灯"式操纵

"煤气灯"式操纵是反社会的病态自恋者对脆弱的依赖共生受

害者使用的一种险恶的精神控制方法。他们会选择这样的受害者：那些相信他们虚假的无私、情感与保护的承诺的人。当自恋者把自己伪装成忠诚、尽责、无条件地保护与关爱受害者的人时，"煤气灯"式操纵最为有效。

"煤气灯"式操纵者会全面地控制依赖共生者所处的环境，让他们无力反击，远离任何能够帮助他们的人，相信自己有一些缺陷，因此只要离开了与操纵者那精心设计的、虚假而真实的关系，他们就一无是处、无人喜爱。

操纵者会给受害者灌输一些信念，或是经过修改和扭曲的现实，从而削弱他们，瓦解他们的防御，让他们的心理与自身作对。狡猾的操纵者会选择一个问题，这个问题要么之前是不存在的，要么只是一个轻微或中度的、受害者已经知道的问题。操纵者会精心而有条不紊地控制受害者的环境，让他们反复体验到这种人为制造的问题。

无论这种问题是"新的"还是已经存在的，操纵者都会抓住人为制造的机会，给受害者灌输一些信念，让他们为自己的行为感到内疚，为自己感到羞耻，并相信仅凭自己的力量无法控制这种"问题"。随着时间的推移，这种情况会进一步让受害者产生不安全感和偏执。

操纵者不断给受害者灌输关于这种问题的虚假信念，使他们相信自己无法控制或消除这个问题，而且这个问题已经对他人产生了影响。操纵者故意为受害者制造了绝望、无力的想法和感受，加深了他们之前存在的核心羞耻感。这种做法加深了他们的这种愿望：与世隔绝地待在只有他们自己和操纵者存在的安全世界里。

操纵者不仅让依赖共生的受害者找不到任何可以保护或拯救

他们的人，还让他们相信那些人不在乎、不爱他们，或者不想和他们在一起。此外，操纵者还有效地说服了受害者，让他们相信，如果他们去拜访自己的朋友或所爱之人，带来的坏处远大于好处。在"煤气灯"式操纵的严重案例里，受害者会维护操纵者，如果有人试图干预他们的关系，受害者就会如临大敌。受害者不仅会维护这些新的自我信念，还会对"爱他们""保护他们"的操纵者怀有无可比拟的忠诚。这些错误信念，再加上忠诚和感激之情，会阻止受害者接受帮助。与此同时，操纵者会给受害者灌输关于他们所爱之人的错误信息，其唯一的目的是进一步疏远或断绝那些关系。

如前所述，由于依赖共生者有童年依恋创伤，以及随之而来的关系模板，而且他们终生都有着心理健康与自爱缺陷问题，所以他们是"煤气灯"式操纵的完美受害者。可悲的是，童年时"天才"或"模范儿童"的经历让他们相信并认同了那些被灌输的信念，这些信念规定了他们是谁，应该有什么感受、什么想法，其他人有多看重他们、爱他们，以及他们对于消除自身问题有多无力。

说教与信念

说教

是"灌输"的一种描述性说法。这是一个完美的"煤气灯"式的词，因为具体描述了其主要的操纵过程。Dictionary.com 网站（2017）将"说教"定义为：通过反复说明或警告进行灌输，坚持不懈地"谆谆教诲",导致或促使某人接受一种想法或感受。剑桥在线词典将其定义为:通过频繁的重复,促使某人产生某种信念或价值观。我将"煤气灯"式操纵定义为:特意植入虚假、扭曲的信念,使一个人陷入破坏性的骗局,失去控制权,并且放弃个人自由,以及关于自我价值、自尊和能动性的信念。

自我信念

自我信念是一个人的"自我故事"。此人相信这个故事是真实的,并将其讲述给别人。自我信念是由真实的、根植于准确记忆中的自传体信息组成的。自我信念是通过一个人与生活中的人和事有机互动形成的。这种自我故事是由个人经历与记忆的相互对抗的力量组成的,这些力量在本质上都是不断演变的。

自我信念是指一个人对于整体自我评价的主观理解,以他所讲述的相关故事。这个整体自我评价涉及他的优势、缺陷,以及介于这两者之间的其他特点。这种信念就像一面镜子,时时刻刻都准确地反映出了这个人的自我现实。自我信念一旦表达出来,就能传递出一个人的内在信念结构、思维、感知以及情绪。自我信念不仅能准确反映一个人的过去和现在,也能预测未来。自我信念反映了一个人对自我价值、自己对他人的重要性的主观评价。自我信念既可以认同与增强自我欣赏和自爱,也能起到削弱和挑战的作用。因此,自我信念能够预测情绪、心理和关系的健康。

自我信念就像一个人的"生命图景",要想理解和解释自己是谁,就必须仔细审视这幅图。最后要说的是,自我信念为关系信念奠定了基础。

关系信念

关系信念是一个人告诉自己的故事——这个故事讲述了他对于一般他人或特定的人有多重要。积极或健康的关系信念由积极的理念、想法或感受组成，能让一个人感到自己值得被爱、被尊重、被关心。这种信念常会以投射的形式出现，即这个人会将自我价值投射到他人身上。举例来说，如果一个人有着良好的自尊，相信自己是可爱的、值得被爱的，那么他就会把这个"故事"投射到他认为的那些喜欢他、爱他的人身上。这种关系信念自然会深受自我信念的影响。两者的基础都是准确的自传体信息——不断被经历与记忆强化的回忆。

被操纵的自我信念

被操纵的自我信念是一些被人为制造出来的故事，经过隐秘、恶意地改造，全面地植入被操纵的信念之中，从而取代、挑战或贬低受害者的本来的理念，并被当作"真相"灌输给受害者。这些故事的说教强化了一个人的以下感受与观点：自己是有缺陷的、无能的、不值得爱的。操纵者用狡猾而有条不紊的方式将这些故事植入受害者的心中，让受害者怀疑、忘记并抛弃更健康的、更自信的信念。这是一种隐蔽的精神控制、个人操纵与关系操纵，背后有一套旨在孤立、控制和支配的全面计划。

被操纵的关系信念

被操纵的关系信念是一种以精心设计和编排的虚假自我信念为

基础的故事，并与后者相互交织。用现在的话来说，这种"假新闻"用于对受害者反复说教，使他们相信这就是事实。就像被操纵的自我信念一样，这种被操纵的关系信念是一种经过系统性植入的暗示，让人相信自己不值得爱、不受欢迎，或者给朋友和亲人的生活带来了压力和不适。操纵者还会散布关于受害者亲朋的歪曲、不完整和不真实的消极信息。这种做法的目的就是在受害者与外界之间挑拨离间。如果没有外人揭开操纵者的真面目，让受害者看清，操纵者就会达成完全孤立和心理控制的最终目的。

被操纵的自我信念和关系信念会相互强化。经过反复说教，受害者会相信他们有心理健康问题，更容易接受人为捏造的关系信念。因此，支离破碎的自我信念与被灌输的关系信念是相互匹配的，就像套上手套的手一样。同样地，人为捏造的关系信念在一个人心中埋藏得越深，就越能证明被植入的自我信念。

下面的两个小故事说明了有轻度到中度问题的人如何受到操纵，从而相信自己的问题比实际情况更糟糕，以及他们怎样在系统性引导之下，去信任那些原本给他们造成伤害的人。

被操纵的杰克

35岁的杰克是一名事业有成的婚礼摄影师，他和46岁的企业家、一家会计师事务所的CEO罗伯特有着长期稳定的关系。从8岁开始，杰克就一直有些不太严重的社交焦虑。他自恋的父亲不"相信"任何治疗焦虑的方法。父亲认为只要稍加努力就能控制这种问题，所以不让杰克寻求帮助。进入大学之后，杰克开始服药，并定期向一名心理咨询师寻求帮助。尽管他常与嫉妒心重、控制欲强的男人陷入大起大落的恋情，但他在大学的学业上及随后的工作中都表现得不错。前男友离开他并且和另一个男人在一起之后，杰克的焦虑问题开始加剧。他的症状包括间歇性的轻度惊恐发作，不过并不需要外部干预。

杰克遇见罗伯特的时候，产生了一种"我的脚失去了知觉……我好像飘在空中"的感觉，这种一见钟情的感觉让他难以抵挡。罗伯特不仅才华横溢、英俊迷人，似乎还很擅长用简单的方法解决复杂的问题。他"能干"与"负责"的特点最受杰克的喜爱。就像许多刚刚坠入爱河的人一样，杰克不再和家人朋友交流，他只想和罗伯特在一起。

罗伯特对杰克没有丝毫评判，无条件地接纳了他的焦虑，因此杰克完全放下了自己的戒备。事实上，在恋爱初期，罗伯特经常对杰克说，他焦虑的时候很可爱。杰克从没有感受过这样的耐心、宽容和情感自由，这让杰克在做他平常的、焦虑的自己时感到更加舒服。最让杰克心动的一点是，罗伯特愿意协助他克服一直困扰他的焦虑。

在恋爱的头几个月里，杰克经历了间歇性的焦虑发作和几次轻度的惊恐发作。他曾为此向心理治疗师和精神科医生求助，就像他在遇见罗伯特之前那样。杰克不知道的是，罗伯特是一个社会性病态的"煤气灯"式操纵者，将自己巧妙地伪装成了一个善解人意、充满同情心的伴侣，一心帮助杰克处理他的焦虑。

杰克的焦虑并没有缓解。实际上，频繁地讨论焦虑，再加上罗伯特建议他一有焦虑就记录下来，都让他更加紧张了。在一次深夜谈心中，杰克告诉罗伯特，他对心理治疗和药物可能不再有效感到担忧和恐惧。罗伯特指出，这些方法不仅可能没有效果，还可能使事情变得更糟糕。

由于罗伯特坚持说心理治疗和药物没用——这是"懒人的解决方法"，所以杰克决定不再去看他的心理治疗师和精神科医生，并停止服药。罗伯特说："不论开始还是结束，一个人的问题始终都在他的头脑里，所以控制自己的心理才能解决问题。"罗伯特承诺教杰克心理控制技术，杰克对此感到非常乐观。

尽管杰克想再去见一次他的心理治疗师和精神科医生，以便道谢和道别，但他听从了罗伯特的警告：这样的讨论只会冒犯他们，让他们生气。这样一来，他们两人会一起设法让杰克继续治疗。罗伯特预测，这样的会面本身就会引发严重的惊恐发作。杰克也相信了这种说法。为了保护自己，不让心理治疗师和精神科医生强迫他回去治疗，杰克不再理会他们的电话和电子邮件。

罗伯特声称他理解杰克的焦虑，并且给了杰克许多关爱，杰克觉得得到了肯定和保护。罗伯特似乎真的在一心帮助杰克消除所有触发焦虑的因素，然而这些因素包括了杰克的大多数亲密朋友和家人。尽管杰克的社交圈在逐渐缩小，但他比以往任何时候都感到了更多的理解和关心。

在杰克的生活中，仅剩的一个有问题的领域就是他的工作。罗伯特说，婚礼摄影是一个自然会引发焦虑的领域，他的任何建议和指导都无法解决这个问题。他建议杰克辞职，远离工作一段时间，让杰克试着找到"平静的内心"。这个决定很容易做，因为罗伯特借给了杰克一大笔钱，足以支付他的生活费用。最棒的是，罗伯特无私慷慨地坚持要杰克搬去和他一起住。罗伯特让他不要把钱浪费在像老鼠夹一样的一居室公寓上了。杰克很喜欢那套公寓。

搬到罗伯特家的几个月之后，杰克越来越担心自己的焦虑会加剧，而罗伯特也在不断地让他想起这个问题。罗伯特让杰克相信，他没有付出足够的努力坚持练习心理控制，并且指责他在无意中破坏这个计划。从这时起，罗伯特开始嘲笑并指责杰克缺乏耐心，而且很悲观。尽管杰克不同意罗伯特的说法，但他不会反驳这个为他付出如此之多的人。

杰克收到了几封来自母亲和姐姐的电子邮件，她们在信中请求他离开罗伯特的家。她们担心杰克被洗脑了。杰克向罗伯特寻求安慰和支持。罗伯特帮他看到，他的母亲和姐姐已经不了解他了，她们更关心自己的利益，而不关心他。罗伯特的"明智"建议再次显得很有道理，于是杰克加倍努力地躲开他的家人。一个月后，杰克最好的朋友和母亲分别给罗伯特打来电话，请他转达他们的爱和关心。罗伯特解释说，杰克"很好……也很开心"，但他需要一些时间整理思绪，然后才能联系他们。罗伯特答应鼓励杰克与他们联系。

三周之后，杰克的家人尝试把杰克从罗伯特家里拯救出来，但没能成功。罗伯特终于说服杰克，他的家人都是两面派和自私鬼。他们说好远离这些"入侵"他们"幸福家庭"的人。

又经过了几个月的心理控制，杰克开始怀疑，他现在所处的这个安全环境是否让自己的感受更糟糕了。他请求罗伯特允许他回去接受心理治疗，或者重新开始服药。罗伯特对杰克放弃计划的想法深感失望和气愤。他还提醒杰克，他为了帮助杰克解决焦虑问题，已经从自己的腰包里掏了不下10万美元。杰克开始哭泣，乞求罗伯特的原谅，并承诺再也不提心理治疗和服药的事了。杰克相信，他的焦虑让每个人都不喜欢他，让他成了一个坏人。这种念头已经根深蒂固了。

交往一年之后，杰克对自己的焦虑以及罗伯特把他赶出家门的可能性怀有越来越大的偏执。他们之间不再有任何亲密，罗伯特对他的漠视和厌烦表现得十分明显。由于极度焦虑，杰克陷入了严重的抑郁，暗自希望自己去死。

杰克很快发现罗伯特有了外遇。罗伯特立即否认了杰克的指控，并且一怒之下狠狠地推了杰克一把。杰克撞到了厨房的墙壁上，肩膀几乎骨折（墙壁也几乎被撞破）。罗伯特威胁杰克，如果杰克不能更好地处理自己的焦虑和偏执，他就会离开杰克。这让杰克再也不敢做出类似的指控。

三个月后，杰克吞下了一瓶止疼药，试图自杀，然后又拨打了911求助。尽管他提出抗议，但他还是被转介到了一家精神病院接受强化治疗。多亏了一位坚持不懈的心理治疗师，以及来自家人和朋友的爱和支持，杰克终于认清了自己两年来遭受的"煤气灯"式操纵的禁锢。他再也没见过罗伯特。两年后，经过大量的心理治疗，杰克恢复了心理健康，与另一个健康的人建立了安全的、充满爱的关系。

被操纵的肯德拉

肯德拉和弗兰克已经结婚15年了。就像大多数恋爱关系一样，他们的关系一开始充满了兴奋、乐趣与性。一开始，弗兰克一直称赞肯德拉健美、娇小的体格。然而，在怀孕的前三个月里，弗兰克却开始对肯德拉上涨的体重说三道四。起初，弗兰克的话都是委婉的评论，就像观察结论一样，但随着怀孕进程的推进，他对肯德拉的体重越来越挑剔。生完孩子的几个月后，弗兰克的评论变成了刻薄的嘲笑。他甚至说肯德拉肥、胖、像一桶猪油。到了婚姻的这个时候，弗兰克对性完全失去了兴趣。

生完孩子之后，肯德拉一直减不掉多余的 15 磅体重，而弗兰克的侮辱变得越来越频繁和严重。弗兰克甚至问她，她觉得谁会想和一头"恶心的鲸鱼"做爱。弗兰克常对肯德拉说，嫁给他是她的幸运，尤其是在她对他玩了"偷梁换柱"的把戏之后——仅凭这一点，大多数男人都会离婚。

言语和情感的虐待，再加上减不掉生育后的脂肪的无力感，让肯德拉时常感到抑郁和焦虑，而她选择自己最喜欢的"药物"——食物——来消除忧愁。可想而知，肯德拉变得更胖了。她体重越重，弗兰克的言语虐待就越严重，也越能给自己没兴趣与她做爱找借口。孩子两岁的时候，肯德拉又胖了 5 磅。她不再认为自己是一个有体重问题的美女，而认为自己是"一头病态的肥鲸鱼"。

大约在这个时候，肯德拉开始注意到弗兰克经常深夜加班，时不时地和朋友去旅行（"只带哥们儿"）。尽管肯德拉怀疑弗兰克对她不忠，但她害怕质问弗兰克，也害怕这一切只是她的想法，而她只是反应过度了。自责和自我批评对她来说很自然，因为在她小时候，喜欢评判和挑剔的父母对她的体重也有很多批评。

一天晚上，几杯酒下肚之后，肯德拉短暂地从自我怀疑的牢笼中挣脱出来，质问弗兰克是否有外遇。听了她的话，弗兰克暴跳如雷，对她大喊大叫，说她多疑，没有安全感。肯德拉拿出了外遇的证据，弗兰克立刻冷静了下来，没有任何愤怒的迹象。他泪流满面地说，如果不是肯德拉自暴自弃，他绝对不会对她不忠。他对肯德拉没有兴趣是她的错。他反复道歉，说为自己感到羞愧，请求肯德拉再给他一次机会。然后他为自己开脱，说"他只是一个男人"，必须设法满足自己的性需求。

由于弗兰克把他的出轨怪在肯德拉头上，她的抑郁和焦虑愈发严重了。她经常卧床不起，或者试图用食物来摆脱自己的羞耻感。想到弗兰克和另一个女人在一起，再加上对自己的肥胖感到尴尬，一直伴随肯德拉的羞耻感和被抛弃的恐惧又被唤醒了。这进一步加剧了她情绪化进食的问题。对肯德拉来说，她是一头恶心的肥鲸鱼，理应有一个出轨的丈夫，这是无法逃避的事实。

其他"煤气灯"式操纵的术语

"煤气灯"式操纵循环

操纵者利用他给受害者灌输的问题，使问题上升到心理病态的程度，从而证明他对受害者的伤害是正当的。对受害者来说，操纵者没有像其他亲朋好友那样（像操纵者所说的那样）抛弃他们，这让他们感到既难过又幸运。此时"煤气灯"式操纵的每一步都已经完成，受害者已经没有逃脱的可能了——即使他们愿意也逃不掉了。前面的两个故事说明了这种无处可逃的控制。

"煤气灯"式逻辑

"煤气灯"式逻辑是指受害者歪曲且有缺陷的逻辑推理能力。

反复灌输的虚假信念会导致受害者的思维、情绪和智力受到干扰，以致受损。其结果是，受害者的逻辑思维与推理能力因洗脑而消失，取而代之的是精心设计、系统编排的错误逻辑。"煤气灯"式逻辑使受害者无法唤醒之前能够进行批判性思考的自我，并且在无意识的层面相信那些灌输给他的原则、逻辑和推理是自己的。如果他人试图打破或反驳这种被灌输的逻辑系统，这种逻辑就会变得非常顽固。下面的表述体现了"煤气灯"式逻辑的半线性性质：

- ❖ 我的爱人不会伤害我，因为他总是告诉我，我对他有多重要。
- ❖ 我完全相信他是我的后盾，他会保护我。
- ❖ 他向我证明了他理解我的低自尊和缺乏安全感的问题。
- ❖ 他说他想帮助我克服自尊和缺乏安全感的问题，我相信他。
- ❖ 如果他说某件事是真的，那就一定是真的。他永远不会对我撒谎。
- ❖ 如果他说我有问题，我会相信他。
- ❖ 当我的焦虑影响我们的生活时，他会冷静地让我知道这一点。他这样做是为了保护我。
- ❖ 尽管我的坏习惯有时让人讨厌，但他依然说他无条件地爱我。
- ❖ 他说有些人不喜欢我，他会保护我不受那些人的伤害。
- ❖ 他会提醒我，我的情况越来越糟，并且告诉我不该失去希望，从而让我保持专注。
- ❖ 虽然我有许多让人感到无力的心理问题，但他承诺永远不会离开我。

❖ 他告诉我，我的朋友和老板都跟他说过，我缺乏安全感的问题让他们感到恼火。

❖ 在他的鼓励和给予经济支持的承诺下，我辞掉了工作。

❖ 他带我去看心理咨询师，这名咨询师也认为我的情况越来越糟。

❖ 我不去看心理咨询师了，因为我听到他对于我们的支出颇有怨言。

❖ 我不服抗抑郁药了，因为这些药很贵，而且显然对我没有帮助。

❖ 除了我的爱人以外，所有人都抛弃了我，因为我极度缺乏安全感。

❖ 我的爱人是对的。我能拥有他真的很幸运，因为别人都不能忍受我的疯狂。

❖ 我同意他的看法，不见我那个恶意中伤他人的妹妹。她一直在求我跟她说话。

❖ 我很感谢他的支持，尤其是现在我们没有钱的情况下。

❖ 在我质问他是否对我不忠后，他带我去急诊室寻求帮助，以治疗我失控的偏执。

❖ 我被诊断出了抑郁诱导的偏执，医生给我开了抗精神病药物。

❖ 医生同意我丈夫的意见，认为我需要多信任他一些。

❖ 能得到爱人无条件的爱和保护，我真的非常幸运。

"煤气灯"式操纵是一个范围广、种类多的话题，这里只呈现少数一些。

"煤气灯"式操纵方法

"煤气灯"式悖论

任何试图打破操纵或揭露操纵者谎言的企图，最后都证明了他所编造的故事。在杰克向罗伯特分享自己对于持续不断的焦虑的担忧时，尽管杰克停止了"起反作用"的药物治疗、心理治疗和精神病学治疗，但罗伯特依然让他相信自己有错，因为他没有付出足够的努力来防止焦虑的产生。

"煤气灯"式秘密同谋

受害者相信外界的其他人，以及他以前信任的人都想伤害自己。只有受害者与操纵者结成秘密同盟，"煤气灯"式操纵才会生效。罗伯特让杰克相信，他的家人并不关心他过得是好还是坏。正是因为如此，杰克才能毫不犹豫地把他们从自己的生活中剔除出去。

炸桥

操纵者让受害者相信，其他人不喜欢、不爱或者不关心他们，并且想要伤害他们。他们哄骗受害者，让他们去与那些"冒犯"他们的人对质，故意导致这些关系的破裂。有一个操纵者怂恿自己的女朋友去和上司对质，因为她在过去两周里迟到了三次，被这名上司告了状。操纵者鼓励她坚守自己的立场，不要让"恶霸"任意欺负她。她把这些灌输给她的话在上司面前重复了一遍，于是她被解雇了。她失去了工作，就需要搬去和操纵她的男朋友一起住，因为她负担不起生活的费用。

夸张演绎

夸张演绎是最可怕的"煤气灯"式操纵技术。这是最强大、最有效，也最有害的方法。这种方法是指，操纵者通过精心设计的诱发、触发事件，使他先前灌输的信念变得更加稳固。操纵者有条不紊地让这些事件愈演愈烈，即使受害者接受被灌输的问题，也变得无能为力，需要操纵者的"保护"和"照料"。这种操纵方法摧毁了受害者保护自己的决心，并且催生了无能为力的信念。这种方法会使受害者陷入绝望的状态。到了这时，他们不仅放弃了自己对于现实的看法，还会进一步地从伤害他们最深的人那里寻求安慰和保护。

四类操纵者

虽然以下四类操纵者看起来有显著的区别，但他们都使用了相似的心理与行为控制策略。对于毫无戒备的受害者而言，他们所受的伤害有多深，不是由操纵者的类型决定，而是由操纵者的邪恶与社会性病态程度，以及他们自身的易感性、弱点和心理受损程度决定的。

社会性病态、反社会型人格障碍者

社会性病态、反社会型人格障碍者是四种类型中最糟糕的。他们天生擅长"煤气灯"式操纵，因为他们的共情、悔过与关心他人福祉的能力都低于常人。他们善于欺诈，完全缺乏同情心，因此他们非常善于编造和精心设计自我以及生活的方方面面。要逃脱他们操纵的"牢笼"几乎是不可能的。他们具有反社会型人格障碍，可以毫无愧疚地毁掉一个人生活的方方面面，只有在被发现之后才会停止。他们不会受到内疚或认知失调（糟糕行为带来的压力）的束缚，因此在追求支配与控制的过程中不会受到任何阻碍。就这样，他们专门对那些容易相信他们虚伪的利他主义、情感与给予保护的承诺的人下手。

恶意的、恃强凌弱的自恋者

恶意的、恃强凌弱的自恋者是有攻击性的、有威胁性的、喜欢惩罚他人的人。这些操纵者会利用他们受到虐待、诽谤、遗忘的真实故事，把自己伪装成英勇无畏、打败"敌人"的救世主或殉道者。他们比其他类型的操纵者更愤怒、更坦率，喜欢炫耀自己"不畏强权"的心态，却将自己伤害、恐吓他人的行为说成是忠诚与保护的必要行为。

他们会迎合被其他自恋者或自恋者群体胁迫或欺骗的依赖共生者。他们会戴上面具，伪装成强大而好斗的保护者，去拯救他们依赖共生的受害者。借助表面上的理想主义、力量以及自诩的勇气，他们与受害者成了朋友。社会性病态让他们能够做出任何事情来吸引并捕获受害者，这种能力可能会对其他人造成巨大的伤害。

这类操纵者喜欢用震慑的方式进行精神控制。他们毫不掩饰自己的消极、挑剔、轻蔑与控制。隐性操纵者非常耐心，能够歪曲现实，用一系列操纵手段来消磨受害者的抵抗，迫使他们服从。与此不同的是，恶意的、恃强凌弱的自恋型操纵者会强迫受害者进入自己设计好的环境里，而受害者必须找到适应的方法。

狡猾的隐性自恋者

狡猾的隐性自恋者很有魅力，人们认为他们相当可爱。他们通常从事的职业使他们能炫耀自己虚假的利他主义、耐心和善良，并且为他们赢得了地位、关注与赞赏。职业就是他们最好的伪装。他们会采用微妙的、不易察觉的精神控制，并使用复杂的、系统性的方法否认自己在用社会性病态的方式操纵他人。在他们的人际关系中，旁人会认为他们是过度关心和溺爱他人的照料者。他们给那些毫无戒备的人灌输自己编造的故事，完美地扮演了救世主的角色，从而赢得人们的同情和尊重。如果有人试图揭开他们的伪装，或揭露他们的真实动机，就会付出巨大的代价！对于那些试图揭露自己真实面貌的人，操纵者不惜做任何事情来破坏他们的形象，让人对他们产生怀疑，以此来重建自身无私的声誉（把面具重新贴在脸上）。[⊖]

"壁纸"型操纵者

"壁纸"型操纵者这样的操纵大师极度害羞，花费了大量的精力避免引起注意。他们的工作常常使他们远离公众的视线，保持着

⊖　关于这个话题，我写过一篇文章。这篇文章题为《揭穿你假冒的朋友——隐性自恋者》（Unmasking Your Counterfeit Friend, The Covert Narcissist），发表于《赫芬顿邮报》（*Huffington Post*）。

离群索居的生活方式。在他人的口中，他们是安静、友好、看似没有坏心的邻居，只关心自己的事情，不与别人交往。不像其他的病态自恋者，他们既不喜欢也不想被关注。事实上，他们内心的渴望恰恰相反。他们会竭尽全力地创造和维护他们的内部世界。就像反社会型人格障碍患者和隐性自恋的操纵者一样，他们善于隐蔽。这些"壁纸"型操纵者不引人注意，也不会给见到他们的人留下太多印象。然而，在表面之下，他们既不温顺也不良善。像其他的操纵者一样，他们会全面地操纵受害者和身边的环境，从而获得完全的控制权。这种伪装与其他伪装的主要区别在于，即使在不经意间被人揭穿，大多数人也完全不信。

反思

❖ 你遭受过"煤气灯"式操纵吗？你是在什么时候，用什么方法逃脱的？

❖ 你认识正在遭受"煤气灯"式操纵的人吗？如果有，请详细谈一谈。

❖ 上述哪种人格类型最像你认识的操纵者？

第 12 章

依赖共生治愈与自爱康复简介

过程与终点同样重要

写作本书的时候，我主要的目标是提供解释性、理论性的信息，阐释依赖共生、病态自恋，以及两者之间病态的"关系之舞"。尽管有很多人绝望地请求我写一写解决或治疗这个问题的方法，但我一直忠于我的写作目标。

尽管人们显然对于这类信息是有需求的（尤其是大部分这些信息都是由我提出的，所以我很理解），但我仍然坚持首先回答"这是什么"以及"为什么是我"这两个重要问题，然后再回答"我该怎么做"这个问题。正如前面的章节所说：如果不知道依赖共生是什么，那么依赖共生者和心理健康工作者就无法克服它、治疗它。此外，如果理解错误、贴上错误的标签，或者与其他问题、障碍混淆，依赖共生的治疗肯定会不够有效或彻底失败。

既然本书已经回答了"是什么"和"为什么"的问题，现在是时候兑现我自2013年出版第一本人际磁石综合征的书，以及首次举办该主题的研讨会以来多次做出的承诺了。从2018年初夏起，大约6个月后，我打算写我的第三本书——那本书终于要回答"我该怎么做"这个终极问题了。但是，我先要好好休息一下。这是必要的，不仅是为了我自身的心理健康，也是为了整理我收集的关于我治疗依赖共生方法的大量文献资料。我估计下一本书的书名很可能是《依赖共生的治愈：自爱缺陷障碍的康复》（*The Codependency Cure：Recovering from Self-Love Deficit Disorder*）。这本书预计将于2019年夏季出版。[⊖]

敬请期待

请您理解，推迟下一本书的出版，并不意味着我没有孜孜不倦地整理材料，事实远非如此。多年来，我一直在开发、编写并完善相关的方法。回想起来，我第一次为依赖共生的来访者提供心理治疗服务，是在1988年。26年之后，也就是2014年，我回到了最初的起点，举办了依赖共生治疗的教育研讨会，因为这个主题与我人际磁石综合征的作品有关。此外，我还制作了12个研讨会的视频（每个视频时长在2～6小时不等），着重探讨了与依赖共生治愈相关的诸多主题。这些视频可以在我的自爱康复研究所网站上找到。

⊖ 作者对这一问题的论述最终以视频形式发布，请见：Codependency Cure ™：Recovering from Self-Love Deficit Disorder ™ –Self-Love Recovery Institute（selfloverecovery.com）。——译者注

依赖共生治愈的相关内容，就像我之前的作品一样，源于我自身的依赖共生康复经历，以及我在心理治疗中付出的血、汗、泪，汇集了心理学与医学重大进展，离不开同事、导师的鼎力支持，也是这一切共同作用的结果。我的作品根植于医学和心理学，其中的大部分内容受到了许多心理学理论的启发。虽然这些理论和技术可能看似各不相同、相互矛盾，但并非如此。我把它们结合在了一起，形成了一个全面的心理治疗理论，使我得以创建一个统一的依赖共生治疗方案。《依赖共生的治愈》中的原创理论、解释、新定义以及治疗范式，都让我感到非常自豪。

我的作品并非首创

我并不羞于表示我写的大部分内容都不是我首创的。所有的内容都可以追溯到伟大作者、理论学家、实务工作者做出的杰出贡献，他们极大影响了我的理论和实践工作。如果说我有什么功劳，那就是我将看似矛盾的心理学和神经生物学理论重新包装成了一个更简单、更易用的依赖共生模型。这个模型帮助了许多人。我的一生，包括"好的、坏的、丑陋的"，全部融入了我的人际磁石综合征和依赖共生治愈的研究过程中了，这让我感到无比幸运。22岁时的我，是陶森州立大学○心理学专业的一名喜爱幻想、理想主义的学生，一心想要让世界变得更美好，这一切仿佛就在昨天。我在这条道路上已经取得了一些进展，对此我感到非常高兴。

○　现名陶森大学。——译者注

依赖共生治愈与自爱康复

心理健康与成瘾治疗领域从未就依赖共生的确切性质以及如何有效治疗达成完全一致的意见。正是出于这个以及其他原因，被称为"依赖共生"的心理健康问题并没有在 DSM-5 以及 ICD-10 这两本最受推崇的心理健康诊断手册中得到承认。

在"依赖共生"一词首次用于心理健康与成瘾领域的 35 年之后，这个词的含义甚至比当初出现的时候更加模糊。现在这个词已经面目全非，几乎无法看出它源自酒精滥用治疗。尽管许多学识渊博的作者、研究者和教育工作者付出了不懈的努力，但"依赖共生"至今仍然没有公认的、具体的定义。我在 2013 年写作《人际磁石综合征》的目的就是给出这样的定义。下面是我对人际磁石综合征的依赖共生给出的最简单、最清晰的定义：

> 这是一种不良的心理健康与关系问题，表现为在多数情感与性的亲密关系中的爱 – 尊重 – 关心分配存在长期差异。尽管依赖共生者有一种长期的付出模式，他们会将大部分（甚至全部）的爱 – 尊重 – 关心给予自恋的索取者，而且为此陷入情感的挣扎，并试图改变这种模式未果，甚至向自己承诺结束这样的关系，但他们最终都选择让这样的模式继续下去。他们永远牺牲了爱 – 尊重 – 关心的平衡，以避免承受长期的核心羞耻感与病态孤独。

再见，"依赖共生"！你好，"自爱"！

据我的许多来访者所说，"依赖共生"这个词本身就会让人感到羞耻。在我近期的依赖共生治愈的作品中，我让这个词"光荣退休"了。虽然"依赖共生"是我们目前最恰当的术语，但它仍然（在不知不觉间）给三代受害者带来了羞辱与污名。对于这个古老的问题，以及治疗该问题的技术开发，我提出了一个新的术语。这个新术语让心理健康与物质滥用、成瘾治疗领域焕发了新的生机，并给新一代长期受苦的"依赖共生者"带去了希望。

发现自爱

当时我并不知道，为"依赖共生"更名的工作将我带到了纽约。2015年6月2日，我在纽约参加了一个小组讨论会，与心理健康领域内几位备受尊敬的专家进行了交流。哈维尔·亨德里克斯是享誉国际的关系与心理治疗专家（也是我作品英文版的推荐者），他是我心目中的英雄。能够有机会在那次活动中向他学习，我感到由衷的感激。在六名小组成员中，我和特蕾西·B. 理查兹（Tracy B. Richards）取得了直接的联系。她是一位加拿大心理治疗师、艺术家和婚礼司仪。我讨论的内容包括依赖共生、自恋以及人际磁石综合征的概念，特蕾西讨论的重点是自我照料、自我接纳以及（最重要的是）自爱的治愈力量。我们对彼此有一种温暖、投缘和熟悉的感觉，因此立刻熟络了起来。似乎我们俩的"孩子"（我的人际磁石综合征以及她的"自爱是问题的解决之道")一见钟情了。

一回到工作中，我就情不自禁地想起并引用特蕾西关于自爱的想法。随着时间的推移，她那简明、优雅的概念在我的脑海里占据了越来越多的空间。于是，她的概念开始出现在我处理原生家庭挑战的努力以及依赖共生的心理治疗工作中，也就不足为奇了。很快，她的概念就出现在了我的教学文章和视频里，也在我的研讨会上出现了几次。对于我关于依赖共生治愈和康复的理论与实践工作而言，特蕾西的自爱概念的重要性再怎么强调也不为过。事实上，自爱是依赖共生治愈以及自爱康复的主要催化剂。下面的陈述说明了我新发现的、关于自爱的逻辑：

❖ 如果能做到"自爱丰盈"，就不可能产生依赖共生的问题。
❖ 依赖共生者严重缺乏自爱。
❖ 童年依恋创伤是自爱缺陷的根本原因。
❖ 自爱缺陷的根源在于长期的孤独、羞耻和未治愈的童年创伤。
❖ 由于害怕体验到被压抑的核心羞耻感与病态孤独，依赖共生者才会待在有害的关系里。
❖ 消除自爱缺陷、发展"自爱丰盈"是依赖共生治愈的首要目标。

不再"依赖共生"

我一心想要让"依赖共生"退出历史的舞台，但首先我需要找到一个合适的替代词。在找到一个合适的词之前，我决不罢休。这个词既要描述真实的问题、体验，也不会让人对自己的感觉更糟。2015 年 8 月中旬，我交了好运。当时我正在写一篇依赖共生的文章。我在文中写了这样的一句话："自爱是依赖共生的解药。"我顿时意识到了自爱的简单与强大，于是我创作了一个表情包，发布在了几个社交网站上（见图 12-1）。

图 12-1　"自爱是依赖共生的解药"表情包

我没料到，我的表情包及其意义引起了热烈的反响，它引发了一些关于缺乏自爱如何及为何与依赖共生有内在联系的讨论。这些讨论既深刻又具有启发性。这时我才知道，我做出了一个重要的发现！就像其他与依赖共生相关的发现一样，我会先在脑海里酝酿良久，然后才会公布其重要的经验，也就是随后的顿悟。

差不多两个月后，我才对自爱产生了顿悟。在为新的依赖共生治愈研讨会准备材料时，我制作了一份题为"自爱缺乏就是依赖共生！"（Self-Love Deficit is Codependency！）的幻灯片。这份幻灯片一打印出来，我就被一股兴奋和期待之情冲昏了头脑。此时，我听见自己说："自爱缺乏就是依赖共生！"毫不夸张地说，我激动得几乎从椅子上摔了下来。

　　我立刻就意识到了这句简单的话有多重要。我立即开始在文章、博客、视频、培训和心理治疗中使用这句话。我惊讶地发现，有那么多依赖共生者（无论是否正在康复）都欣然接受了这个观点。人们不断地告诉我，这句话如何帮助他们更好地理解了自身的问题，而不会让他们感觉自己有缺陷或"糟糕"。就在那时，我主动决定用"自爱缺陷障碍"代替"依赖共生"。尽管前者更拗口，多次让我的舌头打结，但我还是继续执行"依赖共生"的退休计划。时间快进到一年后：数以万计的人（甚至更多）接受了"自爱缺陷障碍"作为他们的问题的新名称。人们达成了一种共识："自爱缺陷障碍"不仅是一个描述该问题的恰当名称，而且鼓励了人们去解决这个问题。

自爱缺陷障碍与缺乏自爱者

　　几周之后，我决定在全球范围内开展一项运动，让"依赖共生"这个词退出历史的舞台，并且让更多的人意识并接纳它的替代词。我通过视频、文章、博客、广播、电视采访、专业培训和教育研讨会来推动这个计划。如果有一个正式的依赖共生学会，我会要求他们允许我用更恰当的术语"自爱缺陷障碍"来替代这个词。相应地，"依赖共生者"也应该叫作"缺乏自爱者"。我可以自豪地说，"自爱缺陷障碍"与"缺乏自爱者"似乎正在慢慢地流行起来。

治愈依赖共生的方法就是"自爱丰盈"

　　尽管我不赞同使用精神健康诊断中常用的消极词语，但我坚信"自爱缺陷障碍"中的"缺陷"是必不可少的，因为它明确了需要治疗的问题。与其他需要日常服药的障碍不同，自爱缺陷障碍一旦治疗成功，患者就会痊愈——既不需要后续治疗，也不用担心复发。

　　我相信，任何障碍在成功治愈之后，都应该撤销施加于患者的诊断，或者用另一种表明积极或改善的心理健康的诊断代替。这个想法的灵感源于我对重性抑郁诊断的研究，这种障碍经过恰当的药物治疗，就不会表现出任何迹象或症状。同样的道理也适用于自爱缺陷障碍：为什么要保留这种诊断？这一思路启发我创造了另一个术语，来代表自爱缺陷障碍的永久治愈——依赖共生治愈。

　　下一步是为自爱缺陷障碍的治疗起一个名字。从 2017 年 2 月起，我开始将这种治疗称为自爱康复，这是我新的"自爱"术语的自然延伸。随着有关"依赖共生"的新诊断术语的出现，我开始修改我论述治疗的稿件，以配合这些术语的应用。

　　我更名的努力带来了另一批理论与治疗的发现。为了更好地解释我写作的关于自爱缺陷障碍与自爱康复的理论与实践的内容，我提出了"自爱缺陷障碍金字塔"。这个金字塔清晰地说明，依赖共生不是需要治疗的主要问题。相反，依赖共生只是（且一直都是）一种基本病理力量的症状。这种基本病理力量才是依赖共生的原因。沿着这一思路，该金字塔用线性与层级的方式表明了这种问题的发展过程。最开始是依恋创伤，接下来是核心羞耻感、病态孤独、自爱缺陷（依赖共生）成瘾，最后是我们所知的自爱缺陷障碍（依赖共生）。自爱缺陷障碍金字塔用 3D 的图像阐明了依赖共生，这种理论模型既在临床上是正确的，也是直观的（见图 12-2）。

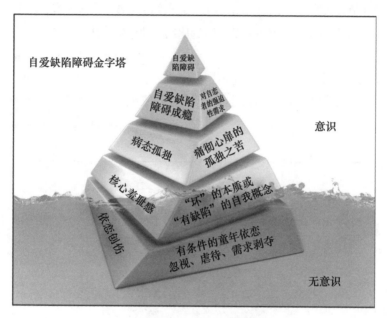

图 12-2　绝望的金字塔

这个金字塔模型不仅展示了自爱缺陷障碍的层级性质，也说明了它的发展途径。最底层的是依恋创伤，即根本问题，这是造成核心羞耻感的根源。这进而导致了病态孤独，病态孤独又助长了自恋者的成瘾性需求（自爱缺陷障碍成瘾）。金字塔顶端的一组症状代表了这种需求，这组症状就叫自爱缺陷障碍。金字塔模型说明，大多数自爱缺陷障碍治疗都只关注症状，不关注基本的原因。对于寻求帮助的来访者而言，其中有些原因是他们没有意识到或不知道的。

毫无疑问，我的"阴阳互补"的理论倾向影响了我创造后来的

"自爱丰盈"金字塔。这个金字塔代表了自爱康复的可能性，痛苦的依赖共生者可以根据这个金字塔来设置未来的目标（见图 12-3）。与我最喜欢的两句名言搭配在一起，这两幅图的作用会大大增加：

终有一天，含苞不开的危险远比绽放的危险更让人痛苦。

——阿娜伊丝·宁（Anaïs Nin）

成为你本该成为的人，任何时候都不算晚。

——乔治·艾略特（George Eliot）

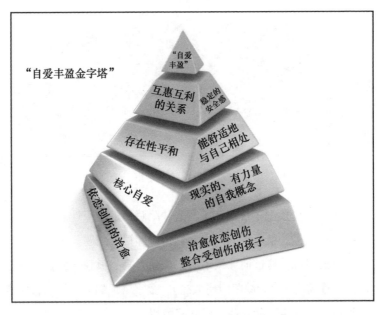

图 12-3　希望的金字塔

这两个金字塔代表了问题及其解决办法。自爱缺陷障碍金字塔不仅解释了问题的多个方面，还能引起情感共鸣。金字塔模型很好地说明了，自爱缺陷障碍是一种无形的、难以治疗的成瘾，是更深刻、更基础的依恋创伤的症状。这种依恋创伤还呈现出了核心羞耻感与病态孤独的症状。这两个金字塔分别代表了自爱康复或依赖共生治愈体验的起点与终点。看到仅仅两幅图片就能改变一个人的生活，实在是一件不可思议、有意义的事情。

组织"治愈"的材料

在开发"治愈"方法时，我面临的一项极为艰巨的挑战，就是将各种折中的解释、理论和治疗技术组织成一个连贯的、有逻辑的、符合直觉的治疗模型。要让治疗有效，并在后来能够重复，我需要借助自爱缺陷障碍和"自爱丰盈金字塔"的力量，再加上某种贯穿始终的支持性结构，让我可以按顺序地整理出我的自爱康复治疗技术。这一组织结构在本质上应该是对立统一的，因为它要整合许多看似不同和矛盾的心理学理论与实践方法，将它们融合为令人信服的、统一的、线性的、分阶段的自爱康复解释与蓝图。最重要的是，这种组织结构要对潜在的来访者和实施治疗的专业人员都具有吸引力和意义。

就像我在理论界和现实世界中取得的其他成功一样，"自爱康复治愈"反映了我对依赖共生的内外运作方式的理解。因此，这种方法也需要符合我对自爱缺陷障碍、依赖共生治疗看似矛盾的看法：具体、可测量、侧重行为、直接，同时要保留自由、分析性和灵活的特点。在2013年，我的第一本书出版后不久，我提出了第一个三阶段模型。这个治疗模型在一个阶段接着一个阶段地向前发展——与我对自爱康复的不断发展的理解保持一致。图 12-4 描述了自爱康复十阶段治疗模型，说明了"依赖共生治愈"如何消除自爱缺陷障碍。

10	达到"自爱丰盈"或"自爱康复"
9	投入并享受自爱驱动的关系（建立自爱的外在基础）
8	发现自爱（建立自爱的内在基础）
7	治愈、整合无意识的创伤（疗愈依恋创伤）
6	守住安全的边界（保护、安全与自我照料）
5	在有敌意的环境里设置边界（勇气与承诺）
4	为应对自恋者的打击做准备，把握权力与控制的关系动力
3	戒除自爱缺陷障碍成瘾，对抗病态孤独
2	理解人际磁石综合征，摆脱"舞蹈"的束缚
1	跌落谷底，看到希望

图 12-4　自爱康复十阶段治疗模型

线性的、渐进式的范式

就像本书前面描述的埃里克森心理社会性发展的八阶段模型一样，我的自爱康复十阶段治疗模型也包含了前后相继的起点和终点。这些节点之间具有线性和渐进的关系，它们需要满足特定的条件，克服特定的挑战，才能继续向上发展。人们完成每一阶段的任务后，模型可以给他们提供成功应对下一阶段挑战所需的信息和经验。要达到"自爱丰盈"，就需要前九个阶段（"自爱丰盈"是第十阶段）都成功地修通、理解并完成。遗憾的是，没有捷径可走。

自爱康复十阶段治疗模型

下面是我的自爱康复十阶段治疗模型的简介。完成自爱康复十阶段治疗的时长为 1 ～ 2 年，这个时长取决于许多变量。

阶段一：跌落谷底，看到希望

此时此刻，痛苦而不正常的人际磁石综合征使缺乏自爱者陷入与病态自恋者关系中无法自拔，这已经给他们带来了许多伤害，已经积累到了不容忽视的地步。一生的失败经历让缺乏自爱者心灰意懒、跌落谷底，这已经成了他们生活的常态。在这样的"谷底"，缺乏自爱者意识到他们再也站不起来了，更不要说背负着自爱缺陷障碍的负担生活下去了。跌到最低的谷底，迫使他们做出一些大胆的、不舒服的，但充满希望的举动：寻求帮助，以结束他们一直所受的病态自恋者的奴役。就在这时，缺乏自爱者开始与信任的朋友或心理治疗师谈论自己隐藏的羞耻、孤独和痛苦。他们开始理解跌落谷底的矛盾：这也是拯救生命的转折点。

阶段二：理解人际磁石综合征，摆脱"舞蹈"的束缚

这一阶段介绍了大量教育性的康复资料，其中大部分内容已经包含在本书中了。这时，人们会了解塑造和维持他们自爱缺陷障碍的复杂力量。阶段二需要人们"学习"何谓病态自恋、自恋虐待、"煤气灯"式操纵，以及病态自恋者使用的、使缺乏自爱者无法离开这段有害关系的其他显性、隐性操纵策略。在教学中，首先要呈现两个金字塔，然后介绍自爱康复十阶段治疗的过程。自爱缺陷障碍的"诞生"，以及依恋创伤、核心羞耻感与病态孤独如何及为何会成为该障碍的核心元素，是至关重要的讨论主题。处理和消除否认系统，对于这一阶段是至关重要的。这一阶段还会讨论、处理、再讨论与人际磁石综合征有关的各种话题。最后，本阶段还会探索人际磁石综合征的代际传递，并探索人们的家族树，以及依赖共生与自恋的长期"感染"史。

阶段三：戒除自爱缺陷障碍成瘾，对抗病态孤独

在这一阶段，我们会讨论、理解并掌握自爱缺陷障碍成瘾的概念。只有完全理解这种成瘾、它的起源、戒断症状，以及克服它的艰巨，一个人才能做好开始戒瘾的准备。病态孤独与核心羞耻感的概念是重要的讨论主题，因为两者都是导致次生成瘾的主要条件。

我们会研究、分析并最终理解病态孤独（自爱缺陷障碍成瘾最严重、最难以治疗的戒断症状）的概念。我建议同时参与"12步骤"项目，并讨论该项目的结构、原则及理念。

在此期间，亲密关系（包括随意性行为）是禁止的。如果缺乏自爱者认为自己足够健康，能够识别自恋者，并时而尝试他们的"成瘾性药物"，就不可能在对抗自爱缺陷障碍成瘾方面取得进步。值得注意的是，即使对于最好的心理治疗师来说，"推销"这一原则也是相当具有挑战性的，这就是为什么拥有成瘾或物质滥用的知识背景是有利的。

阶段四：为应对自恋者的打击做准备，把握权力与控制的关系动力

这一阶段的目的是为应对阶段五的危险和困难做准备。同阶段二一样，这是一个教育的阶段。此时，缺乏自爱者要深入理解病态自恋伴侣使用的方法。在此阶段，我们会解构如"煤气灯"式操纵、三角关系、父母的疏远等概念，以及自恋者的权力、控制及支配方法。"预测意识"是这一阶段最重要的概念。它的定义是"准确预测病态自恋者在你设置边界时会如何反应的能力"。要掌握这种技能，就需要康复中的缺乏自爱者学习大量关于自爱缺陷障碍、伴侣的自恋，以及一直以来两者如何相互作用的信息。

为了保证安全，使自爱缺陷障碍的长期康复成为可能，缺乏自爱者要了解为自恋者设置边界的相互作用机制与后果。"观察而不纠缠"技术可以让缺乏自爱者与病态自恋者安全地分离，并设置边界。"观察而不纠缠"技术是一套防御性工具与策略，可以有效应对病态

自恋者的操纵，同时不与他们进行任何形式的对抗。事实证明该技术是有效的，因为我开发它是为了克服我个人生活中的病态自恋者给我造成的伤害。来访者也告诉我这种技术对他们的康复起到了积极的影响，我在 YouTube 上关于该技术的视频已经有超过 60 万次播放量。

阶段五：在有敌意的环境里设置边界（勇气与承诺）

在这个阶段，缺乏自爱者会设置经过深思熟虑的边界，以确保自己的安全，并且打破自恋伴侣对他们生活的控制和支配。上一阶段所学的内容，直接促使他们做好了充分的准备，能够应对愤怒的、（更有可能是）焦躁的自恋者所做出的可能有害、危险的反应。

对于缺乏自爱者设置边界的新能力，病态自恋者可能做出愤怒和报复的反应。然而"有备则无患"，所以这个阶段包含了我的"健康警告"，能够让缺乏自爱者做好准备，应对自恋者的反应。这一阶段的主要焦点是安全、巧妙地与病态自恋者设置并保持边界。在这个"地震频发"的阶段，缺乏自爱者行为变化会导致他们与病态自恋者的关系发生"惊天动地"的变化。在有资质、训练有素、经验丰富的心理治疗师的帮助下，缺乏自爱者能够摆脱病态自恋者的控制，就好像把他们紧握的手指从自己的咽喉处掰开一样。通过一次又一次地设置边界，缺乏自爱者能够开始保护自己免受伤害。

这个动荡的阶段会让人感到特别不安全，这是由病态孤独这种戒断症状导致的，是在预料之中的。痛苦和持续的孤独是每个缺乏自爱者的大敌，也是一种看似无法打破的习惯。在这个时候，参与"12 步骤"项目是特别重要的。

在阶段五的剧变中，要么是缺乏自爱者终止与病态自恋者的关系，要么是自恋者终止关系。无论是哪种情况，几乎不会有自恋者能够忍受阶段五的变化，除了缺乏自爱者别无选择，只能与自恋者保持关系的情况，比如自恋者是年迈的父母，或者掌控财务大权的丈夫。对于所有在此阶段过后仍然留在缺乏自爱者身边的人来说，他们会接收到一条清楚的信息："镇上来了一位新警长，他要将所有病态自恋的罪犯绳之以法。"

阶段六：守住安全的边界（保护、安全与自我照料）

阶段六始于地震后的废墟，缺乏自爱者会决定如何处理剩余的建筑：将它们彻底拆除，或是确保它们符合自己的建筑标准。用不带比喻的话来说，力量与自信都有所增长的缺乏自爱者，要么会选择与难缠的自恋者断绝关系，要么会要求他们尊重新边界，遵守新规则。如果没法与所爱之人断绝有害的关系，终止有害的情况，那么缺乏自爱者就要强化运用"观察而不纠缠"技术。缺乏自爱者要学习如何应对边界受到侵犯或被打破的情况，因为有些病态自恋者不会轻易放弃。为了守住自己的边界，康复中的缺乏自爱者可能需要制定一个"不与病态自恋者接触"的规则。

阶段七：治愈、整合无意识的创伤（疗愈依恋创伤）

要治愈无意识的依恋创伤，就需要缺乏自爱者挖掘被遗忘已久、被压抑的记忆与核心羞耻感。依恋创伤是自爱缺陷障碍的根本原因，治愈依恋创伤是"自爱丰盈"的基础。这一点对于之前所有阶段里做的所有工作都很重要。然而，治愈创伤的困难在于，只有具备适当资质、训练背景和经验的创伤心理治疗师才能做这样的工作。

通过以治疗创伤为基础的心理治疗工作，我们首先会安全地挖掘出缺乏自爱者的无意识（被遗忘）的依恋创伤与核心羞耻感。我们会把这些创伤与羞耻感转化成可以接受的、有意识的记忆。不过这些记忆依然是痛苦而悲伤的。我们的目标是承认、分享、处理这些记忆与感受，并将其整合到缺乏自爱者有意识的自我中去。我们还有一个目标，那就是整合无意识的、被遗忘的依恋创伤和核心羞耻感。这种创伤与羞耻感在无形之中把缺乏自爱者永远地与熟悉的、不正常的自我意象联系在了一起。这是一个看似不可思议的阶段：在这个阶段结束时，被压抑的依恋创伤会得到治愈，让来访者能够透过幽暗的隧道，看到"自爱丰盈"的光芒。

阶段八：发现自爱（建立自爱的内在基础）

如果"自爱丰盈"是一栋房屋，缺乏自爱者打算在此享受余生，那么这栋房屋就必须建立在坚固、有韧性的地基之上。这就是他们创造并加固这一根基的时候。前面各阶段播下的"种子"会在阶段八开始结果。这是我个人最喜欢的阶段，因为"自爱丰盈"的光辉开始穿透自爱缺陷障碍那密不透风的乌云了。

缺乏自爱者已经设置了稳固的边界，也有了更高的安全感，自爱的微光就开始闪现了。他们终于开始"爱上"自己了。他们不再受之前扭曲的思维模式的控制。他们逐渐理解了自爱非但不是自私，反而是他们能给予自己的最好的礼物。至此，病态孤独与自爱缺陷障碍成瘾已经得到了永久的根除。现在这个微笑的、自爱的人已经与过去那个孤独、羞耻、衰颓的人有了天壤之别。这些来访者常会体验到我所说的"自爱的传染性"。因为这种感觉很好，所以它会迅速地、完全地散播到他们生活的其他领域。

阶段九：投入并享受自爱驱动的关系（建立自爱的外在基础）

阶段九是实验阶段。在这一阶段，对于亲密关系和性的禁忌终于解除了。信不信由你，到了这个阶段，为了消除痛苦而产生的对亲密的渴望已经消失了。实际情况正好相反：把一个新人带入自己戒备森严的恋爱领域时，他们会感到紧张。就像学着骑自行车一样，独立和骑车飞驰带来的兴奋往往会被偶尔跌倒和擦破膝盖所冲淡。

有了自爱的坚实基础，我们会鼓励来访者邀请客人到他们"新家"，测试他们新的情感和关系的技能。在这一阶段，犯错是不可避免的，因为大多数缺乏自爱者几乎都没有过去的自爱驱动关系作为参考。学习、掌握并练习健康的情感与身体亲密行为，既令人恐惧又令人兴奋。正是在这时，他们才会意识到性是一种出自无条件的爱、尊重和亲密的关心的行为。性能够在长期、健康、持久的关系中，让自爱的伴侣建立有益于彼此的情感联结。

与此同时，我们会鼓励缺乏自爱者拓展自己的社交网络，与现有的和新结识的朋友建立更深入的关系。到阶段九结束的时候，全新的"自爱丰盈"已经为缺乏自爱者带来了勇敢的、安全的、愿意表露脆弱的情感联结，也让他们找到了自爱的朋友、爱人。在这个时候，1+1=2 的关系等式体现得淋漓尽致。

阶段十：达到"自爱丰盈"或"自爱康复"

一旦进入阶段十，焕然一新的缺乏自爱者会建立崭新的个人、关系身份认同。这个身份认同充满了力量、自信，当然还有自爱。只要品尝到自爱的滋味，他们终生都会爱这种感觉。缺乏自爱者再也不会让自己服下从前病态自恋者给他们灌下的苦涩毒药。他们会不惜一切代价地保护自己新获得的情感自由与自爱。当缺乏自爱者感到窒息时，他们会用尽全身的力气反击，他们可以聚集能量，对抗任何损害他们新获得的自爱的企图。

正如依恋创伤是坚若磐石的自爱缺陷障碍，"自爱丰盈"则是供人永久居住的豪宅。随着依恋创伤与核心羞耻感的治愈，缺乏自爱者将更能体验到存在性平和，以及有更深刻、更有意义的精神体验。到了这个时候，心理治疗就不再必要了，依赖共生治愈也已经完成了。

自爱缺陷障碍的康复是一个可怕的话题，甚至还有些冒险，通往"自爱丰盈"（依赖共生治愈）的道路则遍布障碍与痛苦的经历。前五个阶段的困难会让胆小的人望而却步，但如果康复中的缺乏自爱者坚持下去，得到的回报将是无比丰厚的。

"自爱丰盈"的十项承诺

（1）发现并理解自爱缺陷障碍的根本原因。

（2）治愈长期隐藏的依恋创伤。

（3）消除核心羞耻感的遗毒。

（4）根除病态孤独——自爱缺陷障碍最顽固、可怕的戒断症状。

（5）培养维持自爱缺陷障碍成瘾康复的能力。

（6）消除通过人际磁石综合征来缓解痛苦的需要。

（7）转变吸引力模式（或"化学反应"模式），使人更容易受到自爱的人吸引。

（8）与病态自恋者在一起的时候，会产生反射性的排斥反应。

（9）出现存在性平和——为真实的自我感到满足和幸福。

（10）向着"自爱丰盈"的永久性转变，以及自爱缺陷障碍的永久性消失。

反思

❖ 让你深陷自爱缺陷障碍的最大障碍是什么？

❖ 为"自爱丰盈"金字塔上每一层的未来自我写一段话（或更多）。

第 13 章

你的生活从现在开始

如果能让你敞开紧闭的心扉，打破自爱缺陷障碍的否认，本书的目的就达到了。如果你能更好地理解自爱缺陷障碍的内在运作方式，及其带来的逃离孤独与核心羞耻感、奔向更危险的舒适区的成瘾冲动，那么本书就成功了。此外，如果你现在能意识到内在的人际磁石如何及为何将你与病态自恋者捆在一起（这些人曾经看上去既熟悉又有安全感，后来却夺走了你情感的生命之源），我就达成了教育和保护的使命。

我相信本书揭示了一些具有启发性，但也令人震惊的事实。这些事实很可能会带来许多悲伤、愤怒、后悔和焦虑。如果你没有做好准备去消化这些事实，那是完全可以理解的。了解自爱缺陷障碍的破坏性、它根深蒂固的本质，以及克服它需要做的艰苦斗争，可能会引起你的不安全甚至绝望的感觉。不幸的是，要开始你的康复之旅，就别无他法。

尽管没有捷径可走，但请放心，希望绝对是有的。你摇摇欲坠的情感世界很快会变成大致稳定的（尽管还有些摇晃）的基石。你的"自爱丰盈"就在这个基石之上不断发展。如果你对我的说法持谨慎态度，或者根本不相信我，我也不会责怪你。毕竟这无疑是个可怕的提议。

镜子把戏里的假照片

自恋者对你的看法，被他们的喜好甚至需求歪曲了。如果他们认可并称赞你的美貌，那么他们很可能把你的美貌视为另一项自己应得的、梦寐以求的战利品。他们"所说"的美貌成了他们最宝贵的、引人称赞的财富。在最理想的情况下，这种财富会让他们对自己暂时感到满意。

是时候弄清操纵者的主要伎俩了。操纵者一直在用这种方法让你与自己作对，并一直将你置于他的掌控之下。操纵者知道，如果你看到了自己真实而自然的内在美，由此产生的自尊和自爱就会挫败他控制你的恶毒计划。你一点儿也不知道的是，在关系建立之初，他就把你心里的镜子换成了贴着"假照片"的镜子。

可悲的事实是，你一直认为镜子里那个可怜的、不可爱的人是自己，但那根本不是你！你错误地相信那个形象是真实的自己（但这是可以理解的），但那个形象经过了捏造，反映出的只是自恋者灌输的信念。是时候让你听到真相了，请听清楚：你一直希望自己能够成为的那个人的确存在！你看到的那个镜子里的倒影，你经常带着厌恶、失望和羞愧看着的倒影根本不是你，从来都不是你！事实上，那甚至连真实的倒影都不是。

操纵者总是需要你成为世界上最美丽的人。这种永不满足的需求导致他处心积虑地霸占了你的"镜子"。你的内在美和外在美总是让他感到威胁，因为这与他自身的可鄙形象形成了鲜明的对比——在人格的歪曲之下，他的头脑轻易地就将这种自我形象排除在了意识之外。因此，他用"煤气灯"式操纵让你接受那张可耻丑陋的照片就是你，而看不见镜子里那真实的、准确的倒影。通过在镜子上贴假照片的卑劣把戏，他有效地把你的形象扭曲成了难看的样子，或者变成一系列难以直视的、不完美的照片。

走向"自爱丰盈"的重要一步，就是丢掉这面被调包的破镜子，找到一面能够准确反映你不完美的、美丽的自我的镜子。你可能需要一些时间才能意识到，你所看到的自己是有优秀之处的。不必着急，花多长时间都可以，多花些时间也不为过。任何像"自爱丰盈"一样美好的东西都值得付出艰难的努力，去疗愈与康复，花费必要的时间去修得最终的正果。

我要你站到最近的一面镜子前。在镜子前诵读下面的话语：

❖ 我看到的倒影是百分之百真实的，这是全部的我。

❖ 我要允许自己看到真实的倒影，而不加以评判。

❖ 我会核实并接纳这个不完美的倒影，将其看作真实（且准确）的自我。

❖ 如果镜子里出现了不够好的或令人羞耻的形象，我会拒绝接受，转身离开，摇摇头，把自恋者扭曲的照片从我的脑海里驱逐出去。

❖ 在我准备好的时候，我会回到镜子前，感受镜中的倒影，但不做评判。

❖ 我会允许自己凝视那些未被认可、未被欣赏的完美之处。这也许是我第一次看到真实的、不被允许看到的自己。

❖ 我会允许自己认为，我现在是，过去也一直是美丽的。

❖ 我会学着爱自己，因为我对爱的需要远胜一切。

丢下接力棒

我们必须在世界范围内结束自爱缺陷障碍的肆虐，即便不是为了我们自己，也要为了我们的孩子和他们的孩子。你作为丈夫或妻子、姐妹或兄弟、朋友，或者仅仅作为关注人类命运的人，都应该考虑加入我的行列，消灭这种严重的心理障碍，成为全世界的自爱社群的成员。

我恳求你们丢下依赖共生的接力棒，脱下跑鞋，自信而优雅地离开，不要重蹈你们家族里那一长串"田径明星"的覆辙，他们赢了"接力赛"，却输了人生。如果继续留在家族的"田径队"里，你要付出的代价实在是太高了。请在这个问题上相信我。我深有体会。

可以肯定的是，"依赖共生治愈"和"自爱丰盈"的道路是崎岖的。这条道路遍布荆棘，你可能会被绊倒。你可能会跌倒、受伤，不想再站起来。这条路既不短也不轻松，但我相信你以前肯定多次听说过，重要的不是旅途，而是终点。如前所述，你需要投入1～2年时间才能完成这趟旅程。这似乎是很长的一段时间。

然而，想一想造成你自爱缺陷障碍的多种病态力量的组合，以及自己的生活在多大程度上受到了这种问题的拖累，你就能明白耐心和毅力会如何让你达到自己的目标——比你想象的更快。回报会超乎你的想象。

请做好准备。像"自爱丰盈"这样美好的东西会让一些人怒不可遏。剪去飞羽的鸟儿想学习飞翔，会使囚禁它的人忍不住把它再关回笼中。如果你抗拒他们强迫你回到牢笼的企图，他们很可能会变本加厉地使用最初让你顺从的方法。他们会尝试这样做。这里有一个很简单的数量关系：你试图逃脱的次数和他们重新剪断你飞羽的对策之间，会有一个相等的比例。请记住这一点。这将是持续一生的战斗。这并不容易，会带来痛苦但可以克服的后果。

受到"煤气灯"式操纵的每一个虚假自我部分都被打破之后，你会重新认识自我，形成关于自我和他人的真实信念。尽管这些信念并不总是快乐或积极的，但它们不会再引领你走向自爱缺陷障碍所在的羞耻的深渊，而是指向天空。在那儿，你可以找到自爱的未来。

如果我告诉你，你手上一直握着取胜的王牌，而你却一直都不知道，你会说什么？自恋者无法再捏造虚假的事实来哄骗你，你终于可以成为你一直想成为的人了。

艰难的旅程往往能带来最大的回报。虽然我的父亲几乎没教过我有关自爱的东西，但他偶尔也会不经意地传授给我一些智慧。他过去常说："天下没有免费的午餐。"在为"自爱丰盈"奋斗这方面，他说得很对。这顿"午餐"价格不菲，但请相信我，这绝对值得你花在上面的时间和精力。

我的健康警告

如果我是美国公共卫生服务军官团的医务总监，我会发布如下健康警告，让所有人都能看见。与香烟包装盒和酒瓶上张贴的警告不同，这一警告会告诫你，如果不做一些事情来纠正你目前的自爱缺陷障碍，你将会遇到的潜在危险，还会告诉你如果做了这些事情，你会遭遇哪些痛苦。知识就是力量。要打赢艰苦卓绝的战斗，摆脱沉重的负担，加入自爱的行列，力量是最为重要的。

> **健康警告：**
>
> 消除自爱缺陷障碍（依赖共生）会导致高频率的冲突、否认和心碎。其他风险包括排斥与抛弃，以及失去所谓爱你、支持你、忠于你的朋友和亲爱的人。预计会带来至少6个月让人无力的核心羞耻感、自我怀疑与病态孤独。

求生的意志

我和妻子近几年去了一趟阿拉斯加。我们长途汽车之旅中的一站就是阿拉斯加苔原中的某个区域。在我们站立的地方，有一丛扭曲的、不太高的树。我们的导游解释说，它们的存在是自然界最大的奇迹。他接着说道，一年中有8个月的时间，这些树都被完全覆盖在15英尺[⊖]厚的积雪里。导游向我们保证，这些树每年都会准时

⊖ 1英尺≈30.48厘米。

在短暂的夏天恢复活力。我对大自然的物种演化以及这些树木如何
共同创造出成功的生存策略感到无比敬畏。

在那一刻，我脑海中浮现出了一片荒芜的、白色的景象。我想
象着这些脆弱的树木被冰雪压实时所承受的巨大压力。它们只靠一
点点阳光和温暖，竟然能够年复一年地生存下来，这一想法让我如
痴如醉。我的思绪又飘到了人类如何在这种苔原中生存的问题上。
这时，我看到了这些树和许多与我工作多年、康复中的缺乏自爱者
的相似之处。尽管没有明显的办法摆脱自己的苦难，只有很少的给
养，面临着各种各样的困难，阿拉斯加的树木和这些缺乏自爱者都
未曾放弃在恶劣的环境中求生。

我的许多来访者（也许你也一样）都受够了被埋在 15 英尺深
的积雪之下。现在正是拿出铲子挖到地表的好时机。开始向上挖掘
吧，这是你应得的，也是早就应该开始的。地表的阳光与温暖会帮
助你成长为你梦想成为的人。

那段我称为"人生"的织锦

写作本书，需要我退后一步，审视我的人生故事所编织而成的
织锦。尽管沾满泪水、满是线头，边缘也破损了，但我依然可以自
豪地说它很美。我逐渐意识到，这段织锦的美不是由尺寸、颜色、
质地或制作工艺所决定的，而是它的各个部分，以及它背后的历史
使它成为一件珍贵的艺术品。不论我喜不喜欢，我生活中的所有事
件，包括第二次离婚带来的令人无力的羞耻，以及我唯一的儿子本
杰明的诞生所带来的不可思议的喜悦，都被精心地编织在了一起。

这段织锦永远是一个鲜活的见证：它代表了我从哪里来，成了什么人，以及我想去哪里。从我的生活——这件珍贵的、具有历史意义的艺术品中，我总结出了本书中囊括的经验教训。但是，这不是我一个人的功劳。

我的依赖共生守护天使

这些织成我人生织锦的事件既不是偶然，也不是巧合。实际上，它们得益于一群依赖共生守护天使的精心安排和协助，也就是我妈妈米琪·罗森堡，她的父亲查克外公，以及我父亲的母亲莫莉奶奶。我相信，通过为我的生命铺平道路，这三个人都找到了一丝安慰和崇高的目标感。当我沿着这条道路前行时，我能在他们的引领之下前往最需要去的方向。

这些可爱的天使从来没有感受过"自爱丰盈"的快乐与自由，他们把他们的依恋创伤、核心羞耻感和孤独带进了坟墓。我真诚地相信他们肩负着"神圣"的职责，影响和引导地球上的使者传播自爱的美妙乐音。因为我就是这些使者中的一员，我认为自己是世界上最幸运的人。

我数不清有多少次，我脑中会出现不知从何而来的顿悟、发现或改变人生的想法。由于我的敏感和开放，我意识到这些信息来自我最重要的守护天使——我的母亲。她说她为我感到骄傲，我不是孤身一人。感谢上天和那永不熄灭的精神之火，我终于实现了我年轻时的梦想。我希望我的奇迹也能为你所用。

谢谢你们，妈妈、查克外公、莫莉奶奶。

反思

❖你需要"丢下接力棒"的最重要的原因是什么？

❖如果你"丢下接力棒"，家人会有什么反应？

❖你有没有自己的守护天使？

致　谢

　　我的成功在很大程度上要归功于我的妻子科蕾尔·克劳福德·罗森堡。多年来，她毫无怨言地牺牲自我，独自度过了许多夜晚和周末，因为她无条件地相信和支持我的梦想。她总是在我身边，给我灵感（其中很多灵感都以某种形式出现在了这本书中），在我需要振作时让我开怀大笑，用她坚定不移的爱给我加倍的决心。我们的生活充满激情，也十分充实——如果没有她，我不知道我能不能做到这一点。毫无疑问，她是我的灵魂伴侣。

　　2017年7月，当我第一次和妻子的姐姐卡拉·克劳福德谈起合作的事情时，所有认识我们的人都觉得我们疯了。要概括我们两人亲如同胞的关系，那就是我们并不总是意见一致，也不害怕告诉对方自己的看法。然而，我们还是决定冒险一试。她现在是我的运营总监、得力助手，也是让我保持理智的人，一位值得信赖的朋友。无论是周六放下一切事务编辑一章书稿，来帮我追赶截稿日期，还是在讨论会上全力以赴，抑或是为了帮我建立信心，告诉我这本书有多好，（她真的相信！）她都能做得很好。她已经成了我在事业上和生活中不可或缺的一部分。

我的儿子本杰明。关于他我能说些什么呢？他已经长成了我做梦都想拥有的孩子。他总是非常支持我，并愿意以一个20多岁青年的视角为我提供意见和反馈。他有着善良的灵魂、温和的性格。我们一起有过许多精彩的讨论，即使他不再住在家里，但我觉得我们拥有一种前所未有的情感联结。他已经长成了一个让我引以为傲的人。

我的岳母琳达·克劳福德（Linda Crawford）总能凭直觉知晓我何时需要听到有人告诉我，如果我的母亲还活着会有多么自豪，以及她作为我的"第二个母亲"也是同样的自豪。

同为作家的卡伦·卡普兰（Karen Kaplan）是自爱与疗愈的倡导者，她是我最亲密的朋友和知己。在12年前相遇的时候，我们俩都没想到我们会各自写一本书来探讨童年创伤以及疗愈这种创伤的重要性。她的著作《拉伊格鲁德的子孙：学会宽恕》（*Descendants of Rajgród: Learning to Forgive*）促进了我的个人成长和情绪疗愈。

我的好友戴夫·西格尔（Dave Siegel）让我接触了 YouTube，从此改变了我的世界。多亏了他，我成了一个全球社区的成员，这个社区里的人都像我一样热衷于"自爱（依赖共生）康复"。他曾为"人际磁石综合征"的主题曲作词、作曲、献声，这大概是我收到过的最贴心的礼物之一。我对我们的友谊心存感激。

梅洛迪·贝蒂（Melody Beattie）是此类书籍创作领域的先驱，她很友好地阅读并认可了我的第一本书，（她喜欢这本书！）给了我作为一个新作者所需要的公众信任。多年来，在她睿智的建议和指导下，这一领域的作者取得了长足的进步，让公众更加意识到了这个对于我们社会的未来至关重要的问题。

当年我还是个名不见经传的作者，与我合作的第一家出版商PESI给了我许多支持和指引。他们不但提供了宝贵的建议，还愿意出版我的第一本书，他们为我打开了一扇大门。如果仅凭我一个人的力量，是很难做到这一步的。

我要感谢《被忽视的孩子》的作者乔尼丝·韦布，感谢她的友谊，她明智的建议一直是指引我前进的灯塔。在我认识的出色作家里，很少有人能像她一样，既在专业领域表现出色，又为人如此友善。她真的称得上是德艺双馨！

科琳·卡萨诺瓦（Corrine Casanova）是个敏感而真诚的人，她在我作品的修改和内容编辑上帮了大忙。她在出版领域给予我指导，并帮助我渡过难关，让我觉得始终有一个坚强的后盾。

马里萨·杰克逊（Marisa Jackson）将全部的心血投入了本书的设计。她对细节的关注、她的创造力、热情和激情都在本书中清晰地表现了出来。她是一位非常有耐心和才华的女士，我很幸运能找到她。

我非常感谢我的营销专家克里斯蒂娜·金（Christine King，来自 TMG International 公司），她对本书怀有富有感染力的乐观心态和兴奋之情，让我相信即使是最宏大的梦想也有实现的可能。

最后，我要感谢摩根·詹姆斯出版公司的大卫·汉考克（David Hancock）和他的团队。与一家如此正直、恪守职业道德的公司合作是一件非常愉快的事情。

参 考 文 献

Ainsworth, M. D. S. (1973). "The Development of Infant-Mother Attachment." In B. Cardwell & H. Ricciuti (Eds.), *Review of Child Development Research* (Vol. 3, pp. 1-94). Chicago: University of Chicago Press.

Al-Alem, L., and Omar, H. A. (2008). "Borderline Personality Disorder: An Overview of History, Diagnosis and Treatment in Adolescents." Pharmacology and Nutritional Sciences Faculty Publications.

American Psychiatric Association. (2013). *Diagnostic and Statistical Manual of Mental Disorders* (5th ed.). Arlington, VA: Author.

American Psychiatric Association (2000). *Diagnostic and Statistical Manual of Mental Disorders DSM-IV (text review)*. Washington, DC: Author.

Anthenelli, R. M., Smith, T.L., Irwin, M.R., and Schuckit, M.A. (1994). "A Comparative Study of Criteria for Subgrouping Alcoholics: The Primary/Secondary Diagnostic Scheme versus Variations of the Type 1/Type 2 Criteria." *American Journal of Psychiatry*, 151(10), 1468-1474.

Author Unknown. (2010). "The Pew Charitable Trust's Research & Analysis: The Impact of the September 2008 Economic Collapse." Philadelphia, PA: Pew Charitable Trust.

Beattie, M. (1986). *Codependent No More: How to Stop Controlling Others and Start Caring for Yourself* (2nd ed.). Center City, MN: Hazelden.

Belden, R. (1990). *Iron Man Family Outing: Poems about Transition into a More Conscious Manhood.* Austin, TX: Author.

Berk, M., Grosjean, B., and Warnick, H. (2009). "Beyond Threats: Risk Factors or Suicide Completion in Borderline Personality Disorder." *Current Psychiatry,* 8(5): 32–41.

Boeree, C. (2006). "Personality Theories: Erik Erikson 1902–1994." Retrieved from: http://webspace.ship.edu/cgboer/erikson.html.

Bowlby, J. (1969, 1983). *Attachment: Attachment and Loss, Vol. 1* (1-2 ed.). New York, NY: Basic Books.

Cadoret, R. J., Troughton, E., and Widmer, R. (1984). "Clinical Differences between Antisocial and Primary Alcoholics." *Comprehensive Psychiatry,* 25: 1–8.

Clark, J. and Stoffel, V.C. (1992). "Assessment of Codependency Behavior in Two Health Student Groups." *American Journal of Occupational Therapy,* 46(9): 821–828.

Co-Dependents Anonymous (2010). "Patterns and Characteristics of Codependence." Retrieved from: http://coda.org/index.cfm/newcomers/patterns-and-characteristics-of-codependence/.

Colović, N., Leković, D., Gotić, M. (2016). "Treatment by Bloodletting In The Past And Present." *Srpski Arhiv Za Celokupno Lekarstvo.* 2016, Mar–Apr: 144(3-4): 240–8.

Davis, A. and Appel, T. (2010). "Bloodletting Instruments in the National Museum of History and Technology." *Smithsonian Studies in History and Technology*; no. 41.

Dougherty, M. (2017). "Why are We Getting Taller as a Species?" *Scientific American*.

Elwood, J. M., Little, J., and Elwood, J. H. (1992). *Epidemiology and Control of Neural Tube Defects*. New York, NY: Oxford University Press.

Erikson, E. H. (1950). *Childhood and Society*. New York, NY: Norton.

Fazel, S., and Danesh, J. (2002). "Serious Mental Disorder in 23,000 Prisoners: A Systematic Review of 62 Surveys." *The Lancet*, 359: 545–550.

Friel, J., and Friel, L., (1986). *Adult Children Secrets of Dysfunctional Families: The Secrets of Dysfunctional Families*. Deerfield Beach, FL: HCI.

Greenstone, G. (2010). "The History of Bloodletting." *British Columbia Medical Journal*. Vol. 52, No. 1, January–February 2010, p.12–14, Premise.

Hare, R. D. (1996). Psychopathy: A Clinical Construct Whose Time Has Come. *Criminal Justice & Behavior*, 23(1): 25–54.

Hare, R. D. (1993). *Without Conscience: The Disturbing World of Psychopaths among Us*. New York, NY: Pocket Books.

Harlow, H. F. (1962). "Development of Affection in Primates." In E. L. Bliss (Ed.), *Roots of Behavior* (pp. 157-166). New York, NY: HarperCollins.

Hazan, C., and Shaver, P. (1987). "Romantic Love Conceptualized as an Attachment Process." *Journal of Personality and Social Psychology*, 52(3): 511–524.

Insel, T. (2010). *What's in a Name? The Outlook for Borderline Personality Disorder*. National Institute of Mental Health. Retrieved from: nimh.nih.gov/about/directors/thomas-insel/blog/2010/.

Johnson, S. (2012). *Therapist's Guide to Pediatric Affect and Behavior Regulation (Practical Resources for the Mental Health Professional)*. Academic Press.

Kelley, D., and Kelley, T. (2006). *Alcoholic Relationship Survival Guide: What to Do When You Don't Know What to Do*. Port Charlotte, FL: Kelley Training Systems.

Kellogg, T., and Harrison-Davis, M. (1983). *Broken Toys, Broken Dreams: Understanding and Healing Boundaries, Codependence, Compulsion and Family Relationships*. New York, NY: Bratt Publishing.

Kernberg, O. (1984). *Severe Personality Disorders*. New Haven, CT: Yale University Press.

Keys, D. (2012). *Narcissists Exposed—75 Things Narcissists Don't Want You to Know*. Washington, DC: Light's House Publishing.

Kreisman, J., and Straus, H. (2010). *I Hate You—Don't Leave Me: Understanding the Borderline Personality*. New York, NY: Perigree Trade.

Kulkarni, J. (2015). "Borderline Personality Disorder is a Hurtful Label for Real Suffering—Time We Changed It." Retrieved from: https://theconversation.com/borderline-personality-disorder-is-a-hurtful-label-for-real-suffering-time-we-changed-it-41760.

Laign, J. (1989). *A Patient Poll. Focus on the Family and Chemical Dependency,* p.16.

Lasch, C. (1991). *The Culture of Narcissism: American life in an Age of Diminishing Expectations* (Rev. ed.) New York, NY: W.W. Norton & Company.

Layton, J. (2017). "How Brainwashing Works." https://science.howstuffworks.com/life/inside-the-mind/human-brain/brainwashing1.htm.

Lenzenweger, M., Lane, M., Loranger, A., and Kessler, R. (2007). "DSM-IV Personality Disorders in the National Comorbidity Survey Replication." *Biological Psychiatry*, 62(6): 553–64.

Lewis, C. E., Cloninger, C. R., and Pais, J. (1983). "Alcoholism, Antisocial Personality and Drug Use in a Criminal Population." *Alcohol and Alcoholism*, 18: 53–60.

Lifton, R. (1963). *Thought Reform and the Psychology of Totalism*. New York, NY: W.W. Norton & Co.

Linehan, M. (1993). *Cognitive-Behavioral Treatment of Borderline Personality Disorder*. New York, NY: Guilford Press.

Lydon, J. E., Jamieson, D. W., and Zanna, M. P. (1988). "Interpersonal Similarity and the Social and Intellectual Dimensions of First Impressions." *Social Cognition*, 6(4): 269–286.

Maccoby, M. (2004). *Narcissistic Leaders: The Incredible Pros, the Inevitable Cons*. Watertown, MA: Harvard Business Review.

Malmquist, C.A. (2006). *Homicide: A Psychiatric Perspective*. Washington, DC: American Psychiatric Publishing, Inc.

Marsh, E., and Wolfe, D. (2008). *Abnormal Child Psychology* (4th ed.). Independence, KY: Wadsworth Publishing.

Maslow, A. (1966). *The Psychology of Science: A Reconnaissance*. New York, NY: Harper & Row.

Miller, A. (1979). *The Drama of the Gifted Child: The Search for the True Self*. New York, NY: Basic Books.

Mosely, M. (2012). "Why is There Only One Human Species?" BBC. http://www.bbc.com/news/science-environment-13874671.

National Alliance of Mental Illness (NAMI). (2017). *Borderline Personality Disorder*. Retrieved from: https://www.nami.org/Learn-More/Mental-Health-Conditions/Borderline-Personality-Disorder.

Nordqvist, C. (2012, February 24). "What is Borderline Personality Disorder (BPD)?" Retrieved from: http://www.medicalnewstoday.com/articles/9670.php (on March 14, 2012).

Oliver, D. (2004-2012). "Antisocial Personality Disorder (APD)?" Retrieved from: http://www.bipolarcentral.com/other illnesses/apd.php (on December 10, 2012).

Orwell, G. (1949). *1984*. New York, NY: Penguin.

Payson, E. (2002). *The Wizard of Oz and Other Narcissists*. Royal Oak, MI: Julian Day Publications.

Perry, S. (2003). *Loving in Flow: How the Happiest Couples Get and Stay that Way*. Naperville, IL: Sourcebooks, Inc.

Porr, V. (2001). "How Advocacy is Bringing Borderline Personality Disorder into the Light: Advocacy Issues." Retrieved from: http://www.tara4bpd.org/how-advocacy-is-bringing-borderline-personality-disorder-into-the-light/ (on December 4, 2012).

Prabhakar, K. (2006). *Proceedings of the Third AIMS International Conference on Management: An Analytical Study on Assessing Human Competencies Based on Tests*. January 1–4, 2006. Ahmedabad: Indian Institute of Management.

Riggio, O., et al. (2015). "Management of Hepatic Encephalopathy as an Inpatient." *Clinical Liver Disease Journal*, 5(3): 79–82.

Schulze, L., et al. (2013). "Gray Matter Abnormalities in Patients with Narcissistic Personality Disorder." *Journal of Psychiatric Research*. Retrieved from: http://dx.doi.org/10.1016/j.jpsychires.2013.05.017.

Science Learning Hub. (2009). "Light and Telescopes." http://www.sciencelearn.org.nz/resources/1625-light-and-telescopes

Shearer, E., and Gottfried, J. (2017). *News Use Across Social Media Platforms 2017*. Pew Research Website: http://www.journalism.org/2017/09/07/news-use-across-social-media-platforms-2017/.

Shepherd, T. and Linn, D. (2014). *Behavior and Classroom Management in the Multicultural Classroom: Proactive, Active, and Reactive Strategies.* Thousand Oaks, CA: Sage Publications.

Singleton, N., Meltzer, H., and Gatward, R. (1998). Office of National Statistics Survey of Psychiatric Morbidity.

Substance Abuse and Mental Health Services Administration. (2011). "Report to Congress on Borderline Personality Disorder." HHS Publication No: SMA11-4644.

Tennov, D. (1999). *Love and Limerence.* Lanham, MD: Scarborough House.

Tottenham, N., et al. (2010). "Prolonged Institutional Rearing is Associated with Atypically Large Amygdala Volume and Difficulties in Emotion Regulation." *Developmental Science*, 3(1): 46–61.

Watts, A. L., et al. (2013). "The Double-Edged Sword of Grandiose Narcissism: Implications for Successful and Unsuccessful Leadership Among U.S. Presidents." *Psychological Science*, 24(12): 2379–2389.

Weller, C. (2014). "What's the Difference Between a Sociopath and a Psychopath? (Not Much, But One Might Kill You)." Retrieved from: http://www.medicaldaily.com/whats-difference-between-sociopath-and-psychopath-not-much-one-might-kill-you-270694.

Wingfield, N., and Wakabayashi, D. (2017). "What Worries? Big Tech Companies Post Glowing Quarterly Profits." *The New York Times.*

Wolven, K., (2015). "Grandiose and Vulnerable Narcissism: Where Do the Emotional Differences Lie?" Psychology Theses. Aiken, SC: University of South Carolina.

World Health Organization. (1992). *ICD-10 Classification of Mental and Behavioral Disorders: Clinical Descriptions and Diagnostic Guidelines.* Geneva, Switzerland: Author.

Wrosch, A. (1992). "Undue Influence, Involuntary Servitude and Brainwashing: A More Consistent, Interests-cased Approach" Retrieved from: http://digitalcommons.lmu.edu/llr/vol25/iss2/4.

原 生 家 庭

《母爱的羁绊》
作者：[美] 卡瑞尔·麦克布莱德 译者：于玲娜

爱来自父母，令人悲哀的是，伤害也往往来自父母，而这爱与伤害，总会被孩子继承下来。
作者找到一个独特的角度来考察母女关系中复杂的心理状态，读来平实、温暖却又发人深省，书中列举了大量女儿们的心声，令人心生同情。在帮助读者重塑健康人生的同时，还会起到激励作用。

《不被父母控制的人生：如何建立边界感，重获情感独立》
作者：[美] 琳赛·吉布森 译者：姜帆

已经成年的你，却有这样"情感不成熟的父母"吗？他们情绪极其不稳定，控制孩子的生活，逃避自己的责任，拒绝和疏远孩子……
本书帮助你突破父母的情感包围圈，建立边界感，重获情感独立。豆瓣8.8分高评经典作品《不成熟的父母》作者琳赛重磅新作。

《被忽视的孩子：如何克服童年的情感忽视》
作者：[美] 乔尼丝·韦布 克里斯蒂娜·穆塞洛 译者：王诗溢 李沁芸

"从小吃穿不愁、衣食无忧，我怎么就被父母给忽视了？"美国亚马逊畅销书，深度解读"童年情感忽视"的开创性作品，陪你走出情感真空，与世界重建联结。
本书运用大量案例、练习和技巧，帮助你在自己的生活中看到童年的缺失和伤痕，了解情绪的价值，陪伴你进行自我重建。

《超越原生家庭（原书第4版）》
作者：[美] 罗纳德·理查森 译者：牛振宇

所以，一切都是童年的错吗？全面深入解析原生家庭的心理学经典，全美热销几十万册，已更新至第4版！
本书的目的是揭示原生家庭内部运作机制，帮助你学会应对原生家庭影响的全新方法，摆脱过去原生家庭遗留的问题，从而让你在新家庭中过得更加幸福快乐，让你的下一代更加健康地生活和成长。

《不成熟的父母》
作者：[美] 琳赛·吉布森 译者：魏宁 况辉

有些父母是生理上的父母，心理上的孩子。不成熟父母问题专家琳赛·吉布森博士提供了丰富的真实案例和实用方法，帮助童年受伤的成年人认清自己生活痛苦的源头，发现自己真实的想法和感受，重建自己的性格、关系和生活；也帮助为人父母者审视自己的教养方法，学做更加成熟的家长，给孩子健康快乐的成长环境。

积极人生

《大脑幸福密码：脑科学新知带给我们平静、自信、满足》
作者：[美]里克·汉森 译者：杨宁 等

里克·汉森博士融合脑神经科学、积极心理学与进化生物学的跨界研究和实证表明：你所关注的东西便是你大脑的塑造者。如果你持续地让思维驻留于一些好的、积极的事件和体验，比如开心的感觉、身体上的愉悦、良好的品质等，那么久而久之，你的大脑就会被塑造成既坚定有力、复原力强，又积极乐观的大脑。

《理解人性》
作者：[奥]阿尔弗雷德·阿德勒 译者：王俊兰

"自我启发之父"阿德勒逝世80周年焕新完整译本，名家导读。阿德勒给焦虑都市人的13堂人性课，不论你处在什么年龄，什么阶段，人性科学都是一门必修课，理解人性能使我们得到更好、更成熟的心理发展。

《盔甲骑士：为自己出征》
作者：[美]罗伯特·费希尔 译者：温旻

从前有一位骑士，身披闪耀的盔甲，随时准备去铲除作恶多端的恶龙，拯救遇难的美丽少女……但久而久之，某天骑士蓦然惊觉生锈的盔甲已成为自我的累赘。从此，骑士开始了解脱盔甲，寻找自我的征程。

《成为更好的自己：许燕人格心理学30讲》
作者：许燕

北京师范大学心理学部许燕教授30年人格研究精华提炼，破译人格密码。心理学通识课，自我成长方法论。认识自我，了解自我，理解他人，塑造健康人格，展示人格力量，获得更佳成就。

《寻找内在的自我：马斯洛谈幸福》
作者：[美]亚伯拉罕·马斯洛 等 译者：张登浩

豆瓣评分8.6，110个豆列推荐；人本主义心理学先驱马斯洛生前唯一未出版作品；重新认识幸福，支持儿童成长，促进亲密感，感受挚爱的存在。

更多>>>

《抗逆力养成指南：如何突破逆境，成为更强大的自己》 作者：[美]阿尔·西伯特
《理解生活》 作者：[美]阿尔弗雷德·阿德勒
《学会幸福：人生的10个基本问题》 作者：陈赛 主编